中国法学会世界贸易组织法研究会　组织编写

孙琬钟　林中梁　总主编

（2017）

WTO法与中国论坛 年刊

The Yearbook of Forum on WTO Laws and China

赵宏瑞　编　著

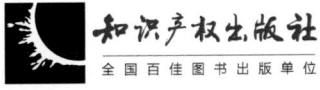

知识产权出版社

全国百佳图书出版单位

图书在版编目（CIP）数据

WTO 法与中国论坛年刊. 2017／赵宏瑞编著. —北京：知识产权出版社，2017.9

ISBN 978 - 7 - 5130 - 5162 - 0

Ⅰ. ①W… Ⅱ. ①赵… Ⅲ. ①世界贸易组织—规则—影响—法律—中国—年刊

Ⅳ. ①F743 - 54②D920. 4 - 54

中国版本图书馆 CIP 数据核字（2017）第 229118 号

责任编辑：齐梓伊　　　　　　　　　**执行编辑：**雷春丽

封面设计：SUN 工作室　韩建文　　　**责任出版：**孙婷婷

WTO 法与中国论坛年刊（2017）

中国法学会世界贸易组织法研究会　组织编写

孙琬钟　林中梁　总主编

赵宏瑞　编著

出版发行：**知识产权出版社** 有限责任公司		网　　址：http：//www. ipph. cn	
社　　址：北京市海淀区气象路 50 号院		邮　　编：100081	
责编电话：010 - 82000860 转 8176		责编邮箱：qiziyi2004@ qq. com	
发行电话：010 - 82000860 转 8101/8102		发行传真：010 - 82000893/82005070/82000270	
印　　刷：北京建宏印刷有限公司		经　　销：各大网上书店、新华书店及相关专业书店	
开　　本：720mm×1000mm　1/16		印　　张：20.75	
版　　次：2017 年 9 月第 1 版		印　　次：2017 年 9 月第 1 次印刷	
字　　数：283 千字		定　　价：58.00 元	

ISBN 978 - 7 - 5130 - 5162 - 0

《WTO 法与中国论坛年刊》 编委会

中国法学会官方简报
《中国"入世"十五周年
——第九届"WTO 法与中国"论坛》

周小康[*]

开幕式

（主持人：中国法学会世界贸易组织法研究会副会长兼秘书长石静霞教授）

＊ 周小康，中国法学会世界贸易组织法研究会秘书长助理。

尊敬的各位领导、各位嘉宾、老师们、同学们，大家上午好！现在我宣布中国入世 15 周年暨第九届"WTO 法与中国"论坛、中国法学会世界贸易组织法研究会 2016 年学术年会正式开始！

首先介绍一下主席台的各位领导：

中国法学会副会长、学术委员会主席张文显教授；

哈尔滨工业大学副校长任南琪院士；

中国法学会世贸组织法研究会名誉会长、国务院法制局原局长孙琬钟先生；

中国法学会世界贸易组织法研究会会长林中梁先生。

非常感谢各位在百忙中莅临，在前排就座的还有中国法学会世界贸易组织法研究会的会长和各高校贸易法的专家学者，还有几位外国专家，我们一起欢迎大家莅临这次会议。

我非常荣幸来主持年会的开幕式。我们开幕式第一个环节，请中国法学会世界贸易组织法研究会会长林中梁致辞，有请林会长。

开幕致辞一：林中梁，中国法学会世界贸易组织法研究会会长

尊敬的中国法学会张文显副会长、尊敬的孙会长、尊敬的各位领导和外国嘉宾，尊敬的各位专家和同志们：

中国法学会历来关心和支持我们研究会的工作，对我们给予了足够的重视。张文显副会长百忙之中亲自前来参加我们的会议，并将发表重要讲话。还有四个部门的负责同志也一同前来。衷心感谢中国法学会所有领导和同志们多年来对我们多方面的关心、支持和帮助！同时衷心感谢商务部、国务院法制办及黑龙江省法学会，哈尔滨市法制办以及哈尔滨工业大学的有关领导同志莅临指导！

这次年会是我们与哈工大法学院共同主办的。哈工大法学院协助我们承担了大量的具体筹备工作，筹备得很出色、很成功。会议还邀请了欧盟、美国、俄罗斯的三位专家前来进行学术交流。从去年的换届大会一年来，我们研究会主要进行了四个方面的工作。一是根据国内外贸易法治形势任务发展变化的需要，积极主动地开展多种重要的学术活动；二是加强课题研究，及时出版发行多方面的研究成果；三是积极参与国家立法、依法行政、司法改革咨询等工作，为全面推进依法治国献计献策；四是承前启后，努力进行开拓创新。

总的来说，我们取得了一定成绩和进步，但同时也存在许多问题和不足。比如真正有分量的成果还是相对较少，今后要进一步在讲求实效上狠下功夫。再比如没有充分发挥学术资源优势服务于对外经贸企业。再说，我们在人才培养方面发挥的作用也还十分有限，我们一定坚持正确方向，发扬优良传统和初步成绩，解决存在的问题和不足，继续开拓进取，永不停步！

最后，我代表研究会全体领导成员，敬祝各位领导、国内外专家、朋友们、同志们、同学们工作顺利，身体健康，万事如意！谢谢大家！

开幕致辞二：任南琪院士，哈尔滨工业大学副校长

尊敬的张文显副会长、孙琬钟局长、林中梁会长、尊敬的高美莲大法官、各位专家、各位同人：

很高兴在美丽的哈尔滨与大家见面。首先请允许我代表哈尔滨工业大学对"WTO 法与中国"论坛的隆重召开表示由衷的祝贺,向中国法学会世界贸易组织法研究会的全体与会代表表示诚挚的问候,向远道而来的各位专家领导表示衷心的感谢!

随着全球化的加深,人们对法治前沿与世界秩序变革更加关注。法学已成为哲学社会科学伟大时代变革中最前沿的学科体系之一。哈尔滨工业大学整合优势资源,推进学科交叉与融合,法学院建院十年来以《国际太空法》《国家安全法》、"面向国家重大战略决策咨询"为学科特色,先后建成"国际法"二级硕士点和"法学"一级硕士点,在人才培养、科学研究、机制深化等方面,迈出了可喜的步伐。遵照习近平总书记的"社科讲课",哈工大将继续创造条件,支持法学学科的发展。

我本人对"WTO 法与中国"论坛、"中国法学会世界贸易组织法研究会 2016 年年会"充满期待。它的成功召开必将促进"WTO 法"相关领域的学术交流,巩固并提高中国的国际法治话语权;它也将推动我校法学研究事业的发展,从而培养出一支具有"国际化创新思想"的优秀学术队伍。因此,我想再一次诚挚感谢中国法学会的各位领导及同人和中国法学会世界贸易组织法研究会的各位专家,你们在 WTO 法研究领域渊博的理论素养、丰富的实践阅历、独到的研究成果,为推动我校法学理论研究、促进法学进步乃至在全面推进依法治国、倡导公正合理的世界贸易秩序方面,都起到了积极而重要的作用。

我校也将持续支持"一带一路"与经济安全法学专业委员会平台的建设,相信在多方的共同努力下,哈尔滨工业大学法学院一定会有大的作为。最后,祝各位领导、同人在哈期间交流愉快,生活愉快,谢谢大家!

开幕致辞三：孙琬钟，国务院法制局原局长，中国法学会世界贸易组织法研究会名誉会长

很高兴有机会来到哈尔滨参加由哈工大主持承办的这次研讨会，使我有机会同众多的新朋旧友会面、聆听他们最新的学术成果。我们尊敬的张文显会长，我们尊敬的任南琪校长和院士亲自出席我们的会议。我们这次会议适逢几个 15 年，一是我们入世 15 年，二是我们中国法学会研究会成立 15 周年，三是中国入世，所谓的替代国期满的 15 年。当然，在此之前还有一个 15 年，是我们入世谈判经过了 15 年。中国的入世极大地深化了中国的对外改革开放、推动了我们的经济建设、促进了我们深度参与国际经济全球化、提升了我们在国际舞台的话语权和综合国力。同时，也使我们的人民和政府官员思维观念发生了巨大的变化。

我们在这 15 年当中有了入世的红利。当然，我们入世也做出了巨大的让步，也有一定的牺牲，但是两害相权取其轻的话，我们在入世 15 周年，获得的成果是巨大的，取得的进步是巨大的，都推动了中国的历史的进程。第二个 15 年，是我们研究会成立 15 周年。这个研究会成立 15 年来，紧密团结全国 WTO 的学者和专家还有实务部门的同志，深入研究探讨 WTO 的有关的规则，特别是开展了相当规模的宣传主题活动。在随后的我们的各界年会当中，与会同志都紧密联系中国实际、与实务部门紧密结合，针对 WTO 的热点、难点问题，展开了深度的讨论。第三个 15 年，所谓替代国的 15 年。怎么说呢？我自己感觉叫"酸甜苦辣咸，五味杂陈"。中国改革开放了这么多年，中国的经济取得这么大的进步和发展，中国成了世界第二大的经济体、第一贸易大国。我们的市场经济制度写入宪法，我们积极地开放市场、对外开放。所以我们这次有这么多的同志，比较早的在注意关注和研究探讨这个问题，我感觉体现了我们研究会的学者政治责任心和政治使命。

我也相信我们这次研讨活动一定会取得圆满的成功。当然，我也愿意借此机会，为新当选的新一届的理事和副会长表示热烈的祝贺，也祝贺我们研究会在中国法学会的领导下，不断地前进，再前进，谢谢大家！

开幕致辞四：张文显，中国法学会副会长，学术委员会主席

刚才孙会长讲了三个 15 年。回顾这 15 年的历程，我们会发现中央的决策是非常英明的。15 年来，中国的经济和社会发展取得了历史性的进步和跨越，这都与加入世贸的红利有关。今天中国的经济发展取得了举世瞩目的成

就，成为世界总量全球第二大经济体、世界货物贸易第一，也是世界主要的海外投资国。大家公认的是，经济发展成就的取得，很大程度上归功于中国全面地享受了世贸组织的权利，为经济发展创造了良好的外部条件。15年来，中国的法治建设也取得了长足的进步。

综上所述，加入世界贸易组织是中国全面分析国内外形势，为加快推进改革开放和社会主义现代化做出的重大的战略决策。在这方面，"十三五"规划也做出了很好的阐释。最后，祝今年的年会圆满成功！也祝各位专家身体健康、工作顺利，祝我们的好邻居、好伙伴，哈尔滨工业大学更加繁荣昌盛，谢谢大家！

表彰优秀论文：王传丽，中国法学会世贸组织法研究会学术委员会副主任

关于表彰"第九届 WTO 法与中国论坛"优秀论文获奖作者的决定。我受 WTO 研究会的委托，现在把这次评审的情况向大家汇报一下。现将表彰与名单公布如下：

第九届"WTO 法与中国论坛"优秀论文获奖名单

一等奖（1 名）：

《2016 年后的"非市场经济地位"——争论、探究与预判》

华东理工大学讲师　彭德雷

二等奖（2 名）：

1. 《国际法视野下的国有企业法律定性问题》

工业和信息化部国际经济技术合作中心助理研究员　徐程锦

2. 《全球行政法视野下的国际投资仲裁合法性问题》

武汉大学法学院教授　张庆麟、武汉大学国际法研究所博士研究生　余海鸥

三等奖（10 名）

1. 《美国诉中国"示范基地"出口补贴案评析》

武汉大学法学院教授　漆彤

2. 《论 RTA 反措施与 WTO 的冲突与调和》

贵州民族大学教授　曾炜

3. 《论经济制裁在 WTO 中的可诉性——"美国有关克里米亚危机银行制裁措施"WTO 争端解决预分析》

上海对外经贸大学 WTO 研究教育学院硕士生　谭观福

4. 《论 WTO 争端解决中中国入世法律文件的解释》

武汉大学国际法研究所教授　刘瑛

5. 《2016 年美国对中国"市场经济地位"政策的前景与应对策略》

对外经济贸易大学 WTO 研究院院长　屠新泉

对外经济贸易大学 WTO 研究院博士　李思奇

6. 《WTO 争端解决中"个人意见"：不和谐声音抑或积极因素》

南开大学法学院讲师　胡建国

7. 《论贸易便利化制度差异性及我国对策——以部分丝绸之路经济带国家为视角》

南京大学法学院教授　胡晓红

8. 《浅谈由禽流感导致的 SPS 冲突在 WTO 框架下的解决实践》

北京大学国际法学院讲师　卢　毅

9. 《中国涉外经贸法治建构论——以中国入世与上海自贸区为视角》

浙江工业大学法学院教授　陈利强

对外经济贸易大学 WTO 研究院院长　屠新泉

10. 《论贷款类财政资助的利益判断基准》

浙江大学宁波理工学院国际法学副教授　蒋　奋

增补副会长：张涛，宣布中国法学会关于同意本会增补副会长的批复

中国法学会世界贸易组织法研究会：

　　你会《关于增补赵宏瑞教授为研究会副会长的请示》收悉。根据国务院《社会团体登记管理条例》和《中国法学会章程》《全国性法学社会团体规则》和《中国法学会研究会换届工作细则（试行）》《中国法学会世界贸易组织法研究会章程》的有关规定，经研究批复如下：

同意你会增补哈尔滨工业大学法学院赵宏瑞教授为研究会的副会长的候选人。上述研究会负责人由你会理事会选举产生，选举结果报中国法学会备案。

关于《中国法学会世界贸易组织法研究会设立"一带一路"与经济安全法治专业委员会的报告》收悉。根据国务院《社会团体登记管理条例》和《中国法学会章程》《全国性法学社会团体规则》《中国法学会研究会分支机构管理试行办法》和《中国法学会世界贸易组织法研究会章程》的有关规定，经研究，批复如下：

同意你会设立中国法学会世界贸易组织法研究会"一带一路"与经济安全法治专业委员会。

同意赵宏瑞同志为该专业委员会主任委员候选人，刘敬东同志、郑少华同志、王崇敏同志、陈云东同志为该专业委员会副主任委员候选人。

请你会按照规定程序提交常务理事会或者理事会表决。表决结果报中国法学会。

中共中国法学会党组 2016 年 6 月 20 日

中国法学会世界贸易组织法研究会：

你会《关于提请设立中国法学会世界贸易组织法研究会自由贸易区法治专业委员会的报告》收悉。根据国务院《社会团体登记管理条例》和《中国法学会章程》《全国性法学社会团体规则》《中国法学会研究会分支机构管理试行办法》和《中国法学会世界贸易组织法研究会章程》的有关规定，经研究，批复如下：

同意你会设立中国法学会世界贸易组织法研究会自由贸易区法治专业委员会。

同意龚柏华同志为该专业委员会主任委员候选人，左海聪同志、贺小勇同志、韩秀丽同志、慕亚平同志为该专业委员会副主任委员候选人。

请你会按照规定程序提交常务理事会或者理事会表决。表决结果报中国法学会。

中共中国法学会党组 2016 年 6 月 20 日

中国"入世"十五周年—第九届"WTO法与中国"论坛暨中国法学会世界贸易组织法研究会2016年学术年会 哈尔滨工业大学·2016年6月25日
ANNUAL SYMPOSIUM: CHINA'S MARKET ECONOMY STATUS ON 15th YEAR FROM ACCESSION INTO WTO·20160626,·HIT·HARBIN·CHINA

开幕式结束暨合影留念

目　录

contents

三　WTO 改革与世界贸易秩序创新前瞻研究

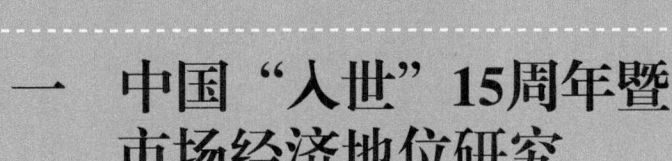

一 中国"入世"15周年暨市场经济地位研究

关于我国入世议定书中非市场经济条款到期终止问题的综合研究报告

林中梁

经过 15 年的艰苦谈判,我国于 2001 年 12 月 11 日成功加入世界贸易组织。实践证明,党和国家的这一重大决策是英明正确的。但当时权衡利弊,为了促成尽快加入世界贸易组织,我国在签订《中华人民共和国加入世界贸易组织议定书》(以下简称《中国加入议定书》)时做出了一定让步,部分集中在第 15 条的非市场经济条款中。依据这一条款,WTO 成员在对中国企业发起反倾销调查时,如果中国企业不能明确证明其所处产业具备市场经济条件,则反倾销当局可以采用替代国价格进行倾销的认定和计算。由于反倾销发起国在替代国的选择上和对替代价认定上具有很大的自由裁量权,中国企业很容易被认定存在大幅度倾销从而被征收高额反倾销税,给企业造成重大损失,也严重影响企业出口。但是,第 15 条同时对上述非市场经济条款规定了严格的限制,特别是明确规定无论如何这一反倾销特殊规则在中国加入世界贸易组织 15 年之后终止。到 2016 年 12 月 11 日,针对我国的反倾销特殊规则就到期终止了。这一非市场经济条款的终止意味着什么,它将对中国和 WTO 其他成员产生怎样的法律效果及影响,国内外学界和政界出现了种种不同的解读。我们 WTO 法研究会也引导不少专家进行了专门研究,但也是众说纷纭,莫衷一是。因为这不是单纯的学术问题,而是重大紧迫的经贸、法律、外交和政治问题，所以绝不能停留于一般的学术讨论。党和国家也需要尽快采取正确的对策。因此，我们决定设立重点课题，在前一段分别研究的基础上，组织众多知名专家进行集中统一的综合研究，用集体的智慧和成果为党和国家的决策提供有权威、有分量的参谋意见。

一、我国应当坚定不移、理直气壮地认定在 2016 年 12 月 11 日之后将自动获得市场经济国家的平等待遇

《中国加入议定书》第 15 条（a）项（ii）目规定的替代价适用与第 15 条（d）项规定的终止替代价适用如何解读，我们内部应当形成统一的正确的认识。特别是对我国加入世界贸易组织 15 年之后能否自动获得市场经济国家待遇问题，我们内部应当预先形成准确的判断和明确的态度。早在 2011 年 9 月 14 日，时任国务院总理的温家宝同志就在出席达沃斯论坛时特别指出，"按照 WTO 规则，中国完全市场经济地位到 2016 年就为全世界所承认"。这一点，我国应当坚定不移、理直气壮，因为我们有足够的充分的法律依据和理由。

《中国加入议定书》第 15 条明确规定：

"第 15 条　确定补贴和倾销时的价格可比性

GATT 1994 第 6 条、《关于实施 1994 年关税与贸易总协定第 6 条的协定》（《反倾销协定》）以及《SCM 协定》（补贴与反补贴措施协定）应适用于涉及原产于中国的进口产品进入一 WTO 成员的程序，并应符合下列规定：

（a）在根据 GATT 1994 第 6 条和《反倾销协定》确定价格可比性时，WTO 进口成员应依据下列规则，使用接受调查产业的中国价格或成本，或者使用不依据与中国国内价格或成本进行严格比较的方法：

（i）如受调查的生产者能够明确证明，生产该同类产品的产业在制造、生产和销售该产品方面具备市场经济条件，则该 WTO 进口成员在确定价格可比性时，应使用受调查产业的中国价格或成本；

（ii）如受调查的生产者不能明确证明生产该同类产品的产业在制造、生产和销售该产品方面具备市场经济条件，则 WTO 进口成员可使用不依据与中国国内价格或成本进行严格比较的方法。

（b）……

（c）……

（d）一旦中国根据 WTO 进口成员的国内法证实其是一个市场经济体，则（a）项的规定即应终止，但截至加入之日，该 WTO 进口成员的国内法中须包含有关市场经济的标准。无论如何，（a）项（ii）目的规定应在加入之日后 15 年终止。此外，如中国根据 WTO 进口成员的国内法证实一特定产业或部门具备市场经济条件，则（a）项中的非市场经济条款不得再对该产业或部门适用。"

对上述规定如何全面正确地理解和解释至关重要。中国加入议定书属多边条约性质，对其解释应遵循 WTO 所接受的《维也纳条约法公约》第 31 条和第 32 条所蕴含的条约解释通则，因此，对 WTO 规则的解释适用的是"条约解释通则"。《维也纳条约法公约》第 31 条第 1 款规定："条约应按其词语在上下文中所具有的正常含义，对照条约的目的与宗旨，善意（诚信）地予以解释。" WTO 上诉机构也指出："条约的文字奠定了解释方法的基础。解释尤其要根据条约的文字。要按其上下文给条约规定以正常含义，在认定其规定的正常含义时还要重视条约的目的和宗旨。"

我国加入世界贸易组织议定书不仅规定了中国加入世界贸易组织的义务，而且也是世界贸易组织协定的组成部分，对世界贸易组织的所有成员都有约束力。全面正确解读其第 15 条（a）项（ii）目终止后的法律效果和影响，最重要的结论理所当然是中国在加入世界贸易组织 15 年后将自动获得市场经济国家的平等待遇。

毫无疑问，2016 年 12 月 11 日以后，任何 WTO 成员方都不能再依据中国加入议定书第 15 条（a）项（ii）目的规定，在涉及我国企业的反倾销调查中以替代国的价格作为认定倾销和计算倾销幅度的可比价格。因为中国加入议定书第 15 条（d）项第二句规定得很明确："无论如何，（a）项（ii）目的规定应在加入之日后 15 年终止。"这样的规定不可能也不允许做出别的解读和解释。在这一点上，国内国外都没有分歧，没有任何人提出质疑和挑战。我们应当坚决果断地维护这一规定的严肃性，绝不容忍任何人对这一规定进行曲解。

但是仅局限于这一单一条文理解是远远不够的，不但不够全面，甚至容易导致得出错误的结论。而依据中国加入 WTO 议定书第 15 条的上下文，则中国理所当然在 2016 年 12 月 11 日后自动获得市场经济国家地位和待遇。因为第 15 条（a）项中的非市场经济条款是临时性的、过渡性的，尽管文本本身并未直接写明过渡期到期就认可中国获得市场经济地位，但从对条款到期的措辞反对上下文的全面理解、逻辑分析和实际法律效果来看，2016 年后中国应当获得与其他成员同等的地位和待遇。具体的依据和理由有以下六条：

关键的第一条依据和理由是从我国加入议定书第 15 条的上下文看，我国入世 15 年后将要终止的正是非市场经济条款，因而绝不能说与非市场经济无关。尽管我国加入议定书第 15 条（a）项（ii）目本身未提及非市场经济问题，只是说如生产者不能证明具备市场经济条件，那么进口成员就可不使用与中国国内价格或成本进行严格比较的方法。那么这一规定的终止，仅从本身文字上理解和解释，当然不能马上得出结论说非市场经济问题也随之终止了。但是按照 WTO 所接受的《维也纳条约法公约》第 31、32 条关于"条约解释"的习惯国际法规则，对条约条款的解释，不仅要看某一条款本身的文字含义，而且要依照上下文和目的宗旨作善意解释。重要的是议定书第 15 条（a）项（ii）目的下文（d）项中不仅第二句讲到"无论如何，（a）项（ii）目的规定应在加入 15 年之日后终止"，而且接着第三句就讲到"此外，如中国根据 WTO 进口成员的国内法证实一特定产业或部门具备市场经济条件，则（a）项中的非市场经济条款不得再对该产业或部门适用"。正是在这段下文中提到了"（a）项中的非市场经济条款"，这个条款显然指的就是（a）项中的（ii）目。既然（a）项（ii）目就是非市场经济条款，那么（a）项（ii）目终止了，当然就是非市场经济条款终止了。既然（a）项中的非市场经济条款终止了，那么剩下的自然就只有市场经济条款了。既然这样，那么中国也就理所当然地自动获得了市场经济地位。

第二条依据和理由是提前和到期终止的都是我国加入议定书第 15 条的（a）项，而不仅仅是（a）项（ii）目。中国加入议定书第 15 条（d）项实际是对（a）项这一特殊规则的限制，它不仅规定了该特殊规则将在 2016 年终止，还规定了 2016 年之前提早终止这一特殊规则的相关条件，包括第一句"一旦中国根据 WTO 成员的国内法证实其是一个市场经济体，则（a）项的规定即应终止"。特别值得注意的是，这里指出的在 2016 年之前即应终止的是第 15 条的（a）项，而非仅仅是（a）项的（ii）目。既然在具备一定条件的情况下提前终止的是（a）项，那么到期终止的当然也是（a）项，包括（a）项序言和（i）目到期也将终止。既然 2016 年 12 月 11 日之后中国加入议定书第 15 条（a）项终止了，那么中国当然就"自动"获得"市场经济地位"了。

综合前述第 15 条（d）项的第一、二、三句规定，虽然表述的措辞和角度略有不同，但都是对非市场经济特殊规则的限制，而且殊途同归，目的一致，相互补充，相互印证，共同得出一个必然的结论，那就是在中国加入 WTO 15 年后无论如何再也不能对中国适用非市场经济条款了，中国将自动获得市场经济国家的地位和待遇。

第三条依据和理由是我国加入议定书第 15 条（a）项中仅有两个层次两个方法，终止了非市场经济的层次和方法，自然就只有市场经济的层次和方法了。我国加入议定书第 15 条（a）项中仅有（i）目和（ii）目两个层次，一个讲的是市场经济条件下的正常方法，另一个讲的是非市场经济条件下的特殊方法，而且（a）项序言中明确指出，在确定正常价值时，要么使用中国国内价格或成本，要么使用非市场经济方法。因此，一旦关于非市场经济方法的（ii）目通过（d）项被终止之后，只能按照市场经济条件下的通常方法确定可比价格，这样得出的唯一结论只能是 2016 年 12 月 11 日之后中国将"自动"获得"市场经济地位"。

第四条依据和理由是 WTO 上诉机构已经在中国诉欧盟碳钢紧固件反倾销措施案中就中国加入议定书第 15 条有关内容做出了明确、有效的法律解释。

必须指出的是，中国加入议定书第 15 条（a）项在 WTO 上诉机构对欧盟紧固件案裁决中已经有了定论。上诉机构在裁决报告第 289 段做了如下阐述："中国加入议定书第 15 条（d）项规定，第 15 条（a）项自中国加入之日（即 2016 年 12 月 11 日）起 15 年终止。议定书还规定，关于中国市场经济或部门或产业市场经济，其他 WTO 成员应在该日前提前终止第 15 条（a）项，只要中国依据进口国法律证实'它是一个市场经济体'或者'某一特定产业或部门具备市场经济条件'。鉴于第 15 条（d）项规定了终止第 15 条（a）项的规则，其范围就不能大于第 15 条（a）项。两项规则都只限于认定正常价值。换言之，第 15 条（a）项是在对中国反倾销调查中认定正常价值的特殊规则。第 15 条（d）项则反过来规定了该特殊规则将在 2016 年终止，并为可能在 2016 年前提前终止该特殊规则设定出了一些条件。"[1]

---

① DS 397 欧盟碳钢紧固件案上诉机构报告第 289 段："Paragraph 15（d）of China's Accession Protocol establishes that the provisions of paragraph 15（a）expire 15 years after the date of China's accession（that is, 11 December 2016）. It also provides that other WTO Members shall grant before that date the early termination of paragraph 15（a）with respect to China's entire economy or specific sectors or industries if China demonstrates under the law of the importing WTO Member "that it is a market economy" or that "market economy conditions prevail in a particular industry or sector". Since paragraph 15（d）provides for rules on the termination of paragraph 15（a）, its scope of application cannot be wider than that of paragraph 15（a）. Both paragraphs concern exclusively the determination of normal value. In other words, paragraph 15（a）contains special rules for the determination of normal value in anti – dumping investigations involving China. Paragraph 15（d）in turn establishes that these special rules will expire in 2016 and sets out certain conditions that may lead to the early termination of these special rules before 2016. "

根据上诉机构的阐述，我们非常清楚地看到，上诉机构反复强调，议定书第15条（d）项终止的是第15条（a）项，而并非是第15条（a）项（ii）目，也不是（a）项的一部分。因此，我们的观点即中国入世15年后第15条整个（a）项将被终止，是符合上诉机构的阐述的，这就是说，第15条（d）项终止了（a）项（ii）目，就是终止了中国非市场经济地位，因而也终止了继续援用（a）项（i）目的任何可能。因此，根据上诉机构的阐述，那种认为按照条约解释的有效性原则，（a）项（ii）目失效并不必然导致（a）项（i）目失效的观点是缺少法律依据的，虽然这种观点目前仍有较大市场，但很难对抗上诉机构裁定和解释的权威性。

上诉机构明确指出，中国加入议定书第15条（a）项的措辞只允许进口国调查机构在进行价格比较时不使用与国内价格或成本进行比较的方法。除了在进行价格比较时涉及的国内价格和成本问题，议定书第15条并未授权WTO成员方歧视性对待中国，该条并不包含一个无边界（无限制）的例外，即没有授权WTO其他成员在《反倾销协定》下为了其他目的而歧视性对待中国。第15条（d）项并没有笼统宣布中国是或不是一个市场经济国家，也不能被解释为授权WTO成员方在正常价值问题之外将中国作为非市场经济国家对待。按照这一解释，在中国加入WTO后15年之内只有在正常价格比较上可以作为例外，可以将中国作为非市场经济国家对待，除此之外，WTO成员都不能将中国作为非市场经济国家歧视性对待。那么加入15年后，这一例外也终止了，WTO成员方就理所当然、毫无例外地应将中国作为市场经济国家平等对待了。这个结论也是顺理成章，准确无疑的。

第五条依据和理由是《中美双边WTO协定》的相关内容也做出了有效得力的印证。美国在中美双边协议中已经做出明确承诺，在中国入世15年后承认中国的市场经济地位。《中美双边WTO协定》明确规定："美国和中国已经同意，在未来的反倾销案件中，（在不存在受挑战的法律风险的情况下，）我们将能维持我们现有的反倾销方法（视中国为非市场经济国家）。……这一规定将在中国加入 WTO 之后 15 年内有效。"根据这一规定，2016 年 12 月 11 日后，美国在反倾销领域不得再将中国视为"非市场经济国家"，也不得维持现有反倾销方法（"替代国"方法）。在这方面，美国应对中国负有特殊条约义务，也不存在任何灵活的余地。因此，在 2016 年 12 月 11 日后，我国在美国自动获得市场经济地位。在这一点上，美国不可能有别的选择，我们也不能容忍它提出别的说法。这一双边协定在这个问题上的措辞和表述与中国加入议定书第 15 条也是一致的。美国在中国加入 WTO 后 15 年内在反倾销方法上可以视中国为非市场经济国家，可以使用替代国作为正常价值进行价格比较。但是这一规定只能在 15 年内有效，那么 15 年以后美国在反倾销方法上再也不能视中国为非市场经济国家了。中美双边 WTO 协定与中国加入议定书和 WTO 上诉机构的法律解释在措辞、表述、含义和逻辑上都是相互印证的、明确无误的。

第六条依据和理由是 WTO 法并没有界定市场经济国家标准，是否是市场经济国家皆由 WTO 成员以自己的国内法确定，我国毫无疑问是一个取得巨大成功的市场经济国家。我国早在入世之前就已经在宪法和法律上规定为市场经济国家，不仅坚定地确立建立市场经济体制，而且一直在吸取国内外各种经验和教训，不断深化市场经济体制改革，完善创新市场经济机制，并在国内国际的实践中取得了巨大的成功，创造了世界公认的中国奇迹、中国模式和中国道路。中国是创新发展取得巨大成功的市场经济国家，这是铁的事实。按照 WTO 法的规定，这也不需要其他成员的承认。因此，否认中国 15 年后自动获得市场经济地位的"客观事实不符"论是根本站不住脚的，不值一驳的。

在这个问题上，国内外学界政界出现不同观点的争论。有不少专家学者认为 2016 年 12 月 11 日后，中国应当自动获得市场经济地位，但根据和理由大多还没有全面有力地表述清楚，说服力还不够强，有的还没有说到点子上，没有说到要害和关键之处。否认中国将自动获得市场经济地位的专家学者，大多只局限于中国加入议定书第15条（a）项（ii）目本身的文字含义，没有把上下文的相关条款和内容连贯起来进行全面正确的理解和解释，特别是没有注意到第15条（d）项已明确指出（a）项（ii）目就是（a）项中的"非市场经济条款"，因而误以为（a）项（ii）目只规定了正常价格比较的例外问题，与非市场经济无关；更没有注意到第15条（d）项也已明确指出一旦中国证实自己是一个市场经济体，"则（a）项的规定即应终止"。"法律依据缺失"论还认为2016年12月11日后（a）项（ii）目到期终止，并不影响第15条（d）项的第一句话和第三句的法律效果，因此不能认为15年到期后中国自动获得市场经济地位。这更是毫无道理的。因为第一句和第三句讲的是在15年内（a）项规定或（a）项中的非市场经济条款随时提前终止的两种情况，不必等到15年以后。至于15年后再说提前终止那就没有意义了，怎么能说（a）项（ii）目的到期终止并不影响第一句和第三句的法律效果呢，又怎么能由此得出"法律依据缺失"论，否认中国15年后自动获得市场经济地位呢。尽管第15条（d）项终止期限的规定并非强制要求WTO成员承认中国的市场经济地位，但是这并不意味着2016年之后中国不被给予市场经济待遇，到期后中国理所当然应该享有市场经济国家的平等地位。享有市场经济国家地位和待遇与承认中国的市场经济地位在法律效果上没有本质区别。

二、入世15年后中国无须再承担入世议定书第15条（a）项（i）目规定的举证责任

第一，如上所述，中国有足够的充分的根据和理由在加入WTO 15年之后自动获得市场经济国家地位和待遇，中国企业当然也就不需要再承担举证责任来证明自己的产业具备市场经济条件了。

第二，前面已经论证，中国加入世界贸易组织15年后，加入议定书第

15 条的整个（a）项都将终止，其（i）目当然随之终止失效了，自然它所规定的在 15 年内如不适用替代价需要对是否满足市场经济条件的举证责任也就不存在了。

第三，依照上诉机构在中国诉欧盟碳钢紧固件案裁决中对第 15 条之解释，中国承担举证责任的前提是，中国要想在 2016 年之前终止（a）项规定，获得市场经济地位，必须依据各国国内法之规定承担相应的举证责任。也就是说，中国只在力求于 2016 年之前终结（a）项的情形下，才需承担举证责任。至于到 2016 年后，随着（a）项效力的终止，中国自然无须再承担举证责任了。

第四，随着中国加入 WTO 议定书第 15 条（a）项（ii）目的终止，（i）目规定的生产者要证明具备市场经济条件也没有必要、失去意义了。因为从逻辑上看，就是不需证明或者不能证明，反正无论如何也不能再适用非市场经济条款了，那么证明当然就是毫无意义的了。

第五，虽然第 15 条（d）项只言及（a）项（ii）目 15 年后终止，但是按照上下文的全面理解和解释，正因为有（ii）目如果中国企业不能证明具备市场经济条件就将使用不与中国国内价格或成本进行严格比较的方法，所以（i）目规定如果中国企业能够证明具备市场经济条件则按中国国内价格或成本进行严格比较才有必要、有意义。因此，（i）目和（ii）目是相互依存、互为因果的，它们是同一事物的正反两面，既然不能证明具备市场经济条件也不能使用特殊的价格比较方法，只能与能够证明的做同样的处理，那么证明的条款也就自然失去了存在的价值。虽然在中国入世 15 年内，（a）项（i）目和（ii）目是可以选择的，但是，到了 2006 年年底，（a）项（ii）目终止了，（a）项（i）目只徒具形式，（a）项（ii）目无论如何不能再适用了，（a）项（i）目的举证责任也就毫无意义了。其实，WTO 上诉机构在欧盟 – 紧固件案的裁决做了明确解释，那就是第 15 条（a）项在中国入世 15 年后将整体失效，显然上诉机构对于 15 条（a）项的解释不是简单拘泥于文本主义，而是综合条约的上下文、立约意图、宗旨和目的以及善意解释。这是上诉机构经过内部认真讨论得出的结论，而不是像有些外国学者说得是上诉机构顺带提出的。

国外有的学者认为 2016 年 12 月 11 日以后 15 条（a）项（i）目仍然有效，只不过是"举证责任倒置了"，这种说法没有法律依据，因为第 15 条（d）项根本没有涉及举证责任倒置问题。况且不管谁举证也不能再适用非市场经济条款了。

还有的学者认为，2016 年 12 月 11 日之后，中国加入议定书第 15 条（a）项序言仍然有效。第 15 条整个（a）项的终止，当然包括其序言。就是从上下文看，随着（a）项（ii）目的终止，其序言中的"使用不依据与中国国内价格或成本进行严格比较的方法"也必然同时终止。因为（a）项序言中列举的两种情况，就是（a）项（i）目和（ii）目规定的内容。既然后一规定终止了，那么序言中的两种情况也就自然只剩下一种情况了。因此也可以说，第 15 条（d）项所指的"非市场经济条款"也包括 15 条序言中的相应内容。这样看来，虽然第 15 条（d）项只说（a）项（ii）目 15 年后终止，但是按照上下文的全面理解和解释，不能再说第 15 条（a）项序言仍然有效。至于以国内价格或成本作为可比价格这个正常方法，《反倾销协定》本有规定，再说中国加入 WTO 议定书第 15 条（a）项序言仍然有效就是多余的，没有意义了。

第六，欧盟没有按照中国加入议定书的要求，在欧盟内部制定一个关于国家市场经济地位标准和产业（产业部门）市场经济地位标准的法律文件或条款，欧盟只是制定了个别企业是否符合市场经济地位标准的法律条款。因此，即使如有些学者认为，议定书第 15 条（a）项（ii）目终止失效后，（a）项（i）目仍然继续有效，中国企业仍然需要举证证明其中国或其所在产业是否符合市场经济地位。显然，这一条对于欧盟是完全不适用的，因为欧盟没有关于国家或产业市场经济地位的标准。即使欧盟现在重新制定，已经太晚，根据中国加入议定书的规定，欧盟关于国家或产业市场经济地位标准必须在中国入世前就制定公布。因此，我们可以不用过于担心欧盟在议定书第 15 条（a）项（ii）目终止失效后，在（a）项（i）目上做任何文章。

三、我国将可能面临的新情况和新挑战及相应的应对办法

（1）有的 WTO 成员可能以对中国入世议定书第 15 条的错误解读为借口，继续坚持对我国企业适用非市场经济条款。以欧康纳先生（Mr. O'Connor）为代表的一些学者认为，尽管中国加入 WTO 议定书第 15 条（a）项（ii）目的效力于 2016 年 12 月 11 日终止，但这并不意味着中国可自动获得"市场经济地位"，中国在反倾销领域仍不能享有与其他成员同等待遇，WTO 成员依然可对中国企业适用特殊规则。其主要理由是，第 15 条规定的仅是反倾销特殊规则，与是否具有"市场经济地位"无关，况且，（a）项（ii）目的效力终止不代表第 15 条其他部分的终止。因此，有的成员仍然可能以此类错误解读为借口，试图继续用替代国的价格作为认定中国企业倾销和计算倾销幅度的可比价格。这是最坏的可能，我们需要有此警惕和防备。当然这种可能性并不大，或者说很小，而且不难应对。因为否认我国在入世 15 年后自动获得市场经济地位的错误解读，我们完全能够以足够充分的依据和理由予以驳斥，其也不可能得到 WTO 争端解决机构的认同。我们通过诉诸 WTO 争端机制是可以解决问题。

（2）有的 WTO 成员可能继续以国内法为依据，继续坚持对中国企业适用反倾销特殊规则。WTO 法要求所有成员必须保证其国内法与 WTO 规则相一致。如果某一成员以国内法为依据继续坚持对中国实施非市场经济特殊规则，那就违背了 WTO 协定，我们可诉诸 WTO 争端解决机制。

（3）有的 WTO 成员可能以现行的、对所有成员均适用的《反倾销协定》第 2.2 条的规定为依据，企图在成本计算上继续使用替代国标准。第

2.2 条尽管从文字上看并未规定"替代国"方法，但有些学者认为，WTO 争端解决实践证明，WTO 成员完全可以从该条中找到"替代国"的规则依据。我们不赞同这种观点，因为这种观点没有明白反倾销调查中的成本计算规则。根据《反倾销协定》第 2.2.1.1 条规定："就第 2 款而言，成本通常应以被调查的出口商或生产者保存的记录为基础进行计算，只要此类记录符合出口国的公认会计原则并合理反映与被调查的产品有关的生产和销售成本。"这里规定了"成本通常应以被调查的出口商或生产者保存的记录为基础进行计算"的前提条件是"只要此类记录符合出口国的公认会计原则并合理反映与被调查的产品有关的生产和销售成本"，如果不符合这个前提条件怎么办，看上去条款没有回答，实际上答案是明确的，调查机关可以以"符合出口国的公认会计原则并合理反映与被调查的产品有关的生产和销售成本"的分摊方法进行计算。因为第 2.2.1.1 条整体上就是针对生产商的成本分摊方法，而不是针对成本本身，没有任何规定允许用其他企业或其他国家的成本来代替。虽然 WTO 争端裁定具有不确定性，就有可能被有关成员所利用，但我们不能过多夸大这种不确定性，不能因此导致对 WTO 的虚无主义。欧盟正是利用这一点对成本分摊方法的误解，在对俄罗斯、阿根廷和印度尼西亚的产品反倾销调查中采用了"成本替代"规则。欧盟《反倾销基本条例》第 2.5 条第 2 段规定："如果与被调查产品生产和销售相关的成本在涉案当事方的记录中没有得到合理反映，这些成本应在同一国家的其他生产者和出口商的成本基础上予以调整或确定，或者如果这些信息没有掌握，或无法使用，则以任何其他合理的依据，包括来自其他具有代表性市场的信息。"欧盟的这项"成本替代"规则是完全违反《反倾销协定》第 2.2.1.1 条的成本分摊规则的。目前，俄罗斯、阿根廷和印度尼西亚这三个国家已经诉诸 WTO 争端解决机制。因为《反倾销协定》第 2.2 条并没有规定可以采用替代国成本，也不能扩大解释为可以采用替代国成本。如果某一成员方以此为依据对我国采用替代国成本比较方法，我国同样可以依法启动 WTO 争端解决程序。

由于欧盟的"成本替代"规则对我国今后应对反倾销威胁比较大，我们建议应该对欧盟的错误立法现在就诉诸 WTO 争端，而不应单纯等待其他国家的争端结果。

（4）有的 WTO 成员可能以 GATT 1994 第 6 条第 1 款的第 2 项补充规定为依据，坚持以替代国的价格作为可比价格，对我国企业实施反倾销特殊措施。但是我国显然不属于贸易被完全垄断的国家。此项补充规定是："各方认识到，在进口产品来自贸易被完全或实质上完全垄断的国家，且所有国内价格均由国家确定的情况下，在确定第 1 款中的价格可比性时可能存在特殊困难，在此种情况下，进口缔约方可能认为有必要考虑与此类国家的国内价格进行严格比较不一定适当的可能性。"按照此项规定，可以采用替代国价格比较的前提条件有两个，一是进口产品来自贸易被完全垄断的国家，二是其所有国内价格均由国家确定。而在我国，根本不存在这两个前提条件。如果有成员方以这一条款为依据对我国企业采用替代国价格比较的方法，那么我们完全有依据和理由向 WTO 争端机制提出申诉。

（5）正因为替代国的特殊规则即将终止，所以也可能使 2015 年反倾销案件出现"井喷"式的增多，都想赶在 2016 年结案。其实未必出现"井喷"式增多，就是万一出现，也能够以现有的依据和方法加以应对。

（6）有的 WTO 成员可能仍然不承认我国自动获得市场经济地位。只要我国实际上到期就能自动获得市场经济国家地位，或者只要我国到期就能享受市场经济国家的平等待遇，只要 WTO 成员不再对我国企业适用反倾销特殊规则，那么有关成员即使不承认我国的市场经济国家地位也不会产生实质性的影响，我国也大可不必急于追求这些国家给予承认。

（7）2016 年后也可能有些 WTO 成员转而主要依靠反补贴的方式应对中国的贸易出口。反补贴有反补贴的应对办法，中国加入议定书与中美双边 WTO 协定都没有把非市场经济地位与反补贴调查直接关联，我们没有必要自己去主动挂钩。

至于议定书规定在按补贴与反补贴协定第 14 条计算中国企业补贴金额时，如遇特殊情况可以考虑采用外部基准，该条款实际上对所有 WTO 成员都适用的，加拿大软木案上诉机构对此有了明确裁定。只是由于中国国有企业的特殊性，对于中国的挑战可能会更大些。

（8）有的 WTO 成员虽然承认我国的市场经济地位，但仍然以《反倾销协定》的第 2 条第 2.2 款为依据，以我国存在"特殊市场情况"为由，采用我国出口至第三国的价格作为可比价格。这与非市场经济地位无关，也与"替代国"方法完全不同，正确应对即可。但是，有些国家如澳大利亚，在承认我国市场经济地位的同时，仍然以"特殊市场情况"为由，对我国产品采用"成本替代"，这是不能允许的，中国不应等待至 2016 年以后再匆忙向WTO 提起争端，我们应该现在就考虑付诸行动，避免使中国企业继续受到损失。

四、就我国尽快制定和采取全面系统的应对之策提出八项重要建议

（1）建议理论界实务界提前做好全面系统研究，统一认识和对策，形成完整成熟的方案，最好以内部文件的形式做好国内各有关方面统一思想和行动的工作，并抓紧细致扎实地做好应对各种挑战的充分准备。我们研究会愿意组织动员所有专家学者积极参与其中。中国政府的立场应该旗帜鲜明，首先欧美等成员在中国加入时存在的关于市场经济条件的国内法是"祖父条款"，因为中美协定已经明确只允许这个祖父条款存在 15 年，上诉机构在欧盟紧固件案中已经裁决 15 条（a）项在 2016 年 12 月 11 日终止，意味着"祖父条款"的落日。此后在对中国产品反倾销时不再允许使用替代国价格计算倾销幅度，15 年后中国被视为和其他成员一样仅仅适用统一的反倾销规则。

（2）建议中央主管部门和有关媒体提前组织做好对外宣传舆论工作，可先以学术团体或者专家学者的名义发表见解，驳斥曲解中国加入世界贸易组织议定书第 15 条的各种错误言论，引导和促进各成员尊重和遵守 WTO 法的有关规定，也引导国际舆论朝着有利于我国的方向发展。

（3）建议我国政府或政府主管部门提前做出明确坚决的表态，没有丝毫灵活和商量的余地，不让其他成员抱有任何不合法、不合理又不切实际的幻想。要从法律时效上明确，所有 WTO 成员在 2016 年 12 月 11 日之后采取的反倾销措施或者做出的终裁征税裁定，都不能再适用中国加入议定书第 15 条的非市场经济条款。明确 WTO 争端机构对于在 2016 年 12 月 11 日之后采取的反倾销措施的争端案件，也不能再适用中国加入议定书第 15 条的非市场经济条款。

（4）建议中央主管部门统一组织推动各方面力量做好充分的思想和工作准备，对美欧违反 WTO 法的行为，应率先提出交涉或磋商，磋商不成则坚决诉诸争端解决机制。对于发展中国家违反 WTO 法的行为，则需要有策略地应对，避免一刀切。

（5）建议外交和商务部门提前做好美国的工作，要求美国在终止适用议定书第 15 条非市场经济条款时尽早明确具体程序，对于现存反倾销措施的复审和现有调查案件的裁决如何终止适用非市场经济条款提前公布具体程序和要求，兑现美方的承诺，到期承认我国的市场经济地位，实现重点突破，带动和影响其他成员采取积极态度，力争实现对我国完全市场经济地位的普遍认同。虽然美国在政治上是最保守的反对者，但是美国在国内法治上又躲不过去，我们要借助美国的法治，逼迫美国兑现自己的承诺。当然，在方法上，我们应该催而不急，以逸待劳，使对方如坐针毡，陷入被动。

（6）建议中央主管部门抓住机遇，选择性地加强与尚未承认我国市场经济地位的部分国家沟通和磋商，积极主动地做好解释促进工作，全面系统、细致具体地阐述依据和理由，力争有些重点突破。

（7）建议进一步推进我国的市场经济体制改革，更好地发挥市场在资源配置等方面的基础性作用，促进国内经济和对外贸易的持续较快健康发展，争取国际社会的进一步认同和支持。特别是不要因为非市场经济条款的终止而忽视企业独立市场主体地位之必要性和需要继续进行的市场化改革。坚持国内市场化和法治化改革方向，减少政府对价格和贸易的控制和干预。

（8）建议从实践和理论两个方面科学深入研究和积极稳妥推进社会主义市场经济体制机制的创新发展，把市场配置、平等竞争与必要调控有机地适度地结合起来，总结借鉴历史上、国际上的各种成功经验和危机教训，进一步健全完善富有特色、充满活力的中国模式，创造更多、更好的中国奇迹，并加强对外舆论宣传，增强我国在国际经贸领域的影响力和话语权。

中国市场经济地位问题的
起源、现状与解决方案

余敏友　管　健[*]

摘　要： 本文简要叙述了中国市场经济地位问题的起源和争议，梳理了中国政府的历次立场声明和欧盟与美国等其他 WTO 成员的表态。中欧双方虽在中国市场经济地位问题上有某种共识，但对 2016 年 12 月 11 日后 WTO 成员是否依据议定书第 15 条中的其他存续条款继续使用替代国方法有分歧。本文认为，2016 年 12 月 11 日后议定书第 15 条中的其他存续条款，不构成继续使用替代国方法的法律依据，建议中国政府采取更有效的针对性政策。

关键词： WTO；反倾销；市场经济

中国的市场经济地位问题，可能是 2016 年中国在国际法领域最受关注并且讨论最热烈的问题之一。首先通过分析中国政府的历次立场声明和欧盟等其他 WTO 成员的表态，本文认为，中欧双方就中国市场经济地位问题存在一定的共识，主要分歧在于 2016 年 12 月 11 日后，WTO 成员是否可以依据议定书第 15 条中其他存续的条款继续使用替代国方法。而后运用条约解释方

---

* 余敏友，武汉大学法学院教授、博士研究生导师，边界与海洋研究院院长、国际问题研究院院长、WTO 学院院长（2003～2014）。管健，武汉大学法学院博士研究生，北京高文律师事务所高级合伙人。

法分析，本文认为，2016 年 12 月 11 日后议定书第 15 条中的其他存续条款不构成继续使用替代国方法的法律依据。本文最后对中国政府下一步应对市场经济地位问题提出了下列政策建议：（1）区别对待美欧立场，争取从欧盟入手有所突破；（2）进一步澄清市场经济地位与价格可比性困难之间的关系，强化中国在市场经济改革特别是价格改革方面的舆论宣传与造势，以打消其他 WTO 成员在反倾销调查中放弃使用替代国做法的疑虑；（3）慎重对待欧盟的替代性解决方案，建议通过一次让步永久终止替代国方法的使用。

一、问题的起源

市场经济地位问题是中国恢复关贸总协定缔约国地位和随后加入世贸组织的 15 年谈判中最艰难的问题之一。有些 WTO 成员认为：

"……中国正处在继续向完全市场经济转型过程之中。……在这种情况下，WTO 成员对于进口的中国产品，在反倾销调查和反补贴税调查确定成本和价格可比性时，可能存在特殊困难。……在此种情况下，WTO 进口成员可能认为有必要考虑与中国国内成本和价格严格比较不一定适当的可能性。"①

为了解决这些 WTO 成员的关注，作为中国加入 WTO 的妥协条件，中国同意在入世议定书第 15 条中就针对中国的反倾销反补贴调查使用特殊的做法。特别是议定书第 15（a）（ii）段允许 WTO 进口成员在反倾销调查中使用非市场经济方法，即替代国方法，计算中国企业出口产品的正常价值，即"如受调查的生产者不能明确证明生产该同类产品的产业在制造、生产和销售该产品方面具备市场经济条件，则该 WTO 进口成员可使用不依据与中国国内价格或成本进行严格比较的方法。"②

根据 WTO 反倾销协定的规定，在反倾销调查中认定是否存在倾销时，

---

① 中国加入工作组报告第 150 段。
② 中国入世议定书第 15（a）（ii）子段。

通常是将出口商或生产者的涉案产品的出口价格与正常价值进行比较，而正常价值通常是基于出口商或生产者在国内市场同类产品的销售价格或生产成本进行计算。但是，由于议定书第 15（a）（ii）段的授权，WTO 成员可以不使用中国出口商或生产者的价格或成本，而是使用其他 WTO 成员（如印度、中国台湾甚至欧盟、美国）的价格或成本与中国出口商或生产者涉案产品的出口价格进行比较，即替代国方法。以此方法计算出来的倾销幅度，通常很高，甚至高达 200% ~ 300%，从而实际上对中国产品的出口构成了禁止。

在入世谈判时，中国也充分意识到了议定书第 15 条（a）（ii）段替代国方法的使用可能损害中国产业的出口利益，因此在议定书第 15 条（d）段第二句规定，"无论如何，第 15 条（a）（ii）段应于中国入世 15 年后到期"，即 2016 年 12 月 11 日。另外，议定书第 15 条（d）段第一句和第三句还分别规定，如果中国依据进口 WTO 成员的国内法证明其是市场经济国家或证明特定产业或部门具备市场经济条件，那么议定书第 15 条（a）段应终止或不再适用。值得注意的是，议定书第 15 条（d）段第一句和第三句并没有为中国证明其是市场经济国家或证明特定产业或部门具备市场经济条件设定特定的时间。

在中国入世后，对议定书第 15 条的理解几乎没有争议。不论是中国还是其他 WTO 成员几乎都普遍认为入世 15 年后，中国将自动获得市场经济地位，替代国方法将终止。[①] 甚至或者说中国入世议定书第 15 条不会成为一个争议的问题。欧洲律师伯纳德·奥康纳（Bernard O'connor）2011 年 11 月关于《中国不能自动获得市场经济地位》[②] 的博客，掀起了国内外律师和学者对议定书第 15 条的热烈讨论。随着世界经济越来越低迷、复苏缓慢，各国的

---

① 例如欧盟前贸易委员于 2013 年月 11 月在欧洲议会说"中国将在 2016 年获得市场经济地位"。

② Bernard O'connor, Market - economy status for China is not automatic, 27 November 2011, retrieved from http：//voxeu. org/article/china - market - economy.

产业利益集团对于贸易保护的呼声越来越高，承认中国的市场经济地位或在反倾销调查中放弃替代国的做法的阻力也越来越大。

二、争议的问题

各方争议的焦点问题有两个，一是中国在 2016 年 12 月 11 日后是否可以自动获得市场经济地位；二是其他 WTO 成员是否应该在 2016 年 12 月 11 日后放弃替代国的做法。

中国在 2016 年 12 月 11 日后可以自动获得市场经济地位者认为，由于第 15 条（a）段只提供了两种计算中国产品正常价值的方法：市场经济方法或非市场经济方法，既然非市场经济方法在中国入世 15 年后终止，中国当然应该在反倾销调查中被视为市场经济国家。①

中国在 2016 年 12 月 11 日后不能自动获得市场经济地位者认为，议定书第 15 年（d）段第二句并没有明确说中国将获得市场经济地位，它只是说第 15 条（a）（ii）段将停止适用，但是第 15 条的其他段落和条文将继续适用。如果将第 15 条（a）（ii）段的终止适用解释为给予中国市场经济地位的最后期限，不仅将本不存在的东西加入该条文，而且也将否定其他条文的效力。②

其他 WTO 成员应该在 2016 年 12 月 11 日后放弃替代国做法者认为，议定书第 15 条（d）段第二句明确终止了第 15（a）（ii）段关于替代国方法的使用。即使其他 WTO 成员想继续使用替代国方法，其法律依据也不是议定书第 15 条，而只能是 GATT 1994 第 VI 条的附注。但是，由于该附注规定的可以使用替代国方法的门槛非常高（即进口产品来自贸易被完全或实质上完

① Henrv Gao, If you don't believe in the 2012 myth, do you believe in the 2016 myth? Retrieved from http：//worldtradelaw. typepad. com/ielpblog/2011/11/if – you – dont – believe – in – the – 2012 – myth – do – you – believe – in – the – 2016 – myth. html.

② Bernard O'connor, Market – economy status for China is not automatic, 27 November 2011, retrieved from http：//voxeu. org/article/china – market – economy.

全垄断的国家，且所有国内价格均由国家确定），将从事实上禁止对中国继续使用替代国方法。[①]

认为其他 WTO 成员在 2016 年 12 月 11 日后可以继续使用替代国做法的观点主要有两种：一种是以豪尔赫·米兰达（Jorge Miranda）为代表的举证责任转移说，[②] 另一种是以伯纳德·奥康纳为代表的存续条款授权说。[③]

举证责任转移说认为，议定书第 15 条（a）（ii）段到期并不终止替代国方法的使用，它只终止一个可反驳的假设，即中国和中国的行业或产业处于非市场经济条件下。也就是说，在 2016 年 12 月 11 日前，第 15 条（a）（ii）段推定中国是非市场经济国家，中国的企业或产业有义务在反倾销调查中举证证明其具备市场经济条件，否则将使用替代国方法；在 2016 年 12 月 11 日后，这一假设不再成立，举证责任将转移给 WTO 进口成员的国内产业来证明中国的企业或产业不具备市场经济条件，如果中国的企业或产业不能成功反驳，那么进口成员可以继续使用替代国方法。

存续条款授权说认为，第一，议定书第 15 条（a）段的起首条款包含一个基于子段（i）和子段（ii）两者选一的测试，即使子段（ii）到期了，第

---

① Christian Tietje and KarstenNowrot, Myth or Reality? China's Market Economy Status under WTO Anti – Dumping Law after 2016, Policy Papers on Transnational Economic Law, No. 34, December 2011; see also FolkertGraafsma & Elena Kumashova, In re China's Protocol of Accession and the Anti – Dumping Agreement: Temporary Derogation or Permanent Modification? Global Trade and Customs Journal, Volume 9, Issue 4, 2014.

② Jorge Miranda, Interpreting Paragraph 15 of China's Protocol of Accession, Global Trade and Customs Journal, Volume 9, Issue 3, 2014. See also, Terence p. Stewart, William A. Fennell, Stephanie M. Bell & Nicholas J. Birch, The Special Case of China: Why the Use of a Special Methodology Remains Applicable to China after 2016, Global Trade and Customs Journal, Volume 9, Issue 6, 2014. p. 278. See also, F. Martin Malvarez, China's NME Treatment after December 2016, p. 4.

③ Bernard O'Connor, The Myth of China and Market Economy Status in 2016. Retrieved from http://worldtradelaw. typepad. com/files/oconnorresponse. pdf. See also, Terence P. Stewart, William A. Fennell, Stephanie M. Bell & Nicholas J. Birch, The Special Case of China: Why the Use of an NME methodology Remains Applicable to China after 2016, Global Trade and Customs Journal, Volume 9, Issue 6, 2014, p. 276. See also, Alan H. Price, Timothy C. Brightbill and Scott Nance, The Treatment of China as an NME country after 2016, Wiley Rein LLP, September 15, 2015.

15条（a）段的起首条款仍然存在，并且该条强制要求使用一种非基于严格比较的方法。第二，第15条（a）段的起首条款只是"基于"子段（ii）适用，并不要求严格依据子段（ii）适用。第三，该学说还认为，议定书第15条（a）段的起首条款是对进口成员使用替代国方法的授权，子段（ii）只是规定使用替代国方法的一种情形，因此子段（ii）到期只是终止这一种情形，并不排除在其他情况下继续使用替代国的方法。第四，该学说还指出中国出口商和生产者在2016年12月11日后存续的子段（i）下仍然负有举证证明具备市场经济条件的义务，如果在中国出口商和生产者未能完成举证责任的情况下也仍不允许使用替代国方法，那么子段（i）将失去意义。

三、中国政府和其他WTO成员的立场分析

（一）中国政府的立场

自2015年11月起，针对市场经济地位问题，中国政府已经开始陆续通过各种渠道表达自己的立场和关切，包括李克强总理、商务部和外交部的部长和新闻发言人。

中国商务部新闻发言人沈丹阳于2015年11月17日在新闻发布会上申明，反倾销"替代国"做法自2016年12月11日须如期终止。外交部新闻发言人陆慷就中国市场经济地位问题于2015年12月31日答记者问指出，根据中国入世议定书第15条规定，世界贸易组织成员在对中国出口产品的反倾销调查中使用"替代国"数据的做法应当于2016年12月11日终止。

2016年5月16日，外交部部长王毅在北京与来访的法国外长艾罗举行会谈后共同见记者时，应询就欧洲议会通过决议不支持给予中国市场经济地位阐明中方立场。"王毅表示，中方认为欧洲通过这项决议不具有任何建设性。首先，是否给予中国市场经济地位与履行《中国加入世贸组织议定书》第15条是没有关联的两码事，不能人为将两者混为一谈，甚至彼此挂钩。当

年《议定书》第15条明确规定，世贸组织成员应于2016年12月11日终止在对华反倾销调查中使用'替代国'做法。这是世贸组织所有成员都应遵守的国际条约义务，不取决于任何成员的国内标准。因此，无论是否给予中国市场经济地位，欧盟作为世贸组织成员，都有履行《议定书》第15条的法律义务，无法回避和推卸。"[1]

2016年6月3日，商务部部长高虎城针对近期国际贸易领域的一些热点问题做出回应表示，"中国2001年加入世贸组织议定书第15条规定，如世贸组织成员不承认中国企业处在市场经济条件下，可用替代国方式计算企业价格、成本及倾销幅度。该条款规定了15年过渡期，即到2016年12月11日，无论承认与否，这一做法必须终止，针对中国出口产品的反倾销必须按中国产品价格和成本计算倾销幅度。……目前，我们没有得到世贸组织162个成员方任何一方确认说届期将不履行这一条款"。[2]

2016年6月7日，国务院总理李克强表示，中国愿同美国加强双边磋商，希望美国落实中国入世议定书第15条的承诺。[3] 李克强总理6月13日中午与德国总理默克尔在共见记者时，十分明确地表示，"'市场经济地位'与履行《加入议定书》第15条承诺义务是两个层面的问题"。"中国'入世'后，在开放市场方面已经做出了很大努力，履行了对世贸组织的承诺，现在欧盟等相关各方也应履行承诺。""用法律专业术语讲，这个条款叫作'落日条款'。也就是说，根据协议，无论发生什么情况，到2016年12月11日，这个条款都要自动终止。""如果我们现在对这个条款还需要重新谈判，那我们是不是还要重新谈判关于中国加入WTO的问题？"会谈结束后，两位总理共同会见记者时，李克强在回答记者提问中重申，中国是不是市场经济国家，

---

① "欧洲议会不承认中国市场经济地位 王毅回应"，载凤凰网，http：//inews. ifeng. com/48780111/news. shtml？from = timeline&isappinstalled = 0.

② "李克强：希望美国落实 WTO 的第十五条承诺"，载凤凰网，http：//i. ifeng. com/news/sharenews. f？aid = 109895163&from = timeline&isappinstalled = 0.

③ 同上。

这由中国的国情决定。中国推进市场化改革所取得的成就也已为世界公认。但履行《加入议定书》第 15 条承诺义务,包括中欧贸易摩擦,都是不同层面的问题,应该分开讨论。①

从以上表态可以看出中国政府针对两个争议的焦点问题的基本立场是:第一,是否承认中国的市场经济地位与是否放弃替代国的做法是两个层面问题,不能混为一谈或相互挂钩;第二,中国政府并不要求或并不关注在 2016 年 12 月 11 日后,其他 WTO 成员自动承认中国的市场经济地位;第三,其他 WTO 成员必须在 2016 年 12 月 11 日后放弃替代国的做法。

(二) 其他 WTO 成员或国家的态度

2016 年 5 月 12 日,欧洲议会针对中国的市场经济地位问题做出非立法性决议【2016/2667(RSP)】,该决议主要传达了以下信息:第一,中国仍然是非市场经济国家,欧盟不会单方面承认中国的市场经济地位;第二,中国入世议定书第 15 条中在 2016 年后仍然存续的条款应该给予完整的法律含义和效果;第三,中国在符合欧盟市场经济地位五条标准以前,应该在针对中国的反倾销和反补贴调查中使用"非标准的计算方法";第四,欧盟委员会应该依据以上原则提出立法建议,以确保欧盟法律符合 WTO 规则。

欧洲议会上述决议与其法律部门 2015 年 6 月 25 日有关法律意见的结论是一致的。该法律意见认为,2016 年 12 月 11 日后,WTO 成员继续基于议定书第 15 条(a)(ii)段使用替代国方法的法律依据将不再有效;但是,如果中国产业在 2016 年 12 月 11 日后不能证明其具备市场经济条件,并且 GATT 1994 以及 WTO 反倾销协定的相关规定在确定价格可比性时并不能充分解决这一问题,那么将不排除 WTO 成员基于议定书第 15 条(a)段的起

---

① "李克强:市场经济地位与履行《加入议定书》第 15 条承诺义务是两个层面的问题",载中国政府网,http://mp. weixin. qq. com/s? __biz = MzA4MDA0MzcwMA = = &mid = 2652479277&idx = 1&sn = 01ba22279b34a086c940808a27657243&scene = 2&srcid = 0613WF1MEnhu6lkXpP2rI S6N&from = timeline&isappinstalled = 0#wechat_redirect.

首条款继续使用替代国方法的可能性。①

2016 年 6 月 13 日德国总理默克尔，在与李克强总理回答两国记者提问时，明确表态：“我代表德方重申，我们很清楚记得当年做出的承诺，不会动摇。如果议定书第 15 条相关内容不能按时终止，对谁都没有好处。”默克尔表示，欧盟委员会已经认清了自己的义务，正在努力提出解决方案。双方将在专业层面开展进一步会谈，找到符合 WTO 规则的解决方案。她说：“德国愿推动欧盟委员会同中方加紧磋商，于年内取得结果。”②

截至目前，美国政府对于是否在 2016 年 12 月 11 日后承认中国市场经济地位或放弃替代国的做法没有任何官方的表态。但是根据相关的新闻报道，美国一直对欧盟施压不要单方面给予中国市场经济地位。③ 2016 年是美国总统大选年，各种利益集团要求进行贸易保护的呼声和压力日益高涨，美国在 2016 年 12 月 11 日后承认中国市场经济地位或放弃替代国做法，难以想象。

其他还没有承认中国市场经济地位的 WTO 成员大多处于观望或沉默状态。正如商务部部长高虎城指出的，截至目前，世贸组织 162 个成员没有任何一方明确表示将不履行中国入世议定书第 15 条的义务。但是沉默并不表示这些 WTO 成员将履行议定书第 15 条的义务。

总体来说，虽然欧盟议会明确否认给予中国市场经济地位，并且针对是否放弃替代国做法采用了前文所述的“存续条款授权说”的立场，但值得肯定的是欧盟委员会包括德国总理的表态，对于改变替代国做法都持比较积极的态度。

---

① Retrieved from http：//www. vieuws. eu/eutradeinsights/extract－of－ep－legal－opinion－on－market－economy－status－for－China/.

② “李克强：市场经济地位与履行《加入议定书》第 15 条承诺义务是两个层面的问题”，载中国政府网，http://mp. weixin. qq. com/s？＿biz＝MzA4MDA0MzcwMA＝＝&mid＝2652479277&idx＝1&sn＝01ba22279b34a086c940808a27657243&scene＝2&srcid＝0613WF1MEnhu6lkXpP2rI S6N&from＝timeline&isappinstalled＝0#wechat_redirect.

③ “外媒：美国警告欧盟不要给予中国市场经济地位”，载凤凰网，http：//i. ifeng. com/news/sharenews. f？aid＝104627045&from＝timeline&isappinstalled＝0.

（三）中欧立场差异的法律分析

从上述中国政府的表态和欧盟的官方立场可以得出以下认识：

第一，中国政府没有明确要求或并不强求议定书第 15 条（a）（ii）段到期后，其他 WTO 成员应自动给予中国市场经济地位；

第二，其他 WTO 成员也没有明确否认在 2016 年 12 月 11 日后不可以依据已经到期的议定书第 15 条（a）（ii）段继续使用替代国方法。

中欧双方的主要分歧在于，2016 年 12 月 11 日后，WTO 成员是否可以依据议定书 15 条中其他仍将依据存续的条款继续使用替代国方法？

至于 2016 年 12 月 11 日后仍将存续的可能构成使用替代国方法的法律基础无外乎两个，一是第 15 条（a）段的起首条款，二是第 15 条（a）（i）子段。本文认为，这两个条款都不构成继续使用替代国方法的法律基础。

首先，第 15 条（a）段的起首条款本身的逻辑和结构，揭示了该起首条款本身并未给进口成员创设独立的权利和义务，它必须与第 15 条（a）（i）和（ii）段一起适用。

其次，第 15 条（a）段的起首条款中授权的非严格比较方法在 2016 年后不可能基于将已经到期的第 15 条（a）（ii）段继续适用。因为 2016 年后，非市场经济方法不可能与将已经到期的第 15 条（a）（ii）段之间存在一个非常强而紧密的关系，并且继续使用替代国方法将与第 15 条（a）（ii）段到期所禁止使用该方法的法律效果相矛盾。

再次，第 15 条（a）（i）子段只规定了在何种情况下，调查机关应当使用替代国方法的义务；第 15 条（a）（ii）子的到期，并不能将这种应当使用"标准方法"的义务转化为可以使用替代国方法的权利。

最后，如果上述两个在 2016 年 12 月 11 日后存续的条文可以构成继续使用替代国方法的法律依据，那么这种状态在第 15 条（a）（ii）子段到期前就一直如此，而不是因为第 15 条（a）（ii）子段到期后，这两个条文突然变得可以适用了。如果这一推论成立的话，也就是说在 2016 年 12 月 11 日前，有三个条文可以同时构成使用替代国方法的法律依据。这一解释结果将导致第 15 条（a）（ii）段自始多余，从而违反了条约解释的基本原则。

四、中国政府下一步的策略选择

（一）以欧盟突破口

虽然欧盟议会拒绝给予中国市场经济地位，但是欧盟委员会包括欧盟的重要成员方德国对于改变替代国做法都持积极态度，因此中国应该努力争取以欧盟为突破口，通过谈判和磋商让欧盟放弃替代国的做法。毕竟通过 WTO 争端解决机制解决该问题还有一个漫长的过程，而且裁决结果也存在一定的不确定性。实际上绝大多数还没有承认中国市场经济地位的其他 WTO 成员的反倾销立法与实践，例如，印度、土耳其，以及一些南美国家，都是参照欧盟的做法。如果能够通过谈判和磋商让欧盟主动放弃替代国做法，将对其他 WTO 成员产生积极的示范作用。

另外，欧洲议会的决议还提到了要求欧盟在市场经济地位问题上与其他 WTO 成员协调立场。实际上美国也一直对欧盟施压要求其不要承认中国的市场经济地位。对此，中国政府应该积极与欧盟进行谈判和磋商，推动欧盟遵守 WTO 规则，从而将欧盟与其他 WTO 成员进行协调的重心转为欧盟自己的放弃或改变替代国做法的立场，而不是美国的不承认不放弃的立场。

（二）进一步澄清市场经济地位与价格可比性困难之间的关系，强化中国在市场经济改革特别是价格改革方面的舆论宣传

中国政府已经将市场经济地位问题与替代国问题区分开来，并且明确指出放弃替代国的做法是其他 WTO 成员的条约义务，并不取决中国是否满足了其他 WTO 成员的国内法中关于市场经济地位的标准。但是，从反倾销调

查实践的角度来说，或者从中欧双边谈判或磋商的角度来说，其他 WTO 成员通过议定书第 15 条所关注的"价格可比性困难"并没有得到根本性的解决。

对此，中国政府还应该认识到，议定书第 15 条的根本目的是解决价格与成本的可比性问题，虽然解决这一问题与证明市场经济地位或证明具备市场经济条件有关系，但是第 15 条的根本目的不是解决中国的市场经济地位问题。换句话说，证明市场经济地位或证明具备市场经济条件只是一种手段，它是以解决价格可比性困难为目的。这两者之间的关系不应该被颠倒，并且解决价格可比性困难并不仅限于证明市场经济地位或证明具备市场经济条件这一个途径。即使中国入世 15 年来的市场经济改革可能还不能完全满足其他 WTO 成员关于市场经济地位标准的要求，但是中国在价格方面的改革可能已经从事实上消除了反倾销调查中可能存在的价格与成本的可比性困难。例如，美国也曾经承认市场力量事实上已经在中国商品交易中占主导地位,[1] 由中央政府定价的产品也缩减到只有七类等,[2] 而此类定价都是符合中国在入世议定书中的相关承诺。为此，中国政府应该强化中国在市场经济改革特别是价格改革方面成果的舆论宣传，以打消其他 WTO 成员对于在反倾销调查可放弃替代国做法的疑虑。

（三）慎重对待欧盟的替代性解决方案，通过一次让步永久终止替代国方法

鉴于欧洲议会已经就中国市场经济地位问题做出了决议，欧盟委员会再

---

① Memorandum from Import Administration regarding Countervailing Duty Investigation of Coated Free Sheet Paper from the People's Republic of China-Whether the Analytical Elements of the Georgetown Steel Opinion are Applicable to China's Present – Day Economy, C – 570 – 907 (Dep't of Commerce 29 Mar. 2007), available at http: //enforcement. trade. gov/download/prc – cfsp/CFS% 20China. Georgetown%20applicability. pdf (last accessed on 15 August 2015).

② The decree of NDRC, Source from: http: //www. ndrc. gov. cn/fzgggz/flfg/flgz/201510/ t20151026_ 755955. html, accessed on 15 February 2016.

做出给予中国市场经济地位的立法提案的可能已经不存在。否则即使欧盟委员会提出该提案也不可能在欧洲议会获得通过。另外，欧洲议会既要求欧盟委员会依据其确认的方法做出修改立法的提案，也提出了要确保欧盟的法律符合 WTO 规则，欧盟委员会可能会因此陷入两难的境地。

首先，关于中间道路的建议并不可取。比如除了钢铁行业，欧盟给予所有其他行业市场经济地位并放弃替代国做法，姑且不论这种做法是否合规，中国的钢铁行业肯定不同意，欧洲的其他行业也不会同意。只要欧盟不放弃替代国的做法，就会贻害无穷。

其次，专家组在阿根廷诉欧盟生物柴油案中否定了欧盟关于在特殊市场状况下对生产成本进行调整的做法，欧盟已经上诉，上诉机构对成本调整问题的未来裁定还难以判断。中国作为第三方，在本案上诉过程中，应该坚决反对欧盟的成本调整做法，否则将给替代国做法在 WTO 反倾销协定下 "移花接木""死灰复燃" 留下后门。

最后，欧盟委员会在其贸易防御措施现代化改革方案中关于选择性地取消低税规则的适用，也存在违反 WTO 反倾销协定第 9.2 条和 GATT 1994 第 1.1 条关于最惠国待遇的原则。但是，相比较而言，选择性地取消低税规则的适用可能是对中国出口商或生产者的利益损害最小的一个可供选择的让步方案。因为低税规则通常只在使用替代国方法计算出很高的倾销幅度的情况下下才会发挥作用，即适用较低的损害幅度；而在使用中国出口商或生产者的价格或成本计算正常价值时，通常倾销幅度都会低于损害幅度，取消低税规则的适用，也不会对中国出口商或生产者造成损害。当然，除了反倾销规则体系内可能的让步外，中国还可以通过规则体系外的其他谈判达成双方满意的结果。

五、结论

中国政府的历次立场声明和欧盟等其他 WTO 成员的表态表明，中欧双方就中国市场经济地位问题存在一定的共识,主要分歧在于 2016 年 12 月 11 日后,WTO 成员是否可以依据议定书第 15 条中其他存续的条款继续使用替代国方法。本文认为,2016 年 12 月 11 日后议定书第 15 条中其他存续的条款,包括议定书第 15 条(a)段的起首条款以及第 15 条(a)(i)段,均不构成继续使用替代国方法的法律依据。在此前提下,中国政府在应对市场经济地位问题的下一步策略上可以考虑:(1)以欧盟为突破口;(2)进一步澄清市场经济地位与价格可比性困难之间的关系,强化中国在市场经济改革特别是价格改革方面的舆论宣传,以打消其他 WTO 成员放弃使用替代国做法的疑虑;(3)慎重对待欧盟的替代性解决方案,建议通过一次让步永久终止替代国方法的使用。

参考文献

[1] Alan H. Price, Timothy C. Brightbill and Scott Nance, The Treatment of China as an NME country after 2016, Wiley Rein LLP, September 15, 2015.

[2] Bernard O'connor, Market – economy status for China is not automatic, 27 November 2011, retrieved from http://voxeu. org/article/China – market – economy.

[3] Bernard O'Connor, The Myth Of China and Market Economy Status in 2016. Retrieved from http://worldtradelaw. typepad. com/files/oconnorresponse. pdf.

[4] Christian Tietje and KarstenNowrot, Myth or Reality? China's Market Economy Status under WTO Anti – Dumping Law after 2016, Policy Papers on Transnational Economic Law, No. 34, December 2011.

[5] FolkertGraafsma & Elena Kumashova, In re China's Protocol of Accession and the Anti – Dumping Agreement:Temporary Derogation or

Permanent Modification? Global Trade and Customs Journal, Volume 9, Issue 4, 2014.

［6］ F. Martin Malvarez, China's NME Treatment after December 2016, p. 4.

［7］ Henrv Gao, If you don't believe in the 2012 myth, do you believe in the 2016 myth? Retrieved fromhttp：//worldtradelaw. typepad. com/ielpblog/ 2011/11/if – you – dont – believe – in – the – 2012 – myth – do – you – believe – in – the – 2016 – myth. html.

［8］ Jorge Miranda, Interpreting Paragraph 15 of China's Protocol of Accession, Global Trade and Customs Journal, Volume 9, Issue 3, 2014.

［9］ Terence P. Stewart, William A. Fennell, Stephanie M. Bell & Nicholas J. Birch, The Special Case of China：Why the Use of an NME methodology Remains Applicable to China after 2016, Global Trade and Customs Journal, Volume 9, Issue 6, 2014.

中国的市场经济地位问题：
兼论替代国计算方法的适用[*]

张丽英[**]

摘　要：2016 年 12 月 11 日《中国入世议定书》第 15 条（a）（ii）项到期后，中国是否能自动获认市场经济地位存在争议。2016 年 5 月 12 日，欧洲议会通过决议，呼吁欧盟委员会不要给予中国市场经济地位。然而，笔者认为，市场经济地位与替代国计算方法并不存在必然联系。2016 年之后，无论中国市场经济地位认定与否，《中国入世议定书》第 15 条（a）项都不能再视为适用替代国计算方法的法律依据。WTO 进口成员方仍有可能通过《反倾销协议》第 2.2 条中的"特殊市场状况"对中国产品适用替代国计算方法。

关键词：市场经济地位；反倾销；替代国计算方法；特殊市场状况

2016 年 5 月 12 日，欧洲议会通过一项非正式决议，呼吁呼吁欧盟委员

---

　*　本论文是国家社科重点项目"应对国际贸易摩擦和争端的协调机制研究"（项目号：09AZD014）的子项目"应对国际贸易摩擦与争端协调机制比较研究"的后期成果。

　**　张丽英，中国政法大学教授、国际教育学院院长。

会不要给予中国市场经济地位。① 2001 年 11 月《中国入世协定书》第 15 条（a）（ii）项否认了中国的市场经济地位，调查机关在对中国产品进行反倾销调查时可使用替代国价格来计算正常价值。根据《中国入世议定书》第 15 条（d）项规定，第 15 条（a）（ii）项将于中国入世 15 年，也即 2016 年 12 月 11 日到期终止。十多年来，中国政府在建立市场经济体制方面取得了重要进展，澳大利亚、新西兰、新加坡等 90 多个国家和地区均已承认中国的"完全市场经济地位"。②然而美国、欧盟、日本、加拿大、印度等国尚在这一群体之外，而这些国家又恰恰是中国的几个主要贸易伙伴和反倾销发起国。因此，2016 年后中国市场经济地位能否自动获得承认成为具有争议的问题。

一、市场经济地位认定标准

WTO 体系中不存在"市场经济地位"的明确定义。根据《中国入世协定书》15 条 d 款，"市场经济地位"的标准应由 WTO 进口成员方的国内法确定。其中"国内法"不仅包括法律，还涵盖法令、规章和行政法规。③因而 WTO 各成员方可以主观上承认或否定中国的市场经济地位。美国、欧盟都确立了并不断修改其有关国家或产业的"市场经济地位"认定标准。

（一）美国市场经济地位认定标准

依据《1930 年关税法》第 771 节（18）款，在判定一个国家是否具有市场经济地位时，调查机关应考虑以下六个因素：（1）货币可自由兑换程度，即该国货币同其他国家货币的自由兑换程度；（2）工资自由谈判程度，即该

---

① See European Parliament resolution of 12 May 2016 on China's market economy status [2016/2667（RSP）].

② "中国遭遇贸易摩擦常态化挑战"，载《中国日报》，http：//chinawto. mofcom. gov. cn/article/dh/janghua/201511/20151101197595. shtml，最后访问日期：2016 年 5 月 15 日。

③《中国入世工作报告》第 149 段。

国的公司工人与管理层在工资金额上自由谈判的程度;（3）外资开放程度,即其他外国的公司在该国设立合营企业或其他投资被允许的程度;（4）政府对生产资料控制程度,即政府对生产资料的所有或控制度的程度;（5）政府对企业价格、产量的控制程度,即政府对资源配置以及对企业在价格、产量决定权的控制程度;（6）其他因素,即调查机关认为适当的其他因素,如贸易自由化、法治程度等。

在对转型国家的反倾销调查中,美国注意到这些国家的市场化程度不断提高,引入了行业分析方法（sector analysis）来计算非市场经济国家产品的正常价值。若非市场经济国家的某一产业或企业的生产是以市场为导向、不受国家控制,对其产品正常价值的计算就可以使用市场经济的方法,按照市场经济国家的生产商来对待,即"市场导向产业"测试（Market – Oriented Industry）。

在 1994 年对华癸二酸反倾销案的初裁①中,美国商务部就使用了市场导向产业标准,该标准包括三个条件:（1）对于被调查的产品,在其定价和产量确定过程中必须几乎不存在政府介入（virtually no government involvement）。例如,无论出口还是国内消费,国家对被调查的产品的产量要求或产量分配要求,该要求将会成为裁定一个"市场导向产业"成立的不可逾越的条件;②（2）生产被调查产品的产业应当以私人所有制或集体经济所有制为特征。该产业可能会有国有企业,但大量的国家所有制（substantial state ownership）会对裁定"市场导向产业"不利;③ （3）被调查产品的所有重要投入

---

① Preliminary Determination of Sales at Less Than Fair Value and Postponement of Final Determination: Sebacic Acid From the People's Republic of China, FR Doc No: 94 – 160, （January 5, 1994）.

② Preliminary Determination of Sales at Less Than Fair Value and Postponement of Final Determination: Sebacic Acid From the People's Republic of China, FR Doc No: 94 – 160, （January 5, 1994）.

③ Preliminary Determination of Sales at Less Than Fair Value and Postponement of Final Determination: Sebacic Acid From the People's Republic of China, FR Doc No: 94 – 160, （January 5, 1994）.

（all significant inputs），以及所有被调查产品总价值的构成部分（不重要的部分除外）的投入，必须按照市场决定的价格投入。例如，如果被调查产品的生产商是按国家定价支付了某项投入，或如果该项投入是根据国家指令供给该生产商的，那么该项投入的价格将被视为非由市场决定的。此外，如果生产某一项投入的产业存在按照国家要求进行生产的情况，那么国家要求进行生产所占的份额须是很小的才能满足"市场导向产业"。①

（二）欧盟市场经济地位认定标准

不同于美国，欧盟反倾销立法没有对"市场经济国家"进行定义和确定标准。相反，欧盟在立法中开列非市场经济国家清单。《欧共体反倾销基本条例》在第 2.7 条（a）项中开列的非市场经济国家包括：阿塞拜疆、白俄罗斯、韩国、塔吉克斯坦、土库曼斯坦、乌兹别克斯坦。② 虽然该条列举的非市场经济国家并不包括中国，但欧盟在反倾销调查中并未承认中国的完全市场经济地位，而是将中国视为"经济转型国家"（economies in transition）。只有在中国出口商企业申请的情况下，才有可能享有市场经济待遇（market economy treatment，MET）或"单独税率"（individual treatment，IT）。

《欧共体反倾销基本条例》第 2.7（c）条进一步设定了认定企业"在市场经济环境中经营"的五条标准：第一，企业关于价格、成本和投入的决策，包括原材料、技术和劳务成本、产出、销售和投资等，应符合市场供求关系，没有明显国家干预，主要生产要素的成本基本反映市场价值；第二，企业应有一套明晰的基本会计账簿，经过独立的审计，符合国际通用会计准则，并具有通用性；第三，企业生产成本和财务状况没有受到过去的非市场经济体制的重大扭曲，特别是在资产折旧、其他冲销、易货贸

---

① Preliminary Determination of Sales at Less Than Fair Value and Postponement of Final Determination: Sebacic Acid From the People's Republic of China, FR Doc No: 94 - 160, (January 5, 1994).

② 《欧共体反倾销基本条例》（欧共体第 1225/2009 号条例）第 2.7（a）条脚注 1。

易和补偿贸易等方面；第四，企业应适用破产法和财产权法规，以保证企业在经营中的法律资格的确定性和稳定性；第五，外汇兑换应按照市场汇率。①

美国认定市场经济地位的"六项标准"侧重于政府介入与国家所有制，而欧盟的"五项标准"则侧重于良性的市场运行。但无论是美国的"六项标准"还是欧盟的"五项标准"，市场经济地位的认定都具有很强的主观性和不确定性。"政府介入""国家干预"以及"国有所有制"程度的解释都将影响市场经济地位的认定。目前欧盟正在考虑在不久的将来给予中国市场经济地位。关于是否承认中国市场经济地位的态度，欧盟内部分为两类阵营。一类是支持者，包括较有竞争力的北欧国家，包括英国、荷兰以及挪威、瑞典、丹麦；另一类则是反对者，主要是经济较不发达的南欧国家，以意大利为首。从产业上看，反对者主要是那些"正在挣扎的传统行业"（struggling traditional industries），包括钢铁、陶瓷和纺织业（steel, ceramics and textiles）。由于争论激烈，欧盟委员会不得不推迟发布原定于 2016 年 1 月发布的决定中国市场经济地位的提案。② 欧盟委员会的艰难决定反映出欧盟趋向于承认中国的市场经济地位，但该决定仍受到来自欧盟内部及外部的阻力。例如，美国方面警告欧盟，如果其承认中国市场经济地位，则相当于在贸易保护领域"单方面解除武装"（"unilaterally disarming" Europe's trade defences against China）。③ 美国钢铁工人联合会（USW）在就跨大西洋贸易和投资伙伴关系协定（TTIP）相关事宜致函美国贸易代表弗罗曼时，也表示欧盟如果

---

① 《欧共体反倾销基本条例》（欧共体第 1225/2009 号条例）第 2.7（c）条。
② "欧盟推迟决议中国市场经济地位"，载《经济参考报》，http://finance.sina.com.cn/roll/2016 - 01 - 15/doc - ifxnqriy2917057. shtml，最后访问日期：2016 年 5 月 15 日。
③ See Christian Oliver, US warns Europe over granting market economy status to China, available at http://www.ft.com/cms/s/0/a7d12aea - a715 - 11e5 - 955c - 1e1d6de94879. html#axzz48gVMLouj, accessed on May 15, 2016.

改变其将中国视为非市场经济国家的做法会对美国制造业的利益带来不利影响①。事实上，西方承认，对中国市场经济地位的反对，主要不是基于法律原则的推论，而是出于挽救正在衰落的传统产业的政策考虑。②

总结而言，在 2016 年 12 月 11 日后，《中国入世协定书》第 15 条（a）(ii) 项到期失效，但第 15 条文本上中并未直接要求各 WTO 成员方在第 15 条（a）(ii) 项到期后自动接受中国的市场经济地位。因此，以美国、欧盟为首的中国主要贸易大国是否会在第 15 条 a（ii）项到期后承认中国的市场经济地位仍然存疑。实际上，"市场经济地位"认定本身不会对中国的对外贸易产生不利影响；对中国对外贸易具有较大影响的是市场经济地位认定后"替代国"计算方法的适用。

二、替代国计算方法的适用

替代国计算方法指的是进口国在进行反倾销或反补贴认定时，以可比第三国的价格或成本来确定出口国国内产品的价格或成本。现行 WTO 体系下，替代国价格或成本的应用体现在 GATT 1994 第 6.1 条注释、《反倾销协定》第 2.2 条以及《中国入世协定书》第 15 条（a）(ii) 项中。

（一）GATT 第 6.1 条注释

GATT 1994 第 6.1 条注释说明，当产品来源于"完全或实质完全垄断交易"且"国内市场价格由政府决定"的国家时，进口国可以对该产品采用替

---

① 商务部："USW：欧盟关于中国非市场经济地位的决定必须纳入 TTIP 谈判议程"，载 http：//chinawto. mofcom. gov. cn/article/e/t/201511/20151101160413. shtml，最后访问日期：2016 年 5 月 15 日。

② "EU opposition to China's MES may be less about legal doctrines than industrial policies to revive fading industries." See Dan Steinbock, The EU Division Over China's Market Economy Status, available at http：//www. economonitor. com/blog/2016/03/the – eu – division – over – chinas – market – economy – status/, accessed on May 15, 2016.

代国价格。① 相比美国与欧盟的认定标准而言，6.1条注释中"完全或实质完全垄断交易"与"价格由政府决定"的要求更为严格，WTO进口成员方不太可能仅依据GATT第6.1条注释下的标准适用替代国计算方法。

(二)《反倾销协定》第2.2条

现行乌拉圭回合《反倾销协定》第2.2条②规定的确定正常价值的方法是：首先使用国内价格；在"出口国国内市场的正常贸易过程中不存在该同类产品的销售，或由于出口国国内市场的特殊市场状况或销售量较低"时，不允许对国内销售进行适当比较，可以使用第三国价格和结构价格。根据《反倾销协定》第2.2条的规定，只有"特殊市场状况"影响到国内销售，以至于无法进行适当比较的情况下，才可以排除出口国国内销售价格，采用出口到第三国的可比价格或结构正常价值来确定涉案产品的正常价值。

(三)《中国入世议定书》第15条（a）（ii）项

《中国入世议定书》第15条（a）（ii）项规定，当被调查的制造商不能证明相似产品进行加工、生产和销售的产业处于市场经济地位时，WTO进口成员方可采用替代国价格或成本确定该产品的价格或成本。③根据该条d项规定，在任何情况下（in any event），15条（a）（ii）项将在中国入世15年后到期。④因此，无论中国市场经济地位是否获得美国、欧盟等WTO成员方的

---

① 《GATT 1994》第6.1条注释。

② 《反倾销协定》第2.2条：如在出口国国内市场的正常贸易过程中不存在该同类产品的销售，或由于出口国国内市场的特殊市场状况或销售量较低（注2：出口国国内市场中供消费的同类产品的销售如占被调查的产品销往进口成员销售的5%或5%以上，则此类销售通常应被视为确定正常价值的足够数量，但是如有证据表明较低比例的国内销售仍属进行适当比较的足够数量，则可接受该较低比例。），不允许对此类销售进行适当比较，则倾销幅度应通过比较同类产品出口至一适当第三国的可比价格确定，只要该价格具有代表性，或通过比较原产国的生产成本加合理金额的管理、销售和一般费用及利润确定。

③ 《中国入世议定书》第15条（a）（ii）项。

④ 《中国入世议定书》第15条（d）项。

承认，15 条（a）（ii）项都不能成为替代国计算方法适用的法律依据。然而早在 2011 年就有欧洲学者提出，15 条（a）（ii）项的失效并不能导致 15 条（a）序言以及 15 条（a）（i）项的失效，因而 WTO 成员方仍能基于《中国入世协定书》适用替代国计算方法。①然而，15 条序言中适用替代国计算方法是建立在 15 条（a）（i）项与 15 条（a）（ii）项有效成立的基础上。然而 15 条（a）（i）项并未提及替代国计算方法的适用，故 15 条（a）（ii）项到期后《中国入世议定书》15 条（a）项不应再作为适用替代国计算方法的法律依据。商务部新闻发言人沈丹阳在例行发布会上也强调，无论是否承认中国市场经济地位，根据《中国入世议定书》的相关条款，反倾销"替代国"的做法自 2016 年 12 月 11 日起都将失去多边法律依据，必须如期终止。②

总结而言，非市场经济地位的认定不是 WTO 进口成员方适用替代国计算方法的唯一法律依据。2016 年 12 月 11 日后，《中国入世协定书》15 条不应作为替代国计算方法得有效法律依据，且 GATT 1994 第 6.1 条注释中适用替代国计算方法的要求使得 WTO 成员方望而却步。因此，《反倾销协定》2.2 条"特殊市场状况"便成了替代《中国入世协定书》15 条（a）项的法律依据。实践上，俄罗斯虽然已经被美欧承认为完全市场经济国家，但仍在反倾销调查时被认定相关市场存在"特殊市场状况"，使得俄罗斯的国内销售价格不能被用作计算正常价值。澳大利亚虽然也承认中国的完全市场经济地位，但在对中国产品的反倾销调查中也首次对中国适用"特殊市场状况"。鉴于此，有必要基于 WTO 法律及相关成员方国内法及反倾销实践，对"特殊市场状况"的含义和适用进行研究。

---

① Bernard O'Connor, The Myth of China and Market Economy Status in 2016, pp. 3 – 4, available at http：// orldtradelaw. typepad. com/files/oconnorresponse. pdf. See also Bernard O' Connor, Market - economy status or China is not automatic, in Yale Global Online, 8 December 2011.

② "中国遭遇贸易摩擦常态化挑战"，载《中国日报》，http：//chinawto. mofcom. gov. cn/ article/dh/janghua/201511/20151101197595. shtml，最后访问日期：2016 年 5 月 15 日。

三、特殊市场状况的认定

（一）GATT/WTO 对特殊市场状况的认定

《反倾销协定》对于"特殊市场状况"的含义并未进行明确定义，也并未对特殊市场状况的含义进行列举性的释义。对此，英国学者 Francis Snyder 认为特殊市场状况源于非市场经济。①中国学者沈四宝、刘彤认为认定特殊市场状况"一般需要考虑被调查国家的市场经济或国家干预经济的程度、国内市场及流通渠道是否正常等因素"。② 而争端解决程序中，也只有 GATT 时期的巴西棉案（European Economic Community-Imposition of Anti – Dumping Duties on Imports of Cotton Yarn from Brazil,"EC-Cotton Yarn"）③ 中有关于"特殊市场状况"的解释。

在 EC – cotton Yarn 案中，巴西主张欧共体因在计算正常价值时没有考虑到巴西的特殊市场状况而违反了第 2.4 条规定。④ 巴西在 1989 年年初曾经为了控制国内通货膨胀而冻结了本国货币与美元的兑换比率。在三个月冻结期间，出口销售（美元结算）兑换为国内货币的汇率是稳定的。但是解除冻结之后，巴西的货币开始贬值。巴西主张，该固定汇率和国内通货膨胀一起严重扭曲了国内价格（用以作为正常价值的依据）和出口价格之间的比较，并由此抬高了倾销幅度。⑤

该案专家组认为，第 2.4 条规定了可以使用推定的正常价值或第三国的

---

①　Francis Snyder, "The Origins of the 'Nonmarket Economy': Ideas, Pluralism and Power in EC Antidumping Law about China", European Law Journal, 7, 4, 2001, pp. 369 – 424.

②　沈四宝，刘彤著：《WTO 反倾销协议解读》，湖南科学技术出版社 2006 年版，第 33 页。

③　European Economic Community – Imposition of Anti – Dumping Duties on Imports of Cotton Yarn from Brazil（"EEC – Cotton Yarn"）, ADP/137.

④　EC – Cotton Yarn, Panel Report, ADP/137, para. 467.

⑤　EC – Cotton Yarn, Panel Report, ADP/137, para. 468.

销售的两种情况：第一种是在出口国国内市场的正常贸易过程中不存在该同类产品的销售；第二种是出口国国内市场的正常贸易过程中存在该同类产品的销售，但是由于特殊市场状况，使用国内销售不能进行适当比较。① 就第二种情况而言，专家组认为第 2.4 条明确援引的标准不是是否存在"特殊市场状况"本身；而是只有"特殊市场状况"使销售本身无法用来做适当比较的情况下，该"特殊市场状况"才与本规定有关。② 即使假定该汇率与第 2.4 条有关，专家组认为巴西需要证明该汇率影响到了国内销售本身，以至于不允许用作适当比较。虽然巴西主张汇率能够影响国内销售和价格，但是由于巴西并没有主张生产棉纱线的原材料成本事实上受到了影响，以至于能够进行适当比较；也没能在主张中说明用来计算正常价值的价格本身受到了高通货膨胀和固定汇率的影响，以至于不允许进行适当对比。因此，专家组裁定巴西没能证明欧共体违反了第 2.4 条的规定。

据此可知，由于巴西的主张所限，专家组并没有对第二种情况下"特殊市场状况"条款的具体适用作进一步分析。但是根据专家的观点，对"特殊市场状况"进行分析必须着眼于该"状况"是否涉及与影响到了销售本身从而不能够使用国内销售做适当比较。

（二）欧盟对特殊市场状况的认定

欧盟在反倾销方面的现行有效法律主要为欧共体第 1225/2009 号条例。该条例全称为《欧共体对进口自非欧共体成员方的倾销产品的保护条例》（Council Regulation（EC）No 1225/2009 on protection against dumped imports from countries not members of the European Community，简称《欧共体反倾销基本条例》），且经过 765/2012 号条例和 1168/2012 号条例修改。《欧共体反倾销基本条例》第 2.3 条并未对"特殊市场状况"进行明确定义，该条仅列举了几

---

① EC – Cotton Yarn, Panel Report, ADP/137, para. 477.
② EC – Cotton Yarn, Panel Report, ADP/137, para. 478.

种"特殊市场状况",包括:市场价格被人为压低;存在大量的易货贸易;存在非商业安排(non-commercial processing arrangements)。①

俄罗斯氯化钾(potassium chloride)反倾销案是欧盟在2002年承认俄罗斯市场经济地位②后首例对俄罗斯适用特殊市场状况的反倾销调查案件,该案也是欧盟在第1972/2002号条例中对特殊市场状况进行列举和释义后首次在反倾销调查中适用特殊市场状况。因此,本案对欧盟在反倾销调查中适用特殊市场状况有重要"先例"意义。本案中欧盟调查机关对于特殊市场状况的适用进行了说明。其认为根据《反倾销基本条例》第2.3条规定,特殊市场状况在下列情形中可视为存在,包括(inter alia):市场价格被人为压低、存在大量的易货贸易、存在非商业安排。该条包括的三种具体情形仅是对特殊市场状况的列举,而非穷尽的(are not exhaustive)。特殊市场状况的评估应包括依据价格的变化和趋势进行评估,而非仅依照价格的绝对水平。③

(三) 澳大利亚对特殊市场状况的认定

澳大利亚《海关法》第269TAC(2)(ii)项对"特殊市场状况"做出了规定。④ 具体而言,该条款规定当部长确信由于出口国的市场状况使该市场中的销售不适合确定第(1)项下的价格,则可以使用推定的正常价值。澳大利亚海关与边境保护署(Australian Customs and Border Protection Service)的《倾销和补贴指南》(the Dumping and Subsidy Manual)中对特殊市场状况的适用有所解释。该《倾销和补贴指南》指出,在决定是否因为

---

① 《欧共体反倾销基本条例》(欧共体第1225/2009号条例)第2.3条。

② COUNCIL REGULATION (EC) No 1972/2002 of 5 November 2002 amending Regulation (EC) No 384/96 on the protection against dumped imports from countries not members of the European Community. See Official Journal of the European Union (Official Journal), L 305/1, 7. 11. 2002, page 1.

③ "Particularity of the market should be assessed, inter alia, in light of price variations and trends rather than solely on the basis of the absolute level of the prices". See Official Journal, L 302/14, 19. 11. 2005, page 3.

④ TMRO Report – HSS, paras. 37 – 38.

出口国市场的状况而导致（国内）销售不适于用来确定正常价值，海关和边境保护署可以参考以下因素：价格是否是"人为低价"（prices are artificially low）；是否存在重大的易货贸易；该市场是否存在其他状况导致该（国内）市场的销售不适于确定正常价值，因而无法适用《海关法》第 269TAC（1）项。①

其中，政府对价格和成本的影响（Government influence on prices or costs）可以是导致价格人为压低的一种因素。政府影响指的是各级政府的影响。在调查是否由于政府影响而导致某一市场状况存在时，海关和边境保护署应考虑政府介入对国内市场的影响是否导致竞争环境的实质性扭曲（materially distorted competitive conditions）。竞争环境已经被实质性扭曲的判断可导致认定国内价格被人为压低，或者使国内价格与在竞争市场中决定的价格产生实质性偏离（A finding that competitive conditions have been materially distorted may give rise to a finding that domestic prices are artificially low or not substantially the same as they would be if they were determined in a competitive market）。②

2011 年 9 月 19 日，澳大利亚海关和边境保护署（Australian Customs and Border Protection Service）公布立案决定，对原产于中国、韩国、马来西亚、泰国和中国台湾地区的空心钢管（Hollow Structural Sections，HSS）展开反倾销、反补贴调查（Dumping and countervailing investigation ITR 177 – Hollow structural sections exported from China, Korea, Malaysia, Taiwan and Thailand）③。在空心钢管案中，调查申请方主张中国相关市场存在特殊市场状况，且中国政府通过以下方式对中国空心钢管的市场状况产生重大影响：（通过补贴）低价提供钢铁原材料（热轧钢，Hot rolled steel）；大量的国有企

---

①② Customs and Border Protection Dumping and Subsidy Manual June 2009, pp 26 – 27.

③ Australian Government Anti – dumping Commission, Case No. ADC177. 本案公开资料见澳大利亚反倾销委员会网站，http：//www. adcommission. gov. au/cases/ITR177. asp，最后访问日期：2016 年 5 月 15 日。

业（SOEs，SIEs）参与了热轧钢的生产，这些国有企业在生产热轧钢时接受利益，导致中国生产空心钢管的原材料价格被人为压低；生产热轧钢、空心钢管所需的能源（电力）价格降低或受到补贴；通过降低税率、减免增值税费、提供拨款、优惠利率资金等方式，空心钢管生产商接受中国政府提供的利益，影响了中国空心钢管的售价。① 最终澳大利亚调查机关认定中国的相关市场存在特殊市场状况。

四、结论

此次欧洲议会的决议，是非立法性的文件。根据欧盟规定，对于是否给予中国市场经济地位，要经过三个决策过程：第一步，由欧盟委员会提出给予或者不给予市场经济地位的提案，这意味着欧盟委员会内部首先要达成一致；第二步，由 28 个成员方组成的欧洲理事会就提案投票，提案获得特定多数后才能通过，需要同时满足两个条件——至少 16 个成员方同意，且同意的国家需要至少代表欧盟人口 65%；第三步，提案需要在欧洲议会以多数票通过。相应程序预计于 2016 年下半年开展。② 然而，我们不应对最终的结果抱以太大期待。

笔者主张，入世 15 年后中国的市场经济地位理应获得 WTO 成员方尊重。纵使在《中国入世议定书》第 15 条失效之后，WTO 进口成员方仍有可能不愿意承认中国的市场经济地位，通过对市场经济地位标准的解释或修改，提高市场经济地位的标准构成变相的贸易保护主义，这样的举措也仅仅是政策上的考量，在法律层面是难以具有说服力的。依据条文反面解释

---

① Australian Customs and Border Protection Service：REPORT TO THE MINISTER NO. 177 Certain Hollow Structural Sections Exported from the People's Republic of China, the Republic of Korea, Malaysia, Taiwan and the Kingdom of Thailand, 7 June 2012,（REP 177），page 110.

② "法外长谈中国市场经济地位：支持中欧对话"，载财新网，http：//international．caixin．com/2016 − 05 − 13/100943490．html，最后访问日期：2016 年 5 月 15 日。

（argumentum e contrario）的法理，第 15 条失效后，不论是美国还是欧盟，其起诉中国都不再具有法律依据。欧盟主要国家皆为大陆法系国家，注重成文法基础，欧洲各国有相当多的律师支持中国的市场经济地位;[①] 美国虽为英美法系国家，以判例法为基础，但在第 15 条失效后，其不再能够直接援引该条，而必须承担起证明中国不是市场经济国家的举证责任，其诉讼成本将大大提高。

由此，对当下中国最重要的，是如何应对日后可能的诉讼。应当指出，无论中国是否获认市场经济地位，《中国入世议定书》第 15 条（a）项都不能在失效后构成适用替代国计算方法的法律依据。WTO 成员方对替代国计算方法的适用应当转移到《反倾销协定》2.2 条中“特殊市场状况”的认定上。“市场经济地位”的认定与“特殊市场状况”的认定存在差异。“市场经济地位”的认定存在确切的认定标准，而“特殊市场状况”的列举是非穷尽的。更重要的是，根据《中国入世协定书》第 15 条规定，不认可中国“市场经济地位”则可直接适用替代国计算方法；而根据 GATT 案例以及各国的实践，“特殊市场状况”的认定不能直接导致替代国计算方法的适用。以“特殊市场状况”为由对中国产品适用替代国计算方法必须证明“特殊市场状况”对中国国内市场价格造成实质扭曲，以致无法用国内市场价格进行计算。因此，通过《反倾销协定》第 2.2 条中的“特殊市场状况”对中国产品适用替代国计算方法的证明难度将大于《中国入世议定书》第 15 条 a 项规定。

参考文献

[1] “中国遭遇贸易摩擦常态化挑战”，载《中国日报》，http：//

---

① See Kerry Brown, Why the EU Should Grant China Market Economy Status, available at http：// thediplomat. com/2016/01/why－the－eu－should－grant－China－market－economy－status/, accessed on May 15, 2015.

chinawto. mofcom. gov. cn/article/dh/janghua/201511/20151101197595. shtml，最后访问日期，2015 年 11 月 23 日。

［2］《中国入世工作报告》。

［3］ Preliminary Determination of Sales at Less Than Fair Value and Postponement of Final Determination：Sebacic Acid From the People's Republic of China, FR Doc No：94 - 160，January 5，1994.

［4］《欧共体反倾销基本条例》（欧共体第 1225/2009 号条例）。

［5］"USW：欧盟关于中国非市场经济地位的决定必须纳入 TTIP 谈判议程"，载 http：//chinawto. mofcom. gov. cn/article/e/t/201511/20151101160413. shtml，最后访问日期：2015 年 10 月 29 日。

［6］"欧盟推迟决议中国市场经济地位"，载《经济参考报》，http：//finance. sina. com. cn/roll/2016 - 01 - 15/doc - ifxnqriy2917057. shtml，最后访问日期：2016 年 1 月 15 日。

［7］GATT 1994.

［8］《反倾销协定》。

［9］Bernard O'Connor, The Myth of China and Market Economy Status in 2016，pp. 3 - 4，available at http：// orldtradelaw. typepad. com/files/oconnorresponse. pdf. See also Bernard O' Connor, Market - economy status or China is not automatic, in Yale Global Online, 8 December 2011.

［10］Francis Snyder, "The Origins of the 'Nonmarket Economy'：Ideas, Pluralism and Power in EC Antidumping Law about China", European Law Journal, 7/4，2001.

［11］沈四宝、刘彤：《WTO 反倾销协议解读》，湖南科学技术出版社 2006 年版。

［12］European Economic Community - Imposition of Anti - Dumping Duties on Imports of Cotton Yarn from Brazil（ "EEC - Cotton Yarn"），ADP/137.

［13］COUNCIL REGULATION（EC）No 1972/2002 of 5 November 2002 amending Regulation（EC）No 384/96 on the protection against dumped imports from countries not members of the European Community.

［14］TMRO Report – HSS.

［15］Customs and Border Protection Dumping and Subsidy Manual June 2009.

［16］Australian Government Anti – dumping Commission, Case No. ADC177.

［17］Australian Customs and Border Protection Service：REPORT TO THE MINISTER NO. 177 Certain Hollow Structural Sections Exported from the People's Republic of China, the Republic of Korea, Malaysia, Taiwan and the Kingdom of Thailand, 7 June 2012.

中国入世议定书第 15 条
与"市场经济地位"问题探析

冯 军*

摘　要：中国入世议定书第 15 条涉及的是中国在反倾销和反补贴中的价格公平比较，被认为是关于中国"非市场经济地位"的条款，实际上该条规定的是在何种情况下适用"替代国价格"，和在任何情况下该条款下的"替代国方法"在中国入世 15 年后的适用必须停止。替代国价格适用与否和市场经济地位是既有联系又有区别的两个不同概念，不可混淆。中国入世议定书和 WTO 协定中对市场经济或非市场经济地位没有任何规定或标准，与"非市场经济地位"有关的仅仅是一些 WTO 成员方的国内法规定。

关键词：WTO；议定书；15 年；替代国价格；市场经济地位

一、市场经济地位获得仅对贸易救济中的价格公平比较有意义

截至 2016 年 6 月，中国成为世界贸易组织的成员已将满 15 年。虽然 WTO 是一个由市场经济国家组成的组织，可是，WTO 协定中并没有关于

---

* 冯军，上海对外经贸大学法学院教授，上海 WTO 事务咨询中心业务总监。

市场经济的标准。在确定一个成员是否具有市场经济地位，目前都是根据其他 WTO 成员方国内法而定。根据中国加入世贸组织议定书（以下简称议定书）第 15 条，中国同意在入世后 15 年内，其他 WTO 成员方可以继续把中国视为不具有市场经济地位，并可以在贸易救济案件中采用对中国不利的反倾销规则。而根据美国、欧盟、加拿大等贸易伙伴的反倾销法，如中国不具有市场经济地位，其调查机构在计算中国出口企业产品的正常价值时，将不采用该中国企业国内销售价格或成本，而用某第三国的替代国价格数据。这一替代，就偏离了中国企业的真实生产成本。因此，获得相关 WTO 成员方认可中国的市场经济地位对中国企业在反倾销中获得公平价格比较具有重要意义。

多年来，中国政府通过各种外交谈判要求其他 WTO 成员承认中国市场经济地位。据商务部统计，目前已有 88 个 WTO 成员先后承认了中国市场经济地位（尽管迄今为止，美国、欧盟、日本、加拿大、印度、墨西哥等主要对华采取贸易救济措施的大国并不在其中）。中国加入世贸组织后的多年中，中国政府仍持续通过与其他成员方的谈判，希望一劳永逸地解决在反倾销中中国出口企业受到的价格歧视问题。

中国政府目前的立场很明确，根据中国入世议定书 15 条（d）项的规定"无论如何，15 条（a）项（ii）目的规定应在加入之日后 15 年终止"，即 15 年期满其他 WTO 成员必须根据该条款的约定终止 15 条项下的对中国出口企业使用"替代国价格"。

不过，目前对议定书 15 条（d）项规定的 15 条（a）项（ii）目的规定应在加入之日后 15 年终止的问题，并没有得到欧盟、美国、日本等同等回应，反而是美欧都出现了一些不同的观点，事实上，至今上述国家也都未承认中国具有市场经济地位。

另外，目前国内社会各界也对中国入世议定书第 15 条期满与"市场经济地位"问题争议纷纷。尤其是欧盟议会在 2016 年 5 月中旬否决了中国市场经济地位以后，国内一些媒体解读欧盟的否决是背信弃义的行为，似乎中国经过了 15 年的等待，理应获得市场经济地位。媒体在此问题上，对中国入世议定书中具体法律条文是如何规定的探讨的较少，大呼欧盟违约的更多。而实际上，在 WTO 框架下，欧盟和中国关于如何承认中国市场经济地位上并没有过明确的约定（有的只是要根据入世议定书第 15 条（a）项（i）目的规定："符合该成员方的市场经济地位的标准"），因此，就难以谈在中国的市场经济地位问题方面违反约定了。

二、议定书第 15 条规定的只是"确定补贴和倾销时的价格可比性"

由于我国在入世法律文件中接受了部分差别待遇条款，包括了《中国入世议定书》第 15 条"确定补贴和倾销时的价格可比性"和《工作组报告》中 150 条①的规定，即当一个 WTO 成员方对中国的出口产品进行一项补贴和倾销投诉时，在关于调查中国企业的出口产品的价格问题上规定了成员方要根据《GATT 1994》第 6 条以及《反倾销协定》来确定我国出口商品的价格可比性。进口方的 WTO 成员方应依据以下规则来确定被调查的中国产业的国内价格或成本，或者是使用某种不严格以中国国内价格或成本为比较对象的方法，简言之，就是涉案中国出口企业的价格要适用"替代国价格"。其

---

① "REPORT OF THE WORKING PARTY ON THE ACCESSION OF CHINA" Para. 150. Several members of the Working Party noted that China was continuing the process of transition towards a full market economy. Those members noted that under those circumstances, in the case of imports of Chinese origin into a WTO Member, special difficulties could exist in determining cost and price comparability in the context of anti – dumping investigations and countervailing duty investigations. Those members stated that in such cases, the importing WTO Member might find it necessary to take into account the possibility that a strict comparison with domestic costs and prices in China might not always be appropriate.

实，我国出口企业在遭受境外反倾销诉讼中的"替代国价格"，早在 20 世纪 80 年代初欧美开始对我国发起的反倾销案件中就开始适用了。而到了 2011 年中国入世谈判中，谈判各方妥协的结果是通过以多边条约的形式，在《中国入世议定书》第 15 条①中作了下列主要规定：

（1）《中国入世议定书》第 15 条规定的是"确定补贴和倾销时的价格可比性"。而从 15 条（a）项的语句和含义来看，其（a）（ i ）项和（a）（ ii ）项明确规定了两个选项，第一个选项是：中国涉案出口企业在 15 年内，如果不能自己证明其符合成员方的关于市场经济的国内法规定，那么就要适用第二个选项：成员方可以对中国出口企业使用"替代国价格"。

（2）15 条（d）项第三句话则规定："无论如何，（a）项（ ii ）目的规定应在加入之日后 15 年终止。"该款明确了"替代国价格"必须在中国入世 15 年期满时终止。

笔者认为，议定书第 15 条并没有规制市场经济地位问题，第 15 条（d）项只解决了中国入世 15 年期满后，其他成员方不能引用第 15 条对中国的企业在反倾销中用替代国价格问题。

---

① 第 15 条"确定补贴和倾销时的价格可比性"、GATT 1994 第 6 条、《关于实施 1994 年关税与贸易总协定第 6 条的协定》（《反倾销协定》）以及《SCM 协定》应适用于涉及原产于中国的进口产品进入—WTO 成员的程序，并应符合下列规定：

（a）在根据 GATT 1994 第 6 条和《反倾销协定》确定价格可比性时，该 WTO 进口成员应依据下列规则，使用接受调查产业的中国价格或成本，或者使用不依据与中国国内价格或成本进行严格比较的方法：

（ i ）如受调查的生产者能够明确证明，生产该同类产品的产业在制造、生产和销售该产品方面具备市场经济条件，则该 WTO 进口成员在确定价格可比性时，应使用受调查产业的中国价格或成本；

（ ii ）如受调查的生产者不能明确证明生产该同类产品的产业在制造、生产和销售该产品方面具备市场经济条件，则该 WTO 进口成员可使用不依据与中国国内价格或成本进行严格比较的方法；

……

（d）一旦中国根据该 WTO 进口成员的国内法证实其是一个市场经济体，则（a）项的规定即应终止，但截至加入之日，该 WTO 进口成员的国内法中须包含有关市场经济的标准。无论如何，（a）项（ ii ）目的规定应在加入之日后 15 年终止。此外，如中国根据该 WTO 进口成员的国内法证实一特定产业或部门具备市场经济条件，则（a）项中的非市场经济条款不得再对该产业或部门适用。"

三、议定书第15条下"替代国价格"期满不等于中国获得"市场经济地位"

目前国内外最主要的争议是议定书第15条（d）项规定，"替代国价格"必须在中国入世15年期满时终止，由此是否可以推出其他 WTO 成员方必须承认中国自动获得"市场经济地位"。笔者认为答案是否定的。

1. 中国入世文件甚至 WTO 协定中都没有"市场经济地位"的概念

需要阐明的是，在议定书第15条规定中"替代国价格"是源于"非市场经济地位"。"市场经济地位"与第15条是两个不同的概念，两者既有联系又有区别。但是，非常重要的一点是，入世议定书第15条并没有任何语句，甚至扩大到 WTO 协定中，WTO 多边贸易法律制度中也从未有对市场经济或非市场经济有任何明确的规定或标准。笔者认为，议定书第15条并没有规制市场经济地位问题。

2. "替代国"价格15年期满不等于获得市场经济地位

分析议定书第15条规定的"价格可比性"和非市场经济的关系，需要厘清对15条中对反倾销的"价格可比性"（以下简称"替代国价格"）的规定如何会被理解为是对于非市场经济的规定的呢？

根据第15条（a）（i）项，"如受调查的生产者能够明确证明，生产该同类产品的产业在制造、生产和销售该产品方面具备市场经济条件，则该 WTO 进口成员在确定价格可比性时，应使用受调查产业的中国价格或成本"；根据第15条（a）（ii）项，"如受调查的生产者不能明确证明生产该同类产品的产业在制造、生产和销售该产品方面具备市场经济条件，则该 WTO 进口成员可使用不依据与中国国内价格或成本进行严格比较的方法"。

综上，从15条（a）（i）项的规定可以推出能够明确证明市场经济条件的是具有市场经济地位。而依据15条（a）（ii）项如受调查的生产者不能明确证明一方面具备市场经济条件，则该 WTO 进口成员可使用不依据与中国国内价格或成本进行严格比较的方法，即"替代国价格"的规定，也可以推出由于不能明确证明具备市场经济条件，那就是所谓的"非市场经济"。

那么，第 15 条（a）项的逻辑就是，由于中国不能明确证明自己是市场经济条件的即成为非市场经济，就会被迫接受在反倾销中适用"替代国价格"的待遇。

但是笔者认为该逻辑是不可以反推的。第 15 条（d）项第三句话规定："无论如何，（a）项（ii）目的规定应在加入之日后 15 年终止。"该款明确了"替代国价格"必须在中国入世 15 年期满时终止，绝不能由此反推出其他成员方根据第 15 条的约定下的"替代国价格"15 年期满时对中国的适用终止，去推理出同时也获得了能明确证明市场经济条件的内容，并进一步衍生出 15 年期满毕业，[①] 中国自动获得市场经济地位。

四、议定书第 15 条下的"替代国价格"期满后几种可能的发展

1. 依据议定书第 15 条终止在反倾销中对中方适用"替代国价格"

中国入世议定书是 WTO 协定的一部分，WTO 成员方必须遵守 WTO 规则。根据中国入世议定书第 15 条（d）项的约定，欧美等 WTO 成员方必须接受第 15 条（a）（ii）项终止的规定，即欧美等在对中国的反倾销诉讼中应当总体上停止"替代国"的方法。不过，如果欧美等 WTO 成员方不修改上述适用"替代国"的相关法律规定，在对中国的反倾销案件中，这将面临一个根据议定书第 15 条（d）项终止对华适用"替代国"的行政行为和欧美现

---

① 据中国外交部网站报道，王毅表示，中方认为欧洲通过这项决议不具有任何建设性。首先，是否给予中国市场经济地位与履行《中国加入世贸组织议定书》第 15 条是没有关联的两码事，不能人为将两者混为一谈，甚至彼此挂钩。当年《议定书》第 15 条明确规定，世贸组织成员应于 2016 年 12 月 11 日终止在对华反倾销调查中使用"替代国"做法。这是世贸组织所有成员都应遵守的国际条约义务，不取决于任何成员的国内标准。因此，无论是否给予中国市场经济地位，欧盟作为世贸组织成员，都有履行《议定书》第 15 条的法律义务，无法回避和推卸。

行反倾销法中对非市经济国家适用"替代国"或"类比国"①法律规定的冲突问题。即各相关 WTO 成员方原来是依据其国内贸易法律中关于市场经济地位的标准，来决定是否给予市场经济地位，然后来确定是否适用"替代国"价格的做法。现在如果停止在反倾销中对中国产品适用"替代国"国价格，同样需要其国内法的授权。

2. 欧美无视入世议定书第 15 条（d）项的规定，维持对中国企业的"替代国"做法

欧美继续保留其现行的对中国的反倾销法律规定，维持对中国属于非市场经济地位的认定，继续在反倾销调查中引用第 15 条项下的"替代国"做法，对中国出口产品使用"替代国"的计算方法。由于这种做法在法律上和事实上都与入世议定书第 15 条（d）项的规定相违背，明显违反 WTO 规则，必然会招致中国的明确反对。其发展的途径必定是中国政府会根据欧美在对中国企业反倾销中的相关法律和行政行为，在 2016 年 12 月 11 日后，选择适当的时间和适当的案由，诉诸 WTO 争端解决机制。而一旦中国政府将此类争议诉诸 WTO，最终将根据 WTO DSB（专家组和上诉机构）对此类案子的裁决来确定欧美在 2016 年 12 月 15 日后继续维持议定书第 15 条项下的"替代国"做法是否违反 WTO 规则。

3. 停止引用第 15 条项下的"替代国"做法，引用《反倾销协定》第 2.2 条关于"特殊市场"的规定

根据目前的发展趋势，欧美等相关 WTO 成员方也可能不再引用议定书第 15 条项下的"替代国"做法，而是寻求《反倾销协定》第 2.2 条关于"特殊市场"的规定来进行其所谓的反倾销中出口产品的价格比较公平性。这样，既规避了引用第 15 条项下的"替代国"做法合规性问题，又可以另起炉灶，导致中国涉案企业的出口价格还是无法直接使用。

---

① 在对华反倾销中，美国使用的是"替代国，欧盟是"类比国"，两个名称实际是一个意思，就是以第三方的成本和价格来计算涉案方的成本和价格。为了便于论述，本文中统一称"替代国"。

不过，以阿根廷诉欧盟对阿根廷生物柴油的反倾销措施案（DS473）专家组报告为例，欧盟此种做法，并不一定能得到 WTO 的支持。① （DS473）专家组报告裁定：欧盟在该反倾销案的调查过程中，违反了世贸组织《反倾销协定》2.2.1.1 条和2.2 条的规定。② 因为，欧盟以阿根廷国内生产生物柴油的主要原料—大豆价格存在扭曲、明显低于国际市场价格为由，拒绝使用阿根廷本国大豆价格而使用国际价格来计算阿根廷生物柴油生产成本的做法，与世贸组织相关规定不符。目前，此案正在上诉阶段，此案的最终结果将会对欧盟的此种做法是否会继续使用具有重要影响。

五、结论

中国加入世贸组织以后，尽管存在着入世议定书第 15 条"替代国价格"15 年到期和中国的市场经济地位问题，在此 15 年间，中国的对外贸易额从 2001 年的进出口贸易总值5097.7 亿美元快速增加到 2015 年的39 586.44亿美元。③ 显然，中国通过积极改革开放，持续融入经济全球化而得到了快速发展。今天，中国已经不仅仅是经济全球化和世贸组织规则的主要受益者，也

---

① https：//www. wto. org/english/tratop_ e/dispu_ e/cases_ e/ds473_ e. htm。

② 2473/R P. 153. "CONCLUSIONS AND RECOMMENDATION – 8. 1. C. WITH RESPECT TO ARGENTINA'S CLAIMS CONCERNING THE ANTI – DUMPING MEASURES IMPOSED BY THE EUROPEAN UNION ON IMPORTS OF BIODIESEL FROM ARGENTINA：

（1）The European Union acted inconsistently with Article 2. 2. 1. 1 of the Anti – Dumping Agreement by failing to calculate the cost of production of the product under investigation on the basis of the records kept by the producers；we do not reach findings as to whether, as a consequence, the European Union acted inconsistently with Article 2. 2 of the Anti – Dumping Agreement and Article VI：1 （b） （ii）of the GATT 1994；

（2）The European Union acted inconsistently with Article 2. 2 of the Anti – Dumping Agreement and Article VI：1 （b）（ii）of the GATT 1994 by using a "cost" for inputs that was not the cost prevailing "in the country of origin", namely, Argentina；"

③ 参见中国海关统计，载 http：//www. customs. gov. cn/publish/portal0/tab49666/info784221. htm。

是世界贸易组织规则的积极维护者和经济全球化的主要贡献者。在入世议定书第 15 条到期后,无论相关 WTO 成员方对此如何反应,只要 WTO 相关成员方在共同遵守 WTO 规则的前提下,中国的经济还必将通过进一步的改革开放,在公平竞争条件下让市场在配置资源起决定性的作用的基础上,在经济全球化的过程中继续获得可持续的发展。

美国、欧盟对中国市场经济地位要遵守国际法

朱兆敏*

摘　要：中国入世过渡期即将期满，欧盟、美国政治外交领域不断地挑战中国的市场经济地位。外国理论界提出"继续有效论""举证责任倒置论"和"客观事实不符论"，国内部分学者赞同以上观点。本文试图对从以下方面观点提出反对意见：确认 WTO 早有非市场经济标准；美欧市场经济标准未经 WTO 的一般授权，不是国际法规则；中国加入 WTO 议定书从未确认中国非市场经济地位；2016 年以后中国的市场经济地位无须任何缔约国承认。

关键词：美国；欧盟；中国市场经济地位；国际法

2016 年 5 月 12 日欧洲议会全体会议以中国目前尚未满足欧盟关于市场经济地位的五大标准为由，通过一项非立法性决议，反对承认中国的市场经济地位。美国政府拘泥于与中国签订的入世协议约束，不便公开反对中国的市场经济地位，但在暗中设置障碍，意欲联手欧盟在 WTO 框架内反对中国获得市场经济地位。中国外交部长王毅表示希望欧盟履行对中国入世的有关

---

* 朱兆敏，上海外国语大学教授。

　See Francis Snyder, The Origins of the "Nonmarket Economy"：Ideas, Pluralism and Power in EC Antidumping Law about China, European Law Journal, Vol. 7, No. 4 December 2001, pp. 369 – 370；转引自刘敬东："'市场经济地位'之国际法辨析——《加入议定书》与中国'市场经济地位'"，见《WTO 法与中国论坛年刊（2015）》，知识产权出版社 2015 年版，第367页。

承诺,遵守国际法。纵观国内外学术界对中国市场经济地位的不同观点,其焦点无非集中在以下几个方面:(1)WTO 有无市场经济标准;(2)美国欧盟标准是否为国际法规则吗;(3)WTO 是否授权美国、欧盟使用其标准;(4)中国入世是否承认了非市场经济地位;(5)2016 年 12 月 11 日以后中国市场经济地位是否还需要缔约国承认。本文试图回答以上问题。

一、WTO 的市场经济标准

现在国际法理论界通说,迄今为止关税与贸易总协定(GATT)和 WTO 对"市场经济"或"非市场经济"及其标准并无明确的概念。"市场经济地位"原本是一个经济学名词,并非国际法概念,国际法也没有相关的定义和解释。

事实果真如此吗?

1955 年关税与贸易总协定(捷克)工作组在审查捷克加入关税与贸易总协定时,对《1947 年关税与贸易总协定》第 6 条第 1 款作了注释二(Note 2 Ad Article VI:1):"各方认识到,在进口产品来自贸易被完全或实质上完全垄断的国家,且所有国内价格均由国家确定的情况下,在确定价格可比性时可能存在特殊困难。在此种情况下,进口缔约方可能认为有必要考虑与此类国家的国内价格进行严格比较不一定恰当的可能性。"①

"注释二"没有从正面界定"市场经济"的内涵;但是它从"市场经济"的反面确定了"非市场经济"的两个标准:一是贸易被完全或实质上完全由国家垄断;二是国内价格均由国家确定。这也就是学者所谓的符合"市

---

① 李雪平:"对中国在 WTO 体制内能否如期完全取得市场经济地位的几点思考",载《上海对外经贸大学学报》2014 年 3 月刊,第 58 页;"WTO 上诉机构关于欧洲共同体对中国钢铁紧固件特定反倾销措施案的报告",注释 460(Report of Appellate Body, European Communities – Definitive Anti – Dumping Measures on Certain Iron or Steel Fasteners From China , Note 460),WT/DS397/AB/R,第 121 页,载 www. wto. org,2015 年 7 月 1 日访问。

场经济"标准的两个"高门槛"。① 今天的 WTO 之"非市场经济"的概念发源于该注释。该注释不是全体成员做出的，按照 GATT 的规定应当没有国际法效力，但是它在 WTO 反倾销协议生效之前却运行了将近 12 年。不过，1967 年 6 月肯尼迪回合谈判达成的《反倾销法典》第 2 条（g）项提及了此问题，并对注释的效力进行了"追认"，将其升格为补充规定。之后的东京回合产生的《反倾销法典》和 1994 年生效的《关于执行 1994 年关贸总协定第六条的协定》（以下简称《反倾销协定》）皆沿袭了以上规定，② 最后成为《反倾销协定》第 2.7 条的条文："本条款规定不得损害 GATT 1994 附件 I 对第 6.1 条的补充规定（以下简称补充规定）。"③

现在我们还说，GATT 和 WTO 没有市场经济的概念，那是法律虚无主义。1994 年生效的《反倾销协定》第 2.7 条已经毫无悬念地确认了"非市场经济"的两条标准：（1）贸易由国家垄断；（2）价格由国家确定；除此之外，GATT、WTO 没有规定过其他"非市场经济"标准。如果哪一个 WTO 缔约国、哪一个学者试图提出 GATT、WTO 还规定了其他市场经济概念或非市场经济标准的，应当负举证责任。任何缔约国或者学者在满足"谁主张谁举证"义务之前，坚持其主张的，纯属没有任何法律根据的信口说说而已，具有法律操守的国际法学者对此不必当真。

1955 年提出的"非市场经济"概念与"市场经济"概念是反面对称的。GATT、WTO 既然已经确定了"非市场经济"的标准，一个国家经"非市场经济"标准评判得出否定结论，那么这个国家就应当属于符合"市场经济"标准。

综上所述，本人得出以下结论：（1）《反倾销协定》第 2.7 条确定了

---

① 张燕："论中国'市场经济地位'之'自动取得'"，载《WTO 发与中国论丛（2013 年卷）》，第 66 页。

② 参见"WTO 上诉机构关于欧洲共同体对中国钢铁紧固件特定反倾销措施案的报告"，第 41 页。

③ 汪尧田：《乌拉圭回合多边贸易谈判成果》，复旦大学出版社 1995 年版，第 534 页。

"非市场经济"标准也就是确定了市场经济标准;(2)《反倾销协定》2.7条确定的"非市场经济"标准的法律渊源是国际法规则,不是国内法规则;(3)WTO没有授权缔约方可以运用国内法确定"市场经济"或"非市场经济"的标准。《反倾销协定》第2.7条确认的GATT 1994附件第6.1条的补充规定确认的非市场经济标准是唯一的、普遍性的国际法规则,迄今为止还没有其他的国际法规则。

二、美国欧盟标准不是 WTO 规则

据国内学者范爱军的概括,集中代表美欧发达国家观点的"市场经济"标准主要有三种:

一是美国1988年修订的《1930年关税法》第771节18段对市场经济国家提出了六项标准:(1)货币可自由兑换;(2)劳资双方可进行工资谈判;(3)设立合资企业或外资企业的自由度;(4)政府对生产方式的所有和控制程度;(5)政府对资源分配、企业产出和价格决策的控制程度;(6)商业部认为合适的其他判断因素。

二是欧盟在1998年颁布的905.98号法令中也规定了市场经济地位的5条标准:(1)市场经济决定价格、成本、投入等;(2)企业有符合国际财会标准的基础会计账簿;(3)企业生产成本与金融状况不受非市场经济体制的扭曲,企业有向国外转移利润或资本、决定出口价格和数量等自由;(4)破产法及资产法适用于企业;(5)汇率变化由市场供求决定。

三是欧洲复兴和开发银行使用的5条标准:(1)私营企业的产出占GDP的比重;(2)企业的私有化及重组;(3)市场和贸易的自由化;(4)金融体制改革,利率市场化及资本市场构建;(5)市场法制化建设。

从时间上看,GATT/WTO标准是在1955年提出的,而美国标准和欧盟标准则是接近或在1990年后提出的,因此美国和欧盟的标准不可能在1955

年的时间点上产生，这完全是两个时代的产物。GATT 1994 附件第 6.1 条的补充规定的"非市场经济"的两条标准已经被 WTO 缔约方接受，在法律渊源上已经体现为 1994 年生效的 WTO《反倾销协定》的组成部分，而美国《1930 年关税法》提出的有关市场经济的 6 条标准和欧盟 905.98 号法令中规定的 5 条标准，在乌拉圭回合谈判中，根本没有被全体缔约方承认过，至今在 WTO《反倾销协定》和其他 WTO 法律文件中没有任何体现，因此它们不是 WTO 规则和标准。欧盟和欧洲复兴和开发银行都是区域性合作组织，它们与 WTO 之间没有任何法律关系，WTO 不受欧盟和欧洲复兴和开发银行任何规则约束。因此美国、欧盟、欧洲复兴和开发银行的标准不会约束任何 WTO 缔约方。

在内容上，美国、欧盟标准大大超出了 WTO 的法律制度的范围。1988 年以后，美国、欧盟提出的市场经济标准大大超出了 GATT 初期非市场经济国家垄断国际贸易、国家确定产品价格的范畴，甚至不是 WTO 规则，而其当下正企图将之上升为 WTO 规则的概念纳入市场经济标准之中。例如，汇率市场化并不是 WTO 的规则，将汇率变化由市场供求决定作为欧盟市场经济标准，就是剥夺国际货币基金协定第 4 条第 2 项规定的成员方享有决定固定汇率和自由汇率的主权权利，并且将至今为止还未成为 IMF 和 WTO 成员义务塞进市场经济标准中，强迫中国接受 IMF 和 WTO 框架范围以外的义务；[1] 又如劳资双方可进行工资谈判标准，实际上美国把市场经济标准加入了结社自由、罢工自由、集体谈判、禁止童工等核心国际劳工权利。国际劳工组织公约所包括的国际劳工权利不是强行国际法规则，更不是 WTO 框架下的法律规则；[2] 美国主张的劳资双方可进行工资谈判的标准加入了核心国际劳工标准以后，实际上通过偷梁换柱的方法，将其竭力主张但遭到发展中

---

① 朱兆敏："中国操纵人民币汇率是伪命题"，载《山西大学学报》2014 年第 1 期。

② 朱兆敏："论国际劳工标准与 WTO 贸易规则挂钩"，见《WTO 法与中国论坛年刊（2015）》，知识产权出版社 2015 年版，第 243～245 页。

国家强烈反对的 WTO 框架范围以外的规则，通过市场经济外衣的包装，强加给中国超出世界贸易组织成员所应承担的义务；在乌拉圭回合谈判以及新一轮多哈回合谈判过程中，投资的市场准入问题，广大发展中国家根本不同意纳入谈判的议程，将 WTO 法律框架以外的内容塞进"市场经济"标准，与现有的 WTO 体制不符。如果美国与欧盟的"市场经济"标准能够成为 WTO 规则，那么任何一个 WTO 缔约方国内法都可以成为 WTO 规则，这是极其荒谬的逻辑。

三、美欧市场经济标准作为 WTO 判定市场经济地位从未被授权

那么 WTO 有没有授权缔约方适用国内法规则或者其他规则判断他国是否符合"市场经济"标准的权利呢？

有些学者认为，鉴于非市场经济国家价格确定体制的特殊性，WTO 成员的调查机构可以不适用一般的价格比较方法。但应采取怎样的比较方法，"注释二"并未提供具体规则或指导原则。WTO 的《反倾销协定》也未明确规定"非市场经济"的定义和判定标准，只是以第 2.7 条为纽带，将"注释二"纳入协定。于是，就根据 WTO 在 1990 年关于反倾销多边谈判文件记录，将"注释二"和《反倾销协定》的第 2.7 条看起来更像是设置了授权性制度①，解读成《反倾销协定》给了各缔约方根据各自的标准判定非市场经济地位的授权。

笔者认为，这是一种误解。什么是国际法？国际法规则只能是联合国《国际法院规约》第 38 条所确定的国际条约、国际习惯、各文明国家公认之

---

① 参见孙立文："老问题信对策——中国在 WTO 体制中的非市场经济地位问题分析"，载《武汉大学国际法评论》2007 年第 1 期，第 216 页；张燕："论中国'市场经济地位'之'自动取得'"，载《WTO 发与中国论丛（2013 年卷）》，第 66 页；李思奇、姚远、屠新泉："2016 年中国获得'市场经济地位'的前景：美国因素与中国策略"，载《国际贸易问题》2016 年第 3 期，第 153 页。

一般法律原则。① 1990 年 WTO Negotiating Group on Agreements and Arrangements 的文件不是国际条约，也不是国际习惯，更不是一般法律原则，因此不可能是有约束力的国际法规则；其充其量最多算作 WTO 规则的辅助性资料。而这个资料从其确定性来说也只不过"看起来像设置了授权性制度"，将其作为授权性规定并认定为国际法规则，根本不足为信。

WTO 对其缔约方是具有约束力的规则，它一定具有一个可靠的法律渊源。对于"市场经济"授权认定标准这么一个重要的法律规则，居然可以出自于 GATT 在乌拉圭合会中的一个记录，而不是出自于乌拉圭回合"一揽子"协议（协定（Agreement）/议定书（Protocol）或其附件），这简直不可思议。可见这种说法的可信度实在太低了。

另外，我们考察 WTO 的法律文件。有关市场经济的规定大多与反倾销规定有关；《关税与贸易总协定》第6条十分简单，根本没有提及这个问题；作为 WTO 主要文件的《反倾销协定》，总共18条，2个附录也同样没有提及；《反倾销协定》第1条总则、第2条倾销的确定、第3条损害的确定、第4条国内产业的定义，第5条反倾销调查的发起和后续程序，第6条证据，第7条临时措施、第8条价格承诺，第9条反倾销税的征收，第10条追溯效力，第11条反倾销税和价格承诺的期限及复审，第12条公告和裁决的解释，第13条司法审查，第14条代表第三国的反倾销诉讼，第15条发展中国家成员方，第16条反倾销实施委员会，第17条协商和争议解决，第18条最后条款，附录一根据第6条第7款规定的关于现场调查程序，附录二第6条、第8条关于提供最佳资料的规定，除了第2条第7款规定了继承捷克工作组对非市场经济两条标准的规定外，没有一个字，没有一句话涉及授权各缔约方适用期国内法判断某一缔约方的出口产品是否符合市场经济标准。WTO 的法律

---

① 参见周洪军：《国际公约与惯例》，法律出版社，1998 年版，第 616～617 页。

文件不支持这样的论断。①

这种观点不予支持,最主要的还在于这种解释不合逻辑。

"注释二"按照《条约法公约》第31文义解释规则,已经明确的规则,就不应当扩大解释。在整个"注释二"的文字中,"各方认识到,在进口产品来自贸易被完全或实质上完全垄断的国家,且所有国内价格均由国家确定的情况下,在确定价格可比性时可能存在特殊困难。在此种情况下,进口缔约方可能认为有必要考虑与此类国家的国内价格进行严格比较不一定恰当的可能性",是什么概念还不清楚呢?是"市场经济"概念或标准,还是确定可比价格的方法?

有关研究WTO的学者一般认为,"注释二"是有关"市场经济"概念唯一的规定。它虽然没有正面界定"市场经济"的内涵,但是,如上所述,却十分明确地从反面确定了"非市场经济"的标准。所以从"注释二"的表述来看,确定价格可比性可能存在何种困难情况呢?任何有操守的国际法学者都会推论出只有两种情况:第一种就是贸易由国家垄断,第二种是产品价格由国家确定;"注释二"没有规定第三种情况,也没有为将来扩大其应用范围留下任何余地。也就是说认定"非市场经济"地位国家一点也不困难,而困难的是确定来自"非市场经济"国家的产品的真实、合理价格的方法;所以在确定真实、合理价格方法方面,诸如适用"替代国价格"或者"推定价格"方法,"注释二"才没有确定具体的方法;因为确定"替代国价格"规则或"推定价格"规则十分复杂,"注释二"不可能规定得十分具体,由此在该领域"注释二"才授权缔约方可以根据国内法标准或者相关标准确定进口产品的"真实价值"或"合理价格"。但是某些居心叵测的人将"在确定价格可比性时可能存在特殊困难"的概念,偷换成了"确定价格可比性前提的非市场经济时可能存在的特殊困难"的概念;确认价格可比性是指使用

---

① 参见汪尧田:《乌拉圭回合多边贸易谈判成果》,复旦大学出版社1995年版,第105~120页。

什么方法确定产品的真实价值，非市场经济条件下的产品市场价格不能反映产品的真实价值，由此产生了困难，需要使用替代国价格或者其他方法来加以确定；而确定非市场经济并不会产生困难，因为它的标准十分清晰、明确，只要看缔约国是否垄断国际贸易，是否规定垄断产品的价格，就能判断出是否属于非市场经济状况。将确定价格可比性的方法偷换成确定价格可比性的前提，确实是偷换概念的诡辩论的高手。综上所述，"注释二"的解读无论如何也得不出授权缔约国适用其国内法标准判断另一缔约国市场经济状况。

我们在现在看到的缔约方是否以"市场经济"地位加入 GATT、WTO，都不是以个别缔约方自行判断该缔约方是否符合市场经济标准方式确定的，而是通过加入议定书确定的；这也佐证了 GATT、WTO 从来就不存在这样的一般授权。

四、中国入世的法律地位

我国学术界普遍认为，中国是以非市场经济国家地位加入世界贸易组织的，因此，WTO 其他缔约方在为其 15 年的过渡期，有权对我国产品实施特别保障措施，有权在反倾销诉讼中适用其国内法市场经济标准并采用"替代国价格"方法；现在 15 年过渡期满，我们被告知：中国企业仍然负有产品价格由市场产生的举证责任，缔约国仍然可以举证中国未满足其国内法上的市场经济标准，不承认中国的市场经济地位，仍然可以不承认中国产品的市场价格，仍然可以动用"替代国价格"，对中国产品采取反倾销措施。以上外国学者观点的核心是：中国是以非市场经济地位加入 WTO 的，WTO 授权缔约国依照其国内法标准自行判断中国的市场经济地位。

在本文第三部分中，笔者证明了 GATT、WTO 从未一般授权缔约国可以享有按照其国内法判断其他缔约国市场经济地位的权利。在本部分中，笔者将进一步证明，中国并不是以非市场经济地位国家加入 WTO 的。

第一，《中国加入世界贸易组织议定书》（以下简称《加入议定书》）第
15 条并没有宣告中国是一个非市场经济国家，只是在第 15 条（a）项 i 目和
ii 目、（d）项中出现了"市场经济条件"的文字，在第 15 条（d）项中出现
了"市场经济体"和"市场经济标准"和"非市场经济条款"的文字；然
而是否《加入议定书》出现"市场经济条件""市场经济体""市场经济标
准""非市场经济条款"就是宣告中国是非市场经济国家呢，或者说中国是
以非市场经济地位身份参加 WTO 的呢？按照《维也纳条约法公约》第 31 条
规定的文意解释规则，答案是否定的。

《加入议定书》第 15 条是设定 GATT 1994 第 6 条、《关于实施 1994 年关
税与贸易总协定第 6 条的协定》（《反倾销协定》）以及《SCM 协定》适用范
围的程序规则，而不是实体性规则；《加入议定书》第 15 条第一自然段对整
个条款做出了性质上的概括：15 条的规定是"GATT 1994 第 6 条、《关于实
施 1994 年关税与贸易总协定第 6 条的协定》（《反倾销协定》）以及《SCM
协定》应适用于涉及原产于中国的进口产品进入某 WTO 成员的程序性规
则"，该段文字的意思表达十分清楚，不涉及实体性规范，所以不会涉及对
中国非市场经济地位性质的认定。

第二，如上所述，WTO 不存在有关"市场经济"的定义，不过存在
"非市场经济"的标准；按照"注释二"规定的贸易由国家垄断、价格由政
府确定的"非市场经济"标准，中国早已成为市场经济国家了。但是美国、
欧盟利用自己的否决权，蛮横地阻挠中国加入世界贸易组织。为了摆脱美国
和欧盟的无理纠缠，为了中国自身的发展，也为了顾全大局，中国在入世问
题上采取了委曲求全的权宜之计，自愿承担超出 WTO 一般成员义务之上的
特殊义务，承诺授权缔约方在 15 年过渡期内可采用其国内法"市场经济"
标准，对中国产品适用反倾销"替代国价格"方法；《入世议定书》除了规
定以上中国的特别承诺以外，并没有确认中国是以非市场经济国家身份加入
世界贸易组织的。

《加入议定书》第 15 条有关"市场经济"的表述只是限定在有限的时间和领域范围内。第一，在时间方面第 15 条（d）项规定各缔约方适用其国内法标准仅仅限定在一段有限的时期内，即中国入世后的 15 年内；第二，在范围方面适用"市场经济"的国内法标准仅仅限定在反倾销诉讼中关于进口缔约国评估进口产品的正常价值时使用。在这样限定的时间和范围内中国将认定其市场经济地位的权利交给 WTO 其他缔约方，由该缔约方按照其国内法标准确定从中国进口产品是否适用替代国方法。在中国入世 15 年以后，以及在 WTO 其他贸易领域，如反补贴、市场准入、关税减让等领域，则不存在中国授权 WTO 其他缔约方以其国内法标准审查中国的市场经济地位问题。

第三，正是由于中国并不是以非市场经济身份加入 WTO 的，因此在过渡期 15 年过后，也不会存在 WTO 缔约方审查中国是否符合市场经济标准的问题。因此，在 2016 年 12 月 11 日以后，《入世议定书》及其第 15 条没有规定过 WTO 缔约方对中国市场经济地位审查的标准（缔约方的国内法标准是否还适用），没有规定过对中国市场经济地位审查程序；而恰恰相反，《入世议定书》第 15 条（d）项却规定了在中国入世 15 年以后，任何缔约方不得使用（a）项（ii）目的规定的不依据与中国国内价格或成本进行严格比较的方法（替代国价格方法）。因此，中国的市场经济地位是自然取得和回复的，无须经过任何程序。

第四，笔者的上述观点，在 2011 年 WTO 上诉机构关于"中国诉欧盟紧固件案"的报告中得到了支持。上诉机构在上诉案件的报告中对《加入议定书》第 15 条（a）项和（d）项做出了权威的解释："确实中国入世议定书 15 条（a）项分配给中国出口商在 WTO 进口国决定价格的可比性方面适用中国国内价格和成本方面有义务清晰地证明清楚地证明其价格的市场经济条件的举证责任。然而这个规则仅仅涉及价格可比性的正常价值方面，并不允许减损反倾销协定有关出口的价格的规则。中国入世议定书第 15 条（a）项并没有提供以下推定的法律基础：一个出口商个别出口价格不能被使用，进而应当使用全国统一价格，并且全国统一倾销幅度应当被确定，全国统一税率应当被征收。第15条（a）项不能被解释为授权 WTO 成员在确定正常价值以外的事项方面将中国视为非市场经济国家。依上述解释，第15条（a）项并没有宣告中国是一个市场经济国家，还是非市场经济国家"。①

五、中国市场经济地位无须其他缔约国承认

在中国入世过渡期就快要到来的时候，欧盟和美国纷纷对中国的市场经济地位提出挑战，提出了"中国企业举证论""举证责任倒置论"以及"客观事实不符论"。但是，这三种理论都是不能成立的，没有法律依据的。

欧洲律师伯纳德·奥康诺尔发表了一篇网络短文，别出心裁地提出中国非市场经济地位于2016年到期是一个市井神话（urban myth），对2016年后中国完全的市场经济地位进行挑战。②

伯纳德·奥康诺尔认为，中国主张存在2016年期限神话似乎出自于《加入议定书》第15条（d）项。这个条款不是说中国自然取得市场经济地位，而仅仅是指第15条的有关替代国方法的规定将终止适用；而第15条的其他规定继续适用。而根据第15条（a）项（i）目中国企业仍须证明其产品由市场产生，欧盟仍然继续有权根据其法律对中国是否符合欧盟关于市场经济的5项标准进行评估，继续按照 WTO 的规定对中国产品适用"替代国价格"方法。③

---

① Report of Appellate Body, European Communities – Definitive Anti – Dumping Measures on Certain Iron or Steel Fasteners From China , Note 460），WT/DS397/AB/R, IV. The Panel's Findings Regarding Article 9（5）of the Basic AD Regulation "As Such", IV. The Panel's Findings Regarding Article 9（5）of the Basic AD Regulation "As Such", 2. Application of Articles 6. 10 and 9. 2 of the Anti – Dumping Agreement, Paragraph 9. www. wto. org.

② Bernard O'Connor, Market Economy Status for China Is Not Automatic, http：//www. voxeu. org/article/china – market – economy, last visit on May 26, 2015.

③ 同上。

伯纳德·奥康诺尔自持依据《维也纳条约法公约》第 31 条规定的文意解释原则进行的，但是文意解释规则的适用却导致了他得出结论的反面。伯纳德·奥康诺尔没有注意到《加入议定书》第 15 条（a）项关于中国企业证明其产品由市场产生的表述与（d）项的表述是不同的；在第 15 条（a）项中，该项规定没有表述过 WTO 成员可以依照其国内法上的市场经济标准审查中国企业，而在（d）项中却截然不同，其他 WTO 成员方在中国政府举证其具备市场经济条件时是允许按照成员方的国内法上规定标准的。因此即便第 15 条（a）项（i）目在 2016 年 12 月 11 日以后还可以继续有效，按照伯纳德·奥康诺尔的逻辑，欧盟要适用"替代国价格"方法，仍须证明中国的贸易由国家垄断以及产品价格由国家确定，而不是依照欧盟的 5 条标准判定中国的市场经济状况。

伯纳德·奥康诺尔在运用条约"有效解释"原则时，存在着不能自圆其说的逻辑矛盾。《加入议定书》第 15 条（a）项（ii）目的失效并不意味着（a）项（i）目必然失效，如果 2016 年后，第 15 条（a）项（i）目仍然有效，WTO 其他缔约方有权按照其国内法继续审查中国企业的产品是否具备市场经济条件，无论是中国加入 WTO 15 年以前或是以后，虽然 WTO 其他缔约方失去适用依据《加入议定书》授权使用的反倾销措施中的替代国方法，但是仍然可以依据 WTO 其他可适用协议继续使用替代国方法，也就是说第 15 条（d）项规定的 15 年期限是无效的，是没有任何意义的，那么根据传统国际法关于条约的有效解释①又在哪里呢？

根据 WTO 争端解决机制的实践，WTO 上诉机构在中国诉欧盟紧固件案的上诉报告中对中国的市场经济地位做出了权威解释，确定了以下三个基本概念。

---

① 劳特派特：《奥本海国际法》（上卷第二分册），商务印书馆 1989 年版，第 365 页。

1. 加入议定书没有明确中国入世身份是非市场经济国家

上诉机构在该报告第四部分 C 项中国加入议定书第八段认为:《加入议定书》"第 15 条(d)项不能被解释为在确定正常价值事项以外授权世界贸易组织缔约方将中国视为非市场经济国家,如前所述,第 15 条(d)项并没有一般地宣布中国是市场经济国家,还是非市场经济国家。只不过,它允许进口 WTO 缔约方适用包括在第 15 条(a)项中的有关正常价值特别规则,而该规则在 2016 年或者早于 2016 年中国建立了市场经济或者在某个特定的产业建立了市场经济的情况下将不再适用"。①

2. 2016 年 12 月 11 日以后《加入议定书》第 15 条(a)项全部失效

上诉机构在该报告第四部分 C 项中国加入议定书第七段认为:"中国加入议定书第 15 条(d)项规定中国加入之日后 15 年(2016 年 12 月 11 日)第 15 条(a)项失效。这个条款还规定在中国按照进口 WTO 缔约方的国内法证明已经整体实现市场经济或者某个产业或部门具备市场经济条件,其他缔约方应当在该日期(2016 年 12 月 11 日)提前对中国经济整体或者某个产业或部门终止适用第 15 条(a)项。第 15 条(a)项包括了涉及中国反倾销调查确定正常价值的特别规则,第 15 条(d)项相应包括了在 2016 年这些规则终止的特别规则,以及在 2016 年以前设定某些条件提前终止这些规则"。②上诉机构所认定第 15 条(a)项在 2016 年 12 月 11 日以后终止的,不仅仅是(a)项(ii)目,而是包括(a)项(i)目和(a)项(ii)目全部条款。

3.《加入议定书》第 15 条仅限于确立国内价格可比性的特别规则

上诉机构在该报告第四部分 C 项中国加入议定书第七段认为:"除了确

---

① Report of Appellate Body, European Communities – Definitive Anti – Dumping Measures on Certain Iron or Steel Fasteners From China , Note 460), WT/DS397/AB/R, IV. The Panel's Findings Regarding Article 9 (5) of the Basic AD Regulation "As Such", IV. The Panel's Findings Regarding Article 9 (5) of the Basic AD Regulation "As Such", 2. Application of Articles 6. 10 and 9. 2 of the Anti – Dumping Agreement, Paragraph 9. www. wto. org.

② 同上。

定有关中国国内价格与成本的可比性以外，中国加入议定书第 15 条没有授权 WTO 缔约方给予中国不同于其他缔约方的待遇。在中国加入议定书第 15 条确立了有关国内价格可比性的特别规则情况下，该条款不能将以上例外扩展到确定出口价格或个别倾销幅度、关税与全国倾销幅度和关税的方面，不允许 WTO 缔约方按照反倾销协定和 GATT 1994 为以上其他目的给予中国歧视待遇"①。

"举证责任倒置论"以及"客观事实不符论"没有什么新鲜内容，它们仅仅是伯纳德·奥康诺尔"继续有效论"的补充。

"举证责任倒置论"认为议定书第 15 条（d）项第 2 句并不能直接废除中国的"非市场经济地位"，而将导致举证责任的转移。2016 年之前中国涉案企业必须举证证明其符合市场经济条件，如不能证明，调查国可采用特殊方法计算正常价值。而 2016 年后中国涉案企业的举证责任将转移至进口国申请者，改为由进口国申请调查的企业进行举证②。

"客观事实不符论"对中国的市场化发展事实提出质疑，认为中国的"非市场经济地位"条款将自动到期，则意味着中国的"非市场经济"将在 2016 年 12 月 11 日之后自动转变为"市场经济"，这与现实和逻辑不符。

以上三种理论建立于两个法律基础之上，一是中国是以非市场经济地位加入世界贸易组织的；二是 WTO 已经授予各缔约方依国内法规则判定中国的市场经济地位的权利。如前所述，WTO 上诉机构在中国诉欧盟紧固件案中已经做出《加入议定书》第 15 条并没有宣告中国是一个市场经济国家，还是非市场经济国家结论；而第 15 条（d）项则是 WTO 没有确定中国的非市

---

① Report of Appellate Body, European Communities – Definitive Anti – Dumping Measures on Certain Iron or Steel Fasteners From China , Note 460），WT/DS397/AB/R, IV. The Panel's Findings Regarding Article 9（5）of the Basic AD Regulation "As Such", IV. The Panel's Findings Regarding Article 9（5）of the Basic AD Regulation "As Such", 2. Application of Articles 6. 10 and 9. 2 of the Anti – Dumping Agreement, Paragraph 9. www. wto. org.

② 李思奇、姚远、屠新泉："2016 年中国获得'市场经济地位'的前景：美国因素与中国策略"，载《国际贸易问题》2016 年第 3 期，第 154 页。

场经济地位情况下，中国自愿承担超出 WTO 一般成员义务之上特殊义务的权宜之计。因此，15 年的过渡期期满以后，中国自愿承担的由缔约国按照国内法标准审查中国的市场经济地位的承诺终止。任何 WTO 缔约国如果要挑战中国的市场经济地位，从 WTO 与中国关系的特别法《加入议定书》中找不到任何程序和依据；如果试图从 GATT《反倾销协定》第 2.7 条寻找，各缔约国的国内法标准不是 WTO 规则，并且 WTO 从未授予缔约国适用国内法标准的权利，唯一剩下的机会就是依据"注释二"规定的非市场经济的两条标准（贸易由国家垄断，价格由国家确定）提出自己的主张；而按照此种方式提出的挑战，其胜算概率几乎为零。

六、结　论

GATT、WTO 在《反倾销协定》第 2.7 条规定界定了"非市场经济"标准：贸易由国家垄断；产品价格由国家确定。依照以上标准，中国在入世之时就已经是市场经济国家了。美国和欧盟提出的市场经济标准从来没有成为 WTO 规则，GATT、WTO 也从未授予美国、欧盟适用其国内法规则判断中国的市场经济地位的权利；《加入议定书》从未确定过中国以非市场经济身份加入 WTO；《加入议定书》临时授予缔约国在自中国加入 15 年内可依各缔约国国内法标准判定其适用"替代国价格"方法的权利，并不代表中国接受了非市场经济地位；在为期 15 年的过渡期期满后，中国对各缔约国的授权承诺终止，各缔约国自此终止了对中国产品适用"替代国价格"方法的权利。中国的市场经济地位无须任何缔约国承认，任何缔约国不能在反倾销等贸易措施中使用"替代国价格"方法，是中国在 WTO 体系中拥有市场经济地位的最好诠释。

论《中国加入议定书》第 15 条 "自动终止条款" 之法律效应：以中国的 市场经济地位与 "替代国法" 适用为核心[*]

张 讷 肖 冰^{**}

摘　要：2016 年 12 月 11 日，《中国加入议定书》第 15 条（a）项（ii）目所规定的 "特殊替代国法" 将因第 15 条（d）项 "自动终止条款" 而终止适用。有观点认为，"自动终止条款" 为中国的市场经济地位 "毕业条款"；也有观点认为，无论如何 2016 年之后 "替代国法" 对中国已无任何适用空间。就 "自动终止条款" 之效力而言，其并不能使第 15 条（a）项（i）目终止适用，中国生产者可在中国未被整体承认为市场经济体的情况下通过证明具体产业或者产品满足市场经济条件，使得 "中国价格或成本" 可比价格在反倾销中得以适用。同样，"自动终止条款" 并不具备使中国自动获得市场经济地位之效应，在 2016 年后，WTO 涵盖协定中针对非市场经济国家的 "一般替代国法" 仍将有适用空间。中国必须就反倾销可比价格规则的适用变化做出应对。

---

　　* 国家社科基金项目 "WTO 争端解决中的中国现象与中国问题研究"（项目号：14AFX027）的阶段性成果。

　　** 张讷，南京大学法学院博士研究生，上海市协力律师事务所律师。肖冰，东南大学法学院教授、博士研究生导师。

关键词：《中国加入议定书》；市场经济地位；反倾销；自动终止条款；可比价格；替代国法

一、问题及争论

到 2016 年 12 月 11 日，中国加入 WTO 已整整 15 年。《中华人民共和国加入世界贸易组织议定书》（以下简称为《中国加入议定书》）第 15 条（d）项第二句"无论如何，（a）项（ii）目的规定应在加入之日后 15 年终止"（以下简称"自动终止条款"①）的条件即将成就。时日临近，围绕该"自动终止条款"的法律效应——适用于中国的哪些相关规则随之终止或发生变化，尤其是届时中国能否自动获得市场经济地位——的讨论也越来越频繁和激烈。

一种观点认为，"自动终止条款"的条件成就后，中国即自动获得"市场经济地位"；相应地，因中国非市场经济地位而适用的规则将终止适用；②相反观点则认为，"自动终止条款"的条件成就后，其他 WTO 成员不能再以《中国加入议定书》第 15 条（a）项（ii）目对中国企业开展反倾销调查，但仍可依据第 15 条（a）项（i）目对中国企业实施与之前一样的特殊反倾销

---

① 有些文章将该条款命名为"终止性条款"，如刘敬东："'市场经济地位'之国际法辨析——《加入议定书》与中国'市场经济地位'"，载《国际经济法学刊》2015 年第 1 期。由于第 15 条（d）项中还存在两种依据成员方国内法获得市场经济地位承认而终止 15 条（a）项适用的终止性条款，故而本文将此种到 15 年期限自动终止的条款命名为"自动终止条款"。

② 任清："《中国加入议定书》研究的两个十年——兼论加入议定书的强制执行性等问题"，载《上海对外经贸大学学报》2014 年第 2 期。张燕："论中国'市场经济地位'之'自动取得'—兼谈《中国入世议定书》第 15 条之解读"，载孙琬钟主编：《WTO 法与中国论丛》（2013 年卷）。彭德雷："2016 年后的'非市场经济地位'"，载《国际贸易问题》2015 年第 6 期。Christian Tietje and Karsten Nowrot, Myth or Reality? China's Market Economy Status under WTO Anti – Dumping Law after 2016, Policy Papers On Transnational Economic Law, No. 34, December 2011, School of Law, Martin Luther University, pp. 9 – 10.

规则。如果认为"非市场经济地位"条款将自动到期，则意味"非市场经济"经过了 2016 年 12 月 11 日的一场睡梦，醒来之后，便自动化身为"市场经济"，这与现实和逻辑不符。[①]

2016 年 5 月 12 日，欧洲议会以 546∶28 的压倒性票数通过一项非立法性决议，拒绝承认中国市场经济地位。[②] 决议表示，欧盟一些企业和工会组织担心欧盟承认中国市场经济地位后，将有更多中国商品进入欧盟市场，从而威胁欧盟企业生存、影响欧盟就业。决议强调，在中国满足欧盟关于市场经济地位的五大标准[③]前，中国对欧出口仍应按照"非标准"方式对待，即在对中国商品进行反倾销和反补贴调查过程中，仍应评估中国商品的成本和价格是否是市场价格。该决议在明确表达否认"自动终止条款"能够产生中国自动获得市场经济地位之效应的立场同时，也基本明确将针对中国继续适用特殊的可比价格规则。

欧洲议会决议使原本较多限于学术层面的争论转换为 WTO 成员方正式的"官方表态"，随之，我国政府也表达了官方立场。2016 年 5 月 16 日，外交部部长王毅在北京与来访的法国外长艾罗举行会谈后共见记者时，应询就日前欧洲议会通过决议，不支持给予中国市场经济地位阐明中方立场时明确表态，不能将市场经济地位问题与终止替代国做法挂钩。因为是否终止替代国的做法不取决任何成员的国内标准；不论中国是否是市场经

---

① Jorge Miranda, Interpreting Paragraph 15 of China's Protocol of Accession, Global Trade and Custom Journal, Vol. 9, Issue3, 2014, p. 103. See Bernard O'Connor, Market Economy Status For China is Not Automatic, at http：//voxeu. org/article/china – market – economy, visit on May 24th, 2016. 陈卫东、马琳："明年中国能否自动获得市场经济地位"，载《国际商报》2015 年 8 月 26 日，第 A03 版。

② European Parliment News：China's proposed market economy status：defend EU industry and jobs, urge MEPS, at http：//www. europarl. europa. eu/news/en/news – room/20160504IPR25859, visit on May 24th, 2016.

③ 五个条件是：第一，企业一切关于价格、成本和投入的决定，都是依赖市场，没有显著国家干预；第二，企业有一个适用于多种目的的、明确且符合国际会计标准的记账准则和独立审计；第三，生产成本和企业的财务状况不会被非市场经济体制遗留下的影响所扭曲；第四，企业有破产法及财产法可循，保证企业在法律上的确定性和经营上的稳定性；第五，汇率按市场价格进行兑换。

济国家，根据"自动终止条款""无论如何"WTO 成员都有义务终止替代国的做法。①

此时，关于"自动终止条款"效应的争论焦点由中国的市场经济地位问题转向了规则适用层面——2016 年后"替代国法"对中国的适用问题。

争论表明，围绕"自动终止条款"存在着诸多认知上的混乱，其中不乏对于 WTO 规则的误解和误读。由此，澄清规则及其应有效应，既是 2016 年之后 WTO 规则准确适用，也是中国得以积极、有效应对的关键。

归纳起来，有关"自动终止条款"的法律效应，主要涉及三个相互关联问题：（1）"自动终止条款"之终止溯及范围；（2）"自动终止条款"与中国非市场经济地位之间的关系；（3）2016 年 12 月 11 日后，"替代国法"有无适用于中国的空间。对此，本文将一一加以分析与回应。

二、"自动终止条款"之特殊语境及其效力范围

（一）"自动终止条款"及其语境

"自动终止条款"规定于《中国加入议定书》第 15 条"确定补贴和倾销时的价格可比性"之（d）项，明确规定的是该条（a）项得以终止适用的情形。第 15 条（a）项涉及特殊的反倾销可比价格适用规则，是中国在反倾销

---

① 王毅表示，"中方认为欧洲通过这项决议不具有任何建设性。首先，是否给予中国市场经济地位与履行《中国加入世贸组织议定书》第 15 条是没有关联的两码事，不能人为将两者混为一谈，甚至彼此挂钩。当年《议定书》第 15 条明确规定，世贸组织成员应于 2016 年 12 月 11 日终止在对华反倾销调查中使用'替代国'做法。这是世贸组织所有成员都应遵守的国际条约义务，不取决于任何成员的国内标准。因此，无论是否给予中国市场经济地位，欧盟作为世贸组织成员，都有履行《议定书》第 15 条的法律义务，无法回避和推卸。"载 http：//inews. ifeng. com/48780111/news. shtml? from = timeline&isappinstalled = 0，访问日期：2016 年 5 月 23 日。

反补贴和保障措施领域接受的一系列"超 WTO 义务"之一。①

1. 第 15 条（a）项

第 15 条（a）项规定，"在根据 GATT 1994 第 6 条和《反倾销协定》确定价格可比性时，该 WTO 进口成员应依据下列规则，使用接受调查产业的中国价格或成本，或者使用不依据与中国国内价格或成本进行严格比较的方法：（i）如受调查的生产者能够明确证明，生产该同类产品的产业在制造、生产和销售该产品方面具备市场经济条件，则该 WTO 进口成员在确定价格可比性时，应使用受调查产业的中国价格或成本；（ii）如受调查的生产者不能明确证明生产该同类产品的产业在制造、生产和销售该产品方面具备市场经济条件，则该 WTO 进口成员可使用不依据与中国国内价格或成本进行严格比较的方法"。

与 WTO 涵盖协定（WTO Agreements）② 确定倾销可比价格的一般规则③（以下简称为"反倾销一般规则"）——以"国内销售价格法"为基础性方法，以"第三国出口价法"和"产品要素法"为补充性方法，而以普遍适用于"非市场经济国家"成员方的"替代国法"（"一般替代国法"）为例外——相比，第 15 条（a）项的特殊之处在于，将"中国价格或成本"设定

---

① 《中国加入工作组报告书》第 150 段指出，若干工作组成员指出，中国正在继续进行向完全的市场经济转型的进程。这些成员指出，在这些情况下，对于原产于中国的产品进口至一 WTO 成员，在反倾销调查和反补贴税调查中确定成本和价格可比性时可能存在特殊困难。这些成员表示，在此类情况下，WTO 进口成员可能认为有必要考虑与中国的国内成本和价格进行严格比较不一定适当的可能性。第 151 段指出，中国代表对某些 WTO 成员以往采取的措施表示关注，这些成员将中国视为非市场经济国家，而在未确定或公布所使用的标准、未以公平的方式给予中国公司充分的机会提供证据以维护其利益以及未说明做出其裁定所依据的理由，包括裁定中进行价格比较的方法的情况下，对中国公司征收反倾销税。

② WTO 涵盖协定是指《马拉喀什建立世界贸易组织协定》附件 1.2 和附件 3 所列协定及相关法律文件。《建立 WTO 协定》第 2 条第 2 款规定："附件 1、附件 2 和附件 3 所列协定及相关法律文件为本协定的组成部分，对所有成员具有拘束力。"参见《世界贸易组织乌拉圭回合多边贸易谈判结果法律文本》，对外贸易经济合作部国际经贸关系司译，法律出版社 2000 年版，第 4 页。

③ WTO 涵盖协定中和反倾销相关的规则主要包括 1946～1947 年拟定的哈瓦那宪章和关贸总协定反倾销条款，即此后的 GATT 1994 第 6 条"反倾销税和贴补税"；"GATT 1994 第 6 条第 1 款的第 2 项补充规定"，即"注释二"；以及《反倾销协定》。

为须由中国生产者证明相关产业具备市场经济条件后方能适用的例外方法，而将"替代国法"作为无须进口成员方履行任何证明义务即可适用的基础性方法（"特殊替代国法"）。很显然，第15条（a）项的特殊安排，是专门针对中国量身定做的非市场经济条件下适用的特殊规则。

2. 第15条（d）项

第15条（d）项均是有关终止（a）项的规定，共有三种终止情形：其中第一句及第三句"当中国根据某 WTO 进口成员的国内法证实其是一个市场经济体，或者证实一特定产业或部门具备市场经济条件，则（a）项规定即应对中国或一特定产业或部门终止适用"，均是以"市场经济"为前提条件的全面终止情况，故可称作"全部终止条款"；而第二句"无论如何，（a）项（ii）目的规定应在加入之日后15年终止"，则是以某一时点到来为条件的"自动终止条款"。

（二）"自动终止条款"的效力范围

1. 第15条（a）项（ii）目终止

根据"自动终止条款"的明文规定，2016年12月11日之后第15条（a）项（ii）目终止适用。对此，学界和实务界没有争议。换言之，届时，不论中国是否被承认为市场经济国家，WTO 进口成员都有义务终止对中国适用（ii）目之"替代国法"，即无权在中国生产者无法证明相关产业具备市场经济条件时自动适用"替代国法"。

需要指出的是，到目前为止全球已经有包括俄罗斯、巴西、新西兰、瑞士和澳大利亚等在内的超过80个经济体承认中国市场经济地位。① 对这些国家而言，因符合"全部终止条款"之情形，包括第15条（a）项在内的针对非市场经济国家适用的所有特殊规则，对中国均终止适用，"自动终止条款"

---

① 中国商务部投资促进事务局："中国经济'蓄能增势'有'三好'"，载 http://tzswj. mofcom. gov. cn/article/e/201604/20160401307749. shtml，访问时间：2016年5月23日。

亦无单独讨论其效应之必要。但是对于 2016 年 12 月 11 日后仍不承认中国市场经济地位的国家或者地区（包括欧盟、美国、日本、加拿大等中国主要贸易伙伴）而言，"自动终止条款"对于第 15 条（a）项的效力范围就凸显其意义，因此以下有关"自动终止条款"效应也仅针对这些 WTO 成员方而言。

2. 终止效力是否及于第 15 条（a）项（i）目

有学者认为，第 15 条（a）项（ii）目的终止将同时导致第 15 条（a）项（i）目的终止。代表性的观点主要有以下两种：一是从条款的内容和属性出发，认为（a）项（i）目中的"中国价格"应作广义解释，既包括"国内销售价格"也包括"第三国出口价格"，如此第 15 条（a）项（i）目和（ii）目将涵盖全部四种可比价格。如此，第 15 条（a）项（i）目和（ii）目构成了硬币的两面，一面终止必然及于另一面同时终止。相反，若 2016 年后（a）项（i）目继续有效，在中国生产者无法证明其市场经济条件时，将出现无可比价格可用的悖论。[1] 二是从举证责任角度出发，认为第 15 条（a）项（ii）目终止后，即应当直接使用该产品的国内价格或成本，从而涉案中国出口企业无须再"明确证明"中国的市场经济情形。就举证责任的免除而言，中国可谓"自动取得"了市场经济地位，由此，（a）项（i）目也得以终止。[2]

笔者对此持否定观点，认为 2016 年 12 月 11 日之后第 15 条（a）项（i）目仍然有效，且"中国价格或成本"仍为附条件适用而非自动适用。

首先，根据"全有效原则"，第 15 条（a）项（i）目仍应有效。

---

① 任清："《中国加入议定书》研究的两个十年——兼论加入议定书的强制执行性等问题"，载《上海对外经贸大学学报》2014 年第 2 期. Christian Tietje and Karsten Nowrot, Myth or Reality? China's Market Economy Status under WTO Anti – Dumping Law after 2016, Policy Papers On Transnational Economic Law, No. 34, December 2011, School of Law, Martin Luther University, pp. 9 – 10.

② 张燕："论中国'市场经济地位'之'自动取得'—兼谈《中国入世议定书》第 15 条之解读"，见孙琬钟主编：《WTO 法与中国论丛》（2013 年卷）。彭德雷："2016 年后的'非市场经济地位'"，载《国际贸易问题》2015 年第 6 期。

"全有效原则"（principle of effectiveness）[1] 是联合国国际法委员会对《维也纳条约法公约》的第31条和第32条所做的诠释，即当对一个条约出现两种解释时，其中一种能使该条约有相应的效力，而另一种却不能，诚信与条约的目的与宗旨会要求采用前一种解释。[2] 这种解释方法同时也符合了"目的性解释"和"善意解释"的原则。"自动终止条款"在文义上仅明确及于第15条（a）项（ii）目，那么按照"全有效原则"，第15条（a）项（i）目应被解释为仍然有效。

其次，按照"中国价格"的应然解释，第15条（a）项（i）目仍需适用。

笔者认为，"硬币说"对于"中国价格"的广义理解似有不妥，狭义解释为"国内销售价格"更为恰当。其一，（a）项（i）目将"国内价格法"从 WTO 反倾销一般规则下的基础性方法改变为例外方法，并于中国生产者无法完成证明义务时被排除适用。此种对"中国价格"排除适用的特殊安排，属于中国承诺的单边性义务。根据单边性义务的"从严解释"规则（in dubio mitius），[3] 应当尽可能不扩大其义务范围而对排除范围作限缩性解释，即将"中国价格"局限在"中国国内销售价格"意涵之内。其二，将"国内价格"等同于"国内销售价格"的做法在 WTO 涵盖协定中已有先例。GATT 1994 第6.1条（b）所述"国内价格"即是指6.1条（a）的"正常贸易中在出口国中供国内消费时的可比价格"。其三，如果把"中国价格"理解为广义的"国内价格"，其中应当包含了"中国成本"，这与第15条（a）项（i）目将"中国价格"和"中国成本"并称构成了矛盾。

在"中国价格"狭义解释为"国内销售价格"的情况下，当中国生产者无

---

① 赵维田、刘敬东：《WTO 解释条约的习惯规则》，湖南科学技术出版社2006年版，第6页。

② 同上。

③ 从严解释规则2006年由"联合国国际法委员会"通过，是指当就单边义务的范围产生疑问时，必须对该义务加以严格解释，尽可能不扩大其义务范围。Robert Jennings and Arthur Watts (eds.), Oppenheim's Interpretation (s), 21 EJIL, 2010, pp. 684–687.

法证明市场经济条件时，"硬币说"有关（i）目和（ii）目已涵盖全部四种可比价格的主张，因"第三国出口价"仍然存在，因而无法成立，"硬币"的两面结构也由此被打破。

与此同时，因为"自动终止条款"之终止效力无法及于第 15 条（a）项（i）目，"中国价格或成本"仍以中国生产者证明相关产业具备市场经济条件为适用条件，并不因第 15 条（a）项（ii）目的终止而变为自动适用的可比价格。因此，在中国生产者无法完成证明义务时，"中国价格或成本"适用仍被排除。

三、"自动终止条款"与中国市场经济地位的关系：并非"毕业条款"

有观点认为，2016 年 12 月 11 日后"自动终止条款"的适用会导致中国自动获得市场经济地位，相应地，所有《中国加入议定书》中的"超 WTO 义务"均应当终止。2011 年 9 月 14 日，时任总理温家宝在出席达沃斯论坛时就特别指出，"按照 WTO 规则，中国完全市场经济地位到 2016 年就为全世界所承认"。[①] 高树超（Henry Gao）教授也认为，从技术上分析，第 15 条确实未直接表明 2016 年之后，WTO 成员需认可中国的市场经济地位；但是从文本上分析，第 15 条（a）项只有 a 项（i）和（ii）两目，因此既然作为非市场经济特殊计算方法的（a）项（ii）目到期终止，则意味着 2016 年后中国将获得市场经济地位。[②] 此种观点的出发点在于毕其功于一役，一旦"自动终止条款"适用，中国自动从非市场经济国家中毕业，并因此终结

---

① "温家宝：希望欧盟承认中国完全市场经济地位"，载 http：//finance. sina. com. cn/roll/20110914/122410477712. shtml，访问日期：2015 年 12 月 21 日。

② Henry Gao, If you don't believe in the 2012 myth, do you believe in the 2016 myth? 30 November 2011, http：//wtoandchina. blogspot. com/30，visit on Nov. 21st, 2015.

《中国加入议定书》中的所有特殊减让义务,故可称为"毕业条款说"。①

对此,根据条约解释原则,笔者持不同观点,理由如下。

1. "自动终止条款"之"无论如何"文义解读

从"自动终止条款"文义角度看,"无论如何"本身是"不受任何条件约束"之义,而此处与"无论如何"相对应地,是(d)项首句"一旦中国根据该 WTO 进口成员的国内法证实其是一个市场经济体"。因而可以解释:"届时无须任何条件(均应适用)",或者"届时无论中国是否根据该 WTO 进口成员的国内法证实其是一个市场经济体(均应适用)"。质言之,"自动终止条款"的适用无意于与中国市场经济地位之间建立关联。

2. 两类终止条款之对比

如前所述,除"自动终止条款"外,第 15 条(d)项还包括了两项"全部终止条款",二者之间并没有顺序先后的关系,其差别在于,其一,所附条件不同,后者的适用条件为"中国成为一个市场经济体",或者"某特定产业或部门具备市场经济条件",这样的条件成就既可以在 2016 年 12 月 11 日之前,也可以是此后的任一时间;前者则具有自动适用的特征,其适用条件是"加入之日后 15 年"。其二,效力范围不同,前者之终止效力及于第 15 条(a)项全部;而后者之终止效力仅及于第 15 条(a)项(ii)目。

第 15 条(a)项(i)目和(ii)目均为针对中国非市场经济地位的特殊规则,若将"自动终止条款"理解为中国获得市场经济地位的"毕业条款",那么其与"全部终止条款"应保持效力范围上的一致,二者的适用条件也应彼此关联或互为条件。遗憾的是,第 15 条(d)项并没有如此安排,相反,"自动终止条款"本身的适用与中国市场经济地位无关,这样,在其 15 年限

① "毕业条款"一词出自部分国内学者的文章,如李雪平:"对中国在 WTO 体制内能否如期取得完全市场经济地位的几点思考",载《上海对外经贸大学学报》2014 年第 2 期。外国有学者称之为"automatic graduation to economic market status", see Alan H. Price, Timothy C. Brightbill and D. Scott Nance, Treatment of China as a Non – Market Economy Country After 2016, at http://www. ustradeblog. com/2015/09/treatment, visit on May 24th, 2016.

届至时，既为进口成员方不承认中国市场经济地位预留了空间，又通过"全部终止条款"与中国市场经济地位的密切关联，使第 15 条（a）项（i）目的效力得以存续。

3. 第 15 条（b）项、（c）项等其他特殊规则仍将适用

除第 15 条（a）项的特殊可比价格规则外，第 15 条（b）项、（c）项同样规定了针对中国非市场经济地位的特殊减让义务，涉及反补贴特殊规则，以及实施反倾销反补贴特殊程序时的通知程序。虽然第 15 条（d）项的两类终止条款均仅针对第 15 条（a）项的反倾销可比价格，如若中国根据成员方国内法的规定获得市场经济地位，那么除（a）项措施终止外，第 15 条（b）项及（c）项均可终止适用。但是，现行"自动终止条款"明文指向的只有第 15 条（a）项（ii）目，并无同时及于（b）（c）两项的任何语义，而（b）（c）两项仍然适用本身，则反过来证明"自动终止条款"在客观上无法使中国自动从非市场经济国家中"毕业"。

由于"自动终止条款"并不具备使中国自动获得市场经济地位之法律效应，在 2016 年 12 月 11 日后，《中国加入议定书》中针对中国的特殊减让义务，以及 WTO 涵盖协定中针对非市场经济国家的特殊规则仍将有适用空间。同时，"全部终止条款"的适用条件表明，市场经济体的证实依据是进口成员方国内法，欧盟或者其他国家依据其国内法标准认定中国市场经济地位的做法很难被界定为违反 WTO 义务。

四、2016 年 12 月 11 日后"替代国法"适用于中国的可能

在最乐观的情况下，"自动终止条款"适用时，中国已全面获得了 WTO 各个成员完全市场经济地位的承认，那么，第 15 条（a）项，乃至第 15 条及其他所有与中国非市场经济主体地位有关的"超 WTO 义务"都可豁免，从而得以与大多数其他 WTO 成员方一样，同等适用 WTO 一般规则。但是，欧

洲议会决议已然破灭了这种希望,而且,就目前情势来看,美国、日本等成员也不会轻易认可中国的市场经济地位。

"自动终止条款"既然无法带来中国市场经济地位得以自动认可的效应,那么能否产生对中国完全终止适用"替代国法"的后果呢?也就是说,是否能够产生王毅部长所说"'无论如何',WTO 成员都有义务终止替代国的做法"之效应?对此,我们认为,尚需考察 WTO 反倾销规则有关"替代国法"的各项规定和 2016 年 12 月 11 日后适用于中国的倾销可比价格规则,区分不同情况作具体分析。

(一)有关"替代国法"的特殊规则与一般规则及其差异

如前所述,《中国加入议定书》第 15 条(a)项(ii)目规定了专门针对中国适用的涉及"替代国法"的特殊规则,WTO 反倾销规则也有普遍适用于非市场经济国家的"替代国法"的一般规则。一方面,二者适用都与成员的非市场经济地位挂钩;另一方面,二者除适用对象不同外,与证明责任分配亦存在差异。

1. 与市场经济地位挂钩的"替代国法"规则

WTO 反倾销规则中的"替代国法"一般规则肇始于《GATT 1994 第 6 条第 1 款第 2 项补充规定》(以下简称"注释二")。[①]"注释二"罗列了非市场经济国家的特定表现形式,即以"全部或大体上全部由国家垄断贸易"以及"由国家规定国内价格"这样的表述代指国家控制经济,并根据国家贸易体制不同对成员方进行了类别化区分,为反倾销规则的差别化适用开启了先

---

① 注释二指出:"应当承认,在进口产品来自贸易被完全或实质上完全垄断的国家,且所有国内价格均由国家确定的情况下,在确定第 1 项中的可比价格时可能存在特殊困难,在这种情况下,进口缔约国可能认为有必要考虑与此类国家的国内价格进行严格比较不一定适当的可能性。"

河。① 随后美国在 1960 年开始在"捷克斯洛伐克自行车案"中首次使用了"替代国法"。在该案中美国财政部以"未反映市场功能"为由拒绝将捷克斯洛伐克国内市场价格作为确定"正常价值"的基准，代之以实行市场经济"替代国"的相同产品的价格来确定涉案产品的"正常价值"。之后在欧美的推动下，在波兰、罗马尼亚、匈牙利等东欧国家加入 WTO 的《加入议定书》中植入"替代国法"概念，明确进口缔约方可对上述国家产品使用"替代国法"来确定倾销的可比价格。

和"注释二"相同，《中国加入议定书》第 15 条（a）项（ii）目规定的"替代国法"适用也以中国的非市场经济地位为适用前提。

2. 适用于中国的"替代国法"与适用于非市场经济成员的"替代国法"之差异

与适用于市场经济地位成员的一般规则相比，"注释二"及由此适用于非市场经济地位成员的"替代国法"，显然是一种差异性且门槛较高的可比价格确定方法；但与由《中国加入议定书》第 15 条（a）项（ii）目所规定的、仅适用于中国的"替代国法"相比，其义务水平却相对较低：其一，"注释二"将适用"替代国法"的证明责任配置给了进口国，仅在进口国证明出口国符合非市场经济国家之标准时方可适用。其二，"注释二"统一了所谓"非市场经济"的标准，即"在进口产品来自贸易被完全或实质上完全垄断的国家，且所有国内价格均由国家确定"，而未将该问题交由成员方国内法认定。

（二）2016 年 12 月 11 日后适用于中国的倾销可比价格规则

一般认为，广泛用于国内法的"特别法优先原则"也可以在《中国加入

---

① 有些文章将该条款命名为"终止性条款"，如刘敬东："'市场经济地位'之国际法辨析——《加入议定书》与中国'市场经济地位'"，载《国际经济法学刊》2015 年第 1 期。由于第 15 条（d）项中还存在两种依据成员方国内法获得市场经济地位承认而终止 15 条（a）项适用的终止性条款，故而本文将此种到 15 年期限自动终止的条款命名为"自动终止条款"。

议定书》和 WTO 多边贸易协定的适用中加以援用。原则上，如果议定书对某一事项有特别规定时，应当首先适用议定书，再整体适用对同一事项做了规定的多边贸易协定，而不限于该议定书条款所提及的多边贸易协定具体条款。[1] 合理的做法是，对于那些《建立 WTO 协定》及其附件没有规定，但《中国加入议定书》确有规定的事项，应当首先确定该事项的性质，即明确它归属于货物贸易或服务贸易、知识产权还是投资措施等范畴，然后，将议定书中规定的该事项条款同它归属的 WTO 事项所涉及的协定条款共同解读。如果出现议定书条款规定模糊不清的情况，亦同样优先适用其归属的协定条款。[2]就反倾销规则而言，《中国加入议定书》第 15 条（a）项特别规则应优先适用，但是当第 15 条（a）项无适用之余地，或者约定不明时，即应当适用 WTO 反倾销一般规则。具体来说，2016 年 12 月 11 日之后，其规则适用分为以下两种情况：

第一，当符合"全部终止条款"适用条件时，第 15 条（a）项全面终止，应依据 WTO 反倾销一般规则适用"国内销售价格法"，或者"第三国出口价法"和"产品要素法"。此时，"替代国法"没有任何适用的可能。

第二，在成员方不承认中国市场经济地位，也不符合"全部终止条款"适用条件时，应当按照以下规则确定倾销可比价格：第 15 条（a）项（i）目作为特别法规范优先适用，即在中国生产者明确证明其市场经济条件时适用"中国价格或成本"；第 15 条（a）项适用条件无法满足时，适用 WTO 反倾销的一般规则，即优先适用"第三国出口价格法"，并在特殊情况下适用"注释二"所规定的"替代国法"。

---

① 刘瑛、杜蕾："论《中国入世议定书》与 WTO 多边贸易协定的关系——从'中国稀土案'上诉机构报告切入"，载《华东政法大学学报》2015 年第 1 期。

② 刘敬东："论'加入议定书'在 WTO 法律体系中的定位"，载《国际法研究》2014 年第 2 期。

（三）"替代国法"一般规则适用于中国的可能性

1. 第 15 条（a）项（i）目优先适用并有效排除"替代国法"

如前文所述，第 15 条（a）项（i）目在可比价格规则体系中具有优先适用地位。中国生产者完全可以利用对"中国价格或成本"适用条件的合理解读，在中国未获市场经济地位承认时，证明相关产业具备市场经济条件，并在"中国价格或成本"符合适用条件时排除"替代国法"之适用。

2. 第 15 条（a）项（i）目无法适用情形下"注释二"之"替代国法"的适用空间

2016 年 12 月 11 日后，有鉴于第 15 条（a）项（i）目的适用附有"受调查的生产者证明具备市场经济条件"的前提条件，也有鉴于（a）项（ii）目"不能证明"情形已经终止，因而在中国生产者无法满足（i）目证明要求时，该条款作为特殊规则无法得以适用，需要适用 WTO 一般反倾销规则；而在中国不被进口成员承认市场经济地位的情况下，"注释二"所规定的"替代国法"可能被该进口成员援引适用。当然，进口成员只有根据"注释二"确定的标准，证明中国产品不符合市场经济条件时，"替代国法"才能得以适用。

五、中国的因应之策

基于"自动终止条款"的法律效应，2016 年 12 月 11 日之后，对于规则适用预判应本着务实之态度，任何一厢情愿地解读既不会改变 WTO 规则的有权解释和实践运用，也不利于中国采取相对务实的对策。

笔者认为，可行的应对路径，首先是充分研讨并挖掘规则本身，力图在现有规则范围内争取最大的有利空间。

根据上述分析，2016 年 12 月 11 日之后，适用于中国的歧视性规则将集中于《中国加入议定书》第15条（a）项（i）目和"注释二"的"替代国法"。就此，可以根据不同产品、行业的不同情况，在充分衡量各种规则适用差异与利弊的基础上，于可能的范围和条件下做出有效之取舍。因为，无论是第15条（a）项（i）目本身，还是第15条（d）项可用于终止（a）项的"全部终止条款"，抑或是"注释二"，其适用均有较大的解释余地。

具体而言，（1）第15条（a）项（i）目并未对市场经济条件的标准做出明确规定，实践中，对中国采取反倾销措施最多的欧盟和美国均以其国内法作为评判依据。但是第15条前言，以及（a）项前言均表明，该条的适用是以GATT 1994第6条和《反倾销协定》为基础，中国生产者完全可以主张采用WTO一般反倾销规则中的市场经济条件标准，而非欧盟和美国等更为苛严的国内法标准。（2）在证明内容上，第15条（a）项的证明标准明显低于（d）项，中国生产者可以优先着眼于（a）项，证明某一产业符合市场经济条件（market economy conditions in the industry…），甚至某一具体商品的成本和价格是市场价格，而无须按照（d）项第一句"全部终止条款"来证明中国整体的市场经济体（China has established … that it is a market economy）地位。事实上，欧洲议会决议也表述了这样的内容：在中国未获得市场经济地位的情况下，对中国商品进行反倾销和反补贴调查过程中，应评估中国商品的成本和价格是否是市场价格。也就是说，当中国没有获得成员方市场经济地位认可时，中国生产者仍然有可能完成市场经济条件的证明责任，在特定产业或产品上得以适用"中国价格或成本"。（3）虽然在适用规则上，第15条（a）项作为特别规则应当优先适用，但其适用条件却是可以改变的，因而中国生产者也可以在其与WTO反倾销一般规则（包括但不限于"注释二"）之间进行选择。此外，应关注"第三国出口价格"的合理设计，该可比价格将在2016年12月11日后被普遍使用。

其次，应该认识到市场经济地位问题既是一个经济问题，也是一个政治和外交问题。无论是从WTO的相关规定与操作实践，还是欧盟和美国等主要经济体对市场经济地位的认定原则来看，都有相当的弹性空间。欧洲议会在 2016 年 5 月 12 日做出的决议尚未产生法律效力。按照欧盟规定流程，欧委会拿出具体提案后交付欧盟理事会审议通过。如果要承认中国的市场经济地位，提案最后将交付欧洲议会和各国议会完成相关法律条文的修改，在 2016 年年底之前走完所有程序。① 期间仍有博弈和回旋空间。

再次，需要特别指出的是，获得 WTO 其他成员对于中国市场经济地位的认可，当然是避免 WTO 规则歧视性对待的有效途径之一，但也并非一劳永逸的举措。许多成员方即使原则上承认某国市场经济地位，实践中也可能对其采用歧视的手段。以 2013 年"俄罗斯诉欧盟反倾销措施案"② 为例，尽管俄罗斯的市场经济地位已经得到认可，但是欧盟在该案中采取"成本调整"（cost adjustment）的方法，拒绝采用俄罗斯生产商和出口商提供的、根据一般公认会计原则记录的成本信息。欧盟的"特殊市场情况"政策要求调查主体在特定情况下拒绝将相似产品的价格作为构建正常价值的要素，这些情况包括当主管机关认为价格"被人为降低""价格不符合国际市场或其他有代表性的市场的状况"或其他扭曲市场的状况。所以，立足于长远发展的务实之举，还是应当重视自身市场经济条件的建设，尊重市场经济规律，改革国内价格制度和贸易制度，既使得各种歧视性规则无用武之地，也为中国未来经济发展、立足国际社会创造更加坚实的基础和良好环境。

---

① 新华社："欧委会将在今年下半年决定是否承认中国的市场经济地位"，载 http：//news. xinhuanet. com/2016－01/14/c_ 128625723. htm，访问时间：2016 年 5 月 24 日。

② European Union — Cost Adjustment Methodologies and Certain Anti - Dumping Measures on Imports from Russia（DS474），at https：//www. wto. org/english/tratop_ e/dispu_ e/cases_ e/ds474 _ e. htm, visit on May 23rd, 2016.

论 2016 年后反倾销领域
中国非市场经济地位问题

左海聪　林思思[*]

摘　要： 随着 2016 年 12 月 11 日的临近，各方关于期限届满后中国非市场经济地位的争议愈演愈烈。通过对《中国入世议定书》第 15 条进行分析，本文认为期限届满后，WTO 成员已无法从《中国入世议定书》获得使用替代方法的合法性依据。中国非市场经济地位与替代方法是两个区别而有联系的问题，所谓"中国非市场经济地位的最后期限"的核心并不是非市场经济地位而是替代方法的终止。替代方法的终止，意味着反倾销领域中，中国应享有同其他缔约国一致的 WTO 待遇。

关键词：《中国入世议定书》第 15 条；非市场经济地位；替代方法

在反倾销调查确定正常价值过程中，非市场经济地位问题具有重要的理

---

　*　左海聪，南开大学法学院教授，博士研究生导师，法学博士，民建会员。主要从事国际经济法、国际商法研究，近期发表的文章有："论《国际商事合同通则》解释补充《联合国国际货物销售合同公约》之功能——以损害赔偿制度为例"，载《比较法研究》2016 年 01 期；"世界贸易组织的现状与未来"，载《国际法研究》2015 年 05 期；"在涉外司法中保持开放合作的理念"，载《中国审判》2015 年 15 期；"论日本外汇法改革对人民币国际化的启示"，载《苏州大学学报（哲学社会科学版）》2015 年 04 期；"多边开发银行决策机制探析——兼论对亚洲基础设施投资银行的启示"，载《中国高校社会科学》2015 年 04 期等。林思思，南开大学法学院硕士研究生。

论和实践意义。中国曾长期被一些 WTO 成员视为非市场经济国家，一旦中国生产者不能证明，生产该同类产品的产业具备市场经济状况，则 WTO 成员可使用不依据与中国国内价格或成本进行严格比较的方法（以下简称替代方法）确定价格可比性。在实践中，进口国调查机关多采用所谓具备市场经济条件的第三国的各生产要素价格确定中国产品的正常价值。然而，新加坡、印度等第三国的生产规模、生产方式、劳动力成本和中国有巨大差异，这导致所计算的中国生产商的正常价值虚高，造成倾销幅度无限扭曲。[①]《中国入世议定书》第 15 条（d）项规定，无论如何，第 15 条（a）项（ii）目将会在中国入世 15 年后终止，（a）项（ii）目是《中国入世议定书》中规定的特定条件下可适用替代方法的唯一条款。国内外学者就替代方法在 2016 年 12 月 11 日之后是否能够继续适用，中国是否可据该 "毕业条款" 自动获得市场经济地位等问题上产生了巨大争议。

一、WTO 反倾销体制中非市场经济地位规则

（一）WTO 非市场经济地位的一般规则

众所周知，倾销幅度由出口价格和正常价值的差额确定。根据 GATT 1994 第 6 条第 1 款第 1 项，调查机关可根据三种方式确定正常价值：第一，原则上根据正常贸易过程中出口国国内供消费同类产品的可比价格；第二，若无此种价格，如不在国内销售，则可以依据出口至第三国的可比价格；第三，采用商品在原产国的生产成本加上合理的销售成本和利润确定，即结构价格。以上三种方式为 WTO 成员确定正常价值的一般方式。然而，第 6 条第 1 款第 2 项规定，但应适当考虑每种情况下销售条款和条件的差异、征税

---

① Watson K W., Will Nonmarket Economy Methodology Go Quietly into the Night? U. S. Antidumping Policy Toward China after 2016, Policy Analysis, CATO Institute, October 28, 2014, p. 3.

的差异以及影响价格可比性的其他差异。GATT 1947 在制定时并未明确何谓"影响价格可比性的其他差异"。

直到 1954～1955GATT 年度审查期间，捷克斯洛伐克代表建议修订 GATT 第 6 条第 1 款（b）项，以解决"贸易垄断国家出口产品价格可比性的问题"，该建议并未被采纳，但各方同意 GATT 第 6 条增加一项解释性注解。① 也即 GATT 1994 附件 I 关于第 6 条第 1 款的注释二规定，各方认识到，在进口产品来自贸易被完全或实质上完全垄断的国家，且所有国内价格均由国家确定的情况下，在确定第 1 款中的价格可比性时可能存在特殊困难，在此种情况下，进口缔约方可能认为有必要考虑与此类国家的国内价格进行严格比较不一定适当的可能性。《反倾销协定》2.7 条又重申了如上规定，即本条不损害 GATT 1994 附件 I 中对第 6 条第 1 款的第 2 项补充规定。自此，附件 I 第 6 条的注释及《反倾销协定》第 2.7 条构成 WTO 处理非市场经济问题的基本法律规则。

第 6 条的注释是对 WTO 一般规则的偏离，它有严格的适用条件，只有"贸易被完全或实质上完全垄断的国家"且"所有国内价格均由国家确定"的情况下才有可能不采用国内价格确定正常价值（may not always be appropriate）。该注释并未明确不依据国内价格的情况下应当依据何种方法确定正常价值，这被各国理解为授权性条款，留给各国的国内法律和政策去处理。该注释措辞上并未对非市场经济国家或非市场经济地位定义，而是以描述性语言指代"中央控制经济国家"或"国营贸易国家"。② 实践中，各国依据该条款逐渐发展出针对非市场经济地位国家的"替代国价格"等确定正常价值的规则。

1966 年《波兰入关议定书》首次提及以替代国价格的方式确定正常价

---

① 陈力：《国际贸易救济法律制度中的非市场经济规则研究：以美国欧盟为视角》，上海人民出版社 2007 年版，第 82 页。

② 陈力：《国际贸易救济法律制度中的非市场经济规则研究：以美国欧盟为视角》，上海人民出版社 2007 年版，第 82 页。

值，该议定书重申 GATT 1947 附件 I 中对第 6 条第 1 款的第 2 项的注释应当被适用，并规定缔约国对于自波兰出口的产品可以采用同类产品的国内价格或同类产品在第三国的结构价格确定正常价值，只要在任何特定案件中，确定正常价值的方法是适当的或合理的。① 随后，罗马尼亚、匈牙利等国入关议定书在正常价值确定问题上效仿了《波兰入关议定书》的规定。

WTO 关于非市场经济地位反倾销一般规则是历史的产物。它基于这样一种理论假设：非市场经济国家的产品价格不取决于成本及供求关系变化，而取决于政府的指令。非市场经济国家的产品不存在一个根据市场供求状况确定的"正常"价值，故依据受调查的非市场经济国家产品的国内价格与出口价格比较来确定倾销存在是不可能的。② 非市场经济规则在特定历史阶段存在合理性，在"冷战"时期，社会主义阵营实行计划经济，基本符合第 6 条注释的"贸易被完全或实质上完全垄断的国家"且"所有国内价格均由国家确定"的标准。然而，随着苏联解体，各国开始市场经济改革，现有 WTO 成员基本不存在符合第 6 条第 1 款第 2 项注释所规定的高标准的非市场经济国家。有必要注意，进口国所享有的对非市场经济国家正常价值决定的广泛自由裁量权，是对 GATT 1994 第 6 条第 1 款和《反倾销协定》第 2.1 条——根据进口国消费同类产品的价格确定被调查产品的正常价值的偏离。若调查当局欲援引第 6 条第 1 款注释二适用替代方法，须承担证明被调查国家经济状况满足"贸易被完全或实质上完全垄断的国家"且"所有国内价格均由国家确定"的举证责任。③ 各方如果欲在该一般条款之外偏离 WTO 义务，须在议定书中对该问题有特别规定。

---

① GATT document L/2806, circulated on 23 Jun. 1967, para. 13.

② 孙立文：《WTO 反倾销协议改革——政策和法律分析》，武汉大学出版社 2006 年版，第 244 页。

③ DS397 Appellate Body Report, EC – Fasteners（China），footnote 460.

(二)《中国入世议定书》第15条的特别规定及影响

或许基于附件Ⅰ注释适用条件的严苛性,在入世谈判期间,各国在《中国入世议定书》中加入关于偏离 WTO 一般待遇,并以替代方法计算中国出口产品正常价值的条款。根据《中国入世议定书》第1.2条,议定书应当成为 WTO 协定的组成部分,《中国入世议定书》第15条也因此被纳入 WTO "一揽子"协定之中。第15条由一则序言及4个分项构成,(a)(d)项涉及反倾销程序,(b)项与反补贴程序相关,(c)项规定了各国依照(a)(b)项使用方法的通知义务。其中,随着2016年12月11日的临近,(a)(d)项为各方所关注并引发了巨大的争议。

第一,(a)项序言规定,进口国可以依据受调查产业的中国国内价格或成本,或使用不与中国国内价格或成本进行严格比较的方法计算价格可比性,但成员应当基于(base on)(a)项(i)(ii)目的具体规定适用如上两种方法。虽然,各国在实践均采用第三国价格,但该条款从未明确"不与中国国内价格或成本进行严格比较的方法计算价格"的替代方法是什么,如果关注"严格"一词,则替代方法指的是以弹性比较的方式确定和调整来自中国的价格和成本确定的正常价值。[①] 上诉机构在钢铁紧固件案中对替代方法的表述是"如果中国生产者不能清楚证明所在产业的市场经济条件,则进口国可采取不与中国国内价格或成本进行严格比较的方法作为判断价格可比性的替代方法,如第三国价值或结构价值"。[②] 上诉机构的表述说明替代方法并非特指第三国价格,来自中国的结构价格也应当被替代方法的语义所涵盖。

第二,如果举证责任主体——受调查的生产者能够明确证明,生产该同类产品的产业在制造、生产和销售该产品方面具备市场经济条件,进口国应

---

① Michelle Q. Zang, EC – Fasteners: Opening the Pandora's Box of Non – Market Economy Treatment, Journal of International Economic Law, 1 December 2011, pp. 6 – 7.

② DS397 Appellate Body Report, EC – Fasteners (China), para. 286.

当（shall）使用受调查产业的价格或成本［（a）项（i）目］。相反，如果中国生产者不能明确证明，生产该同类产品的产业在制造、生产和销售该产品方面具备市场经济条件，进口国可（may）使用不依据与中国国内价格或成本进行严格比较的方法［（a）项（ii）目］。但是，该条款中未明确规定具备市场经济条件应当满足何种标准，（c）项通知的内容似乎仅包括替代方法，未明确是否包括具备市场经济条件的标准或称适用替代方法的标准。这在理论中产生争议，有学者认为，（a）项没有规定 WTO 成员可以依照其国内法的市场经济标准审查中国企业，而（d）项规定在证明整个中国或特定产业、部门时，应当使用进口国国内标准，从两个条款的区别可以看出成员方的市场经济标准不可能也不应当适用于中国企业履行举证责任的情况。[①]因 WTO 在具体市场经济条件的标准未明确规定，正如附件 I 中对第 6 条第 1 款的第 2 项注释，各国普遍将（a）项有关替代方法使用的规定理解为授权性条款，各国的贸易实践均依据国内标准判断中国企业的证明责任。

第三，（d）项第 2 句规定，无论如何，（a）项（ii）目的规定应在加入之日后 15 年终止，（a）项（ii）目是《中国入世议定书》中唯一允许可以适用替代方法的条款，这被我国学者普遍理解为该句规定了替代方法适用的最长期限，故中国出口企业在国际反倾销中的非市场经济地位应在中国入世 15 年后自动终止。[②]（d）项第 1 句和第 3 句规定了中国（政府）作为举证责任主体，如果能够依据进口国国内法证明中国或中国的特定产业或部门具备市场经济条件，则（a）项停止适用。前提是截至加入之日，该 WTO 进口成员的国内法中须包含有关市场经济的标准。（d）项规定的特别方法的限制应当注意两个问题：其一，（d）项第 1 句和第 3 句规定的是（a）项的终止，而第 1 句规定的是（a）项（ii）目的终止，这被国外学者引以为谈判者的故意规定，故 2016 年 12 月 11 日之后，（a）项序言与（i）目仍能够适用，进口

---

① 朱兆敏："论世界贸易组织与中国的市场经济地位"，载《法学》2015 年第 9 期。
② 陈泰锋：《中美贸易摩擦》，社会科学文献出版社 2005 年版，第 197 页。

国仍可以依据替代方法计算中国的正常价值。① 其二,关于中国出口商举证责任的 (a) 项 (ii) 目终止,是否意味着中国政府对中国整个经济体或特定产业或部门符合市场经济条件的举证责任的终止? 是否可将第 1 句和第 3 句理解为依条件提前终止举证责任? 这些问题将在下文进行讨论。

(a) 项 (ii) 目要求中国生产者证明所属产业具备市场经济条件,这是一种有罪推定,使得中国企业处于必须自证无罪的不利地位。② 非市场经济的调查规则增加了中国企业的负担,影响中国企业的应诉的积极性,导致扭曲的调查结果。③ 各国市场经济标准具有模糊性,不具有量化可能性,WTO在此方面规定的缺乏为进口国政府带来无限制的自由裁量权,给中国政府或中国企业证明具备市场经济状况造成极大困难。若无法完成 15 条 (a) 项 (ii) 目的举证责任,进口国将采用替代国结构价格计算中国出口产品的正常价值,而替代国方法具有模糊性、不可预见性,屡屡带来不合理的反倾销税,加重中国企业的反倾销义务。④ 各国对中国的区别对待虽是以公平竞争之名,行贸易保护之实,但根本原因仍是《中国入世议定书》第 15 条的规定证明了各国减损 WTO 一般规则的行为的合法性。

自 2002 年以来,中国积极在 FTA 谈判中与各国协商,或与相关国家签订谅解备忘录,使其承认中国的市场经济地位。目前,对中国非市场经济地位的承认分为两种情况,政治上宣示或实际修改国内法律,只有后者才产生

---

① Bernard O'Connor, Market – economy status for China is not automatic, 27 November 2011, available at http：//voxeu. org/article/china – market – economy, last visited May 10, 2016.

② 肖伟:《国际反倾销法律与实务》,知识产权出版社 2006 年版,第 103 页。

③ 孙立文:《WTO 反倾销协议改革——政策和法律分析》,武汉大学出版社 2006 年版。

④ Joris Cornelis, China's Quest for Market Economic Status and Its Impact on the Use of Trade Remedies by the European Communities and the United States, Global Trade & Customs Journal, 2007 (02), p. 105.

阻碍替代方法使用的法律效力。① 美国、欧盟、日本等主要贸易成员仍坚持中国为非市场经济。随着日期的临近，期限届满后替代方法使用及中国非市场经济地位的争议开始甚嚣尘上，此时，合理解释《中国入世议定书》第 15 条（a）项替代方法使用和（d）项对替代方法限制显得尤为关键。

二、解释《中国入世议定书》第 15 条：关于 2016 年后替代方法使用

（一）争议焦点

WTO 法律体系从未直接规定非市场经济地位问题，所有涉及经济体制性质的条款都是为解决在反倾销调查中，可否适用替代国价格等替代方法计算来自非市场经济国家产品的正常价值。故而，判断中国 2016 年 12 月 11 日后非市场经济地位变化之前，须解决该期限届满后替代方法是否仍可使用的问题。

判断替代方法在期限届满后能否使用的争议焦点在于：第一，（a）项（ii）目终止后，（a）项序言及（a）项（i）目的法律效力，更进一步地说，从后者能否推出替代方法仍能够继续使用的结论；第二，如果主张替代方法期限届满后无法使用，谈判者在（d）项第 2 句仅规定（a）项（ii）目失效，却在第 1 句与第 3 句规定（a）项整体失效的目的为何？

《关于争端解决规则和程序的谅解》（DSU）第 3.2 条规定，应依据国际公法的解释惯例澄清协定的规定。而上诉机构早已确立有效、可操作的解释规则，即以《维也纳条约法公约》第 31、32 条的解释原则作为 DSU 第 3.2

---

① 巴西、阿根廷等国家政治上在谅解备忘录中承认中国的非市场经济地位，但对中国的反倾销调查仍适用替代国价格，WTO 专家组、上诉机构裁决其一些案件中胜诉。See Francisco Urdinez, Gilmar Masiero, et al, China and the WTO: Will the Market Economy Status Make Any Difference after 2016, The Chinese Economy, 2015, p. 170.

条的解释惯例。根据《维也纳条约法公约》第 31 条,条约解释应当依据约文的通常含义、上下文以及条约的目的和宗旨,若依据第 31 条解释仍存在模糊,则可以依据条约准备工作和缔约的情况进行辅助解释。此外,上诉机构认为有效解释应当是《维也纳条约法公约》的一般解释原则,即解释应当给予条约的所有条款应有的含义及法律效力,条约的解释不能够导致条约的某些条款或段落多余或无效。① 下文将综合运用如上方法对《中国入世议定书》第 15 条(a)项、(d)项进行解释,以判断替代方法在(d)项规定的期限届满能否使用。

(二)(a)项(ii)目终止后(a)项序言及(a)项(i)目的法律效力

1. 期限届满后,替代方法无法依据《中国入世议定书》(a)项序言及(a)项(i)目被使用

2011 年,O'Connor 在其博客上发表的文章引发关于中国非市场经济地位的巨大争议。该作者的基本观点是:计算正常价值的替代方法在 2016 年 12 月 11 日后仍可以使用,并否认中国期满后自动获得市场经济地位,认为中国只有满足进口国国内法的标准才有可能获得市场经济地位。他认为(d)项第 2 句仅规定了 15 条特定条款(a)项(ii)目停止适用,第 15 条的其他部分(a)项(i)目与序言关于替代方法的规定仍可适用,将(a)项(ii)目的届满理解为给予中国非市场经济地位为无中生有,忽视其他条款也不符合有效解释的条约解释规则。② 该作者认为,在(a)项(ii)目期限届满的情况下,如果中国的生产者不能证明相关产业具备市场经济状况,应当依据(a)项序言适用替代方法。因为序言规定是"应当使用(shall use)"中国价格或成本,或者不依据与中国国内价格或成本进行严格比较的方法,这规定

① AB Report, United States-Standards in Reformulated and Conventional Gasoline, WT/DS2/AB/R, adopted 20 May 1966, at page 23.

② Bernard O'Connor, Market – economy status for China is not automatic, 27 November 2011, available at http: //voxeu. org/article/china – market – economy, last visited May 10, 2016.

了一种强制的义务，并不因（a）项（ii）目期满而终止。他表示，虽然该序言有提及基于（i）（ii）目适用，但基于不同于严格适用，它允许其他不同于（i）（ii）目的方法适用。①

第一，从文义解释角度观察第 15 条（a）项序言，使用国内价格或成本，或者使用替代方法都应当基于（i）（ii）目的规定。O'Connor 所认为的"基于不同于严格适用，它允许其他不同于（i）（ii）目的替代方法适用"的观点显然十分牵强。基于指以某种条件为基础，而基础（basis）意指基本原则（the basic principle）②，（a）项序言以（i）（ii）目的条件为基本原则而不能背离。在不能背离的情况下，序言与（a）项（ii）目关于替代方法的表述一模一样，都是"不依据与中国国内价格或成本进行严格比较的方法"，找到（a）项序言的方法之内，（a）项（ii）目的方法之外的方法几乎不可能。另外，O'Connor 认为序言规定是应当使用（shall use）③，故而在期限届满后，替代方法因序言仍能够使用。显然，他对于"应当使用"的解释过于狭隘。该表达可能具有三种含义：（1）正如 O'Connor 认为的，此种表达说明了必须使用替代方法的强制性义务；（2）"应当使用"起强调的作用，要求仅能使用该条款所列的方法，不能使用其他方法；（3）"应当使用"仅修饰"基于"，强调应当基于（i）（ii）目规定的条件使用（a）项所列的计算正常价值的方法。如果按 O'Connor 的观点，仅凭（a）项序言便可以适用替代方法，则（a）项（ii）目的规定与（d）项第 2 句的规定则变得没有意义，其有或无对替代方法的使用将不产生影响，这显然不符合有效解释的原则。因此，在（a）项（ii）目失效的情况下，（a）项序言不能成为使用替代方

---

① Bernard O'Connor, The Myth of China and Market Economy Status in 2016, NCTM, 2015.

② Merriam – Webster's Collegiate Dictionary, 11th Edition.

③ （a）项序言：In determining price comparability under Article VI of the GATT 1994 and the Anti – Dumping Agreement, the importing WTO Member shall use either Chinese prices or costs for the industry under investigation or a methodology that is not based on a strict comparison with domestic prices or costs in China based on the following rules.

法的合法依据。

第二，从上下文的角度解释（a）项序言，正如上诉机构在中欧钢铁紧固件案中所述，《中国入世议定书》第 15 条（a）项与 GATT 1994 第 6.1 条注释二相同，都是对应当使用国内价格或成本决定正常价值的一般义务的减损。[①] 此种减损是依条件的减损，须满足（a）项（ii）目，即中国生产者无法明确证明具备市场经济条件。只有条件成就，才能为进口国使用替代方法提供法律基础。[②] 正如附条件法律行为，其效力是否发生或是否消灭取决于条件之成就或不成就。[③]《中国入世议定书》15 条（a）项是一个依条件而减损的条款，成就该种减损的条件是（a）项（ii）目，（a）项（ii）目期限届满将导致该条件永远无法成就，故而无法启动 15 条（a）项序言所规定的替代方法。

第三，从条约的目的和宗旨观察，《马拉喀什建立世界贸易组织协定》早已确立"消除国际贸易关系中的歧视待遇"的目标。最惠国待遇要求给予任何第三国的待遇应当无条件的给予中国。WTO 诸多成员的国内产品价格都存在一定程度的政府干预，如欧洲的农产品价格，但除了中国之外的各方仍可以依据国内价格或成本确定正常价值。理论上，中国入世后本应享有最惠国待遇，即同其他 WTO 成员一样可以依据国内的价格或成本确定正常价值。然而，美国等 WTO 成员在与中国进行入世谈判时，要求在反倾销调查中对中国出口商品使用替代方法。作为取舍，在《中国入世议定书》中，中国承诺各方可以在有限的时间内有条件地减损中国的最惠国待遇。无论如何，在期限届满后中国被减损的权利应当恢复原状。2016 年 12 月 11 日后，未援引有效的 WTO 规则而使用替代方法是对 WTO 非歧视原则的违反。

2. 期限届满后，替代方法可被使用但举证责任在进口国的观点欠妥

---

① DS397 Appellate Body Report, EC-Fasteners（China），para. 287.

② Rao Weijia, China's Market Economy Status under WTO Antidumping Law after 2016, Tsinghua China Law Review, Vol. 5, p. 160, 2013.

③ 梁慧星：《民法总论（第4版）》，法律出版社 2011 年版，第 186 页。

另一种具有代表性的否认替代方法停止适用的观点是举证责任倒置论。Jorge Miranda 在 Global Trade and Customs Journal 中详细阐释了此种观点。作者认为（a）项关于替代方法的适用是基于可依事实辩驳的逻辑假设，即假定中国尚未具备市场经济条件。所谓事实指的是中国在个案中的市场经济状况，替代方法最终是否能被适用取决于中国生产者是否能证明所属产业具备市场经济条件。然而，从文义上，作者不认为仅凭（d）项第 2 句规定的（a）项（ii）目的终止，得出 WTO 成员应当放弃（a）项的替代方法并同意中国在 2016 年年底获得市场经济待遇的结论。因为，从文义及上下文考察第 15 条（d）项第 2 句，该句仅规定（a）项（ii）目终止，而（d）项的第 1 句和第 3 句规定的却是（a）项的终止。如果谈判者意图禁止在 2016 年后使用替代方法，那么（d）项第 2 句会提及（a）项而非（a）项（ii）目。（a）项（ii）目的终止仅表明特别产业或部门仍未转变市场经济的假设不复存在，故 15 年之后，不会有生产商不能满足举证责任的情况发生。在没有如上假设干扰的情况下，欲使用替代方法应当由进口国证明中国的相关产业或部门仍处于非市场经济状况。① 该作者意指，只有中国政府完成依据进口国国内法，证明中国整个经济体或者特定产业或部门具备市场经济条件的举证责任，对中国生产者的替代方法才能够停止使用。

Jorge Miranda 提出的所谓"举证责任倒置"论的目的是证明（a）项（ii）目失效后，（a）项序言可引发替代方法的使用，不会导致（a）项（ii）目的规定无意义，但此种观点十分欠妥。具体而言，她认为，目前中国出口企业仍须举证证明其符合市场经济条件，如果不能证明则承担不利结果，调查国可采用特殊的方法计算正常价值。2016 年后，中国出口企业的举证责任转嫁由进口国申请者承担，即改为由申请调查方的企业来举证。② 首先，

---

① Miranda J. , Interpreting Paragraph 15 of China's Protocol of Accession, Global Trade & Customs Journal, 2014, 9（3）, p. 97.

② 彭德雷："2016 年后的'非市场经济地位'——争论、探究与预判"，载《国际贸易问题》2015 年第 6 期。

Jorge Miranda 提出的观点不能称为"举证责任倒置",如今的第 15 条（a）项将举证责任交由中国生产者负担才是真正的倒置,是对 WTO 一般举证责任规则的减损。举证责任倒置是相对于举证责任"正置"而言,"正置"指原则上主张权利存在的当事人应对权利发生的法律要件负举证责任,例外或倒置是指由对方当事人对权利发生的法律要件未满足负举证责任。[①] 简单地说,一方须证明对自己不利的事情不存在即为"倒置"。显然,15 条（a）项是由中国生产者证明对自己不利的事情——不具备市场经济条件的情况不存在,这才是真正的倒置。

其次,（a）项（ii）目是《中国入世议定书》中,唯一会导致替代方法使用的规定。期限届满,意味着 WTO 成员无法从《中国入世议定书》中找到证明替代方法使用的合法性的依据。[②]（a）项（ii）目失效,相当于该规定不存在,中国在正常价值计算方面将获得同其他 WTO 成员一致的待遇。Jorge Miranda 观点的不妥之处在于,她忽视了即便是由进口国来承担证明中国产业不具备市场经济条件的举证责任,这也是对 WTO 一般待遇的偏离。如果未在议定书做特别规定的 WTO 成员根本不会被允许适用替代方法,中国实际上在（a）项（ii）目做了两处妥协,允许替代方法使用,而且允许举证责任倒置——中国生产商承担举证责任。如今该条款失效,意味着此两种减损归于消灭。Jorge Miranda 认为只有后一种减损消灭,这是在没有任何事先约定的情况下又将一项义务由中国负担,此种解释显然不合理。WTO 协议的解释只可以是漏洞填补（gap filling）,不可减少缔约方的权益。

此外,亦有学者基于事实否认计算中国出口产品正常价值的替代方法应当停止使用,他们认为中国并非市场经济,中国政府在市场资源配置中仍起

---

① 薛永慧:"民事诉讼举证责任倒置刍议",载《政法论坛:中国政法大学学报》2004 年第 3 期。

② Christian Tietje, Karsten Nowrot, Myth or Reality? China's Market Economy Status under WTO Anti – Dumping Law after 2016, Transnational Economic Law, December 2011, p. 9.

着主导作用，包括土地、能源、信贷等影响价格的因素并非由市场决定。[①]有的欧洲学者认为，非市场经济状况在中国经济占主导，中国价格相对于国际价格不具有价格可比性。[②] 他们认定，中国未完成《中国入世议定书》第9条允诺的所有价格应由市场力量决定的义务，如果在期限届满后终止替代方法，将与第15条让市场决定价格的目的不相符。[③] 事实上，《中国入世议定书》第9条规定的义务与第15条（d）项第2句的替代方法使用期限届满不存在任何联系，从条约的通常含义观察，（d）项第2句不存在除了时间之外影响替代方法的终止的其他因素。

（三）15 条（d）项第 2 句与第 1 句、第 3 句区别规定的法律效力

目前，对中国最不利的条款，也是否定 15 条规定的替代方法在 2016 年 12 月 11 日后失效的最大依据是：同是终止条款，15 条（d）款第 2 句的规定是（a）项（ii）目终止，第 1 句及第 3 句规定的却是（a）项终止，文字表示上的差异被有的国外学者理解为谈判者的有意规定，并据此推测（a）项的终止会导致替代方法的失效，但（a）项（ii）目的终止产生不会产生此结果，否则谈判者对该相邻句子的区分便毫无意义。此种理解看似文义解释，实则以假设的立法目的解释挑战文义解释。谈判者如此规定有多种可能的合理目的可供判断，解释者应当从中找寻对其他 WTO 规则不相抵触或更少不一致的解释。

从文义来看，15 条（d）项第 2 句规定了（a）项（ii）目在中国入世 15

① Alan H. Price, Timothy C. Brightbill, et all, China Can Still Be Treated As A Nonmarket Economy after 2016, available at www. law360. com/articles/714819/china – can – still – be – treated – as – a – nonmarket – economy – after – 2016, last visited May 10, 2016.

② Barbara Barone, In depth analysis One year to go: The debate over China's market economy status (MES) heats up, European Parliament, Policy Department, Directorate – General for External Policies, December 2015.

③ Committee on International Trade (INTA) European Parliament, Workshop: Market Economy Status for China after 2016, 28 January 2016, p. 9.

年后终止,(a)项(ii)目是唯一规定了替代方法启动条件的条款,如前所述从(a)项序言中无法推出在(a)项(ii)目终止后,替代方法仍可适用的结论(无论是举证责任正置还是倒置),这就是目前确定的WTO规则。在该文义之下,谈判者对第2句与第1、3句区别规定的原因可以有多重合理的解释:(1)如O'Connor等学者所认为的,欲据此抵消(a)项(ii)目的终止导致的替代方法的失效,但这显然同(d)项第2句的文义有较大抵触。(2)(a)项的终止与(a)项(ii)目的终止都会导致替代方法停止使用的结果,谈判者之所以有不同规定,或许,如有的学者所认为的是为给予中国生产者更有利的地位,(a)项(ii)目的终止会保留(a)项(i)目,如果进口国在期限届满后仍使用替代方法,中国政府诉诸WTO争端解决机制的争议解决的时间较长,如果此时出口商有足够的证据证明具备市场经济状况,可直接向进口国的调查机关证明。① (3)区别规定是因为第1句和第3句规定的是中国政府的举证责任,如果中国政府已完成了依据进口国法律证明中国整体或中国特定产业或部门具备市场经济条件的举证责任,留下(a)项(i)目显得十分多余,因为中国代表中国的生产者完成了举证责任,中国生产者无须再重复证明满足市场经济条件,故第1句和第3句规定的是(a)项终止,而不是(a)项(ii)目的终止。显然,后两种解释更为合理,同第15条其他规定的抵触也相对较小,应被采纳。

此外,在关于中国入世的中美双边协议中,双方表示,在未来的反倾销案件中,中美同意维持现有的反倾销方法(将中国视为非市场经济对待),该条款将在中国入世15年内有效。② 上诉机构表示,"《中国入世议定书》第15条(d)项规定了15条(a)项会在中国入世15年后终止(2016年12月11日),它也规定了在该期限之前,只要依据进口国法律,中国整个经济体

---

① Rao Weijia, China's Market Economy Status under WTO Antidumping Law after 2016, Tsinghua China Law Review, Vol. 5, p. 160, 2013.

② Summary of U. S. – China Bilateral WTO Agreement, available at http: //clinton3. nara. gov/ WH/New/WTO – Conf – 1999/factsheets/fs – 006. html. (last visited May 10, 2016).

或者特定产业或部门具备市场经济条件，（a）项应当提前终止"。因此，"第15条（d）项规定了替代方法在 2016 年后终止，并列明了在 2016 年之前可能导致提前终止的各种情况"。[①] 上诉机构的裁决传达了两个重要的观点：其一，第 15 条（a）项而不是（a）项（ii）目在 15 年后终止；其二，第 1 句和第 3 句仅可在期限届满前适用。

事实上，（d）项第 1 句和第 3 句规定的中国政府的举证责任是一个依条件提前终止条款，第 2 句所规定的 2016 年 12 月 11 日是最长期限，只要期限经过，即使中国生产者或中国政府不能证明具备市场经济条件，都不得对中国出口商使用替代方法。当然，这个问题可以争议，有学者表示，"无论如何（in any event）"，关于非市场经济地位的规定或待遇应在中国加入之日后 15 年终止。但从法理逻辑关系看，关于过渡期届满后 WTO 进口成员就应承认中国市场经济地位的这一规定，应置于（d）项各句之后而非中间位置，这种安排似乎含有某种"悬念"。[②] O'Connor 认为，中国自动获得市场经济地位的神话产生于（d）项，而该项第 1 句和第 3 句规定中国或中国特定产业或部门获得市场经济地位必须依据进口国的法律，以中国为主体的举证责任与期限无关。[③] 但笔者认为，期限届满后，（a）项认为的中国受调查产业未完成市场经济转变的假设已不复存在，中国受调查产业同其他 WTO 成员的受调查产业一样被推定具有市场经济地位。而整个中国经济由所有可能的受调查产业构成，此时认为中国未满足第 1 句和第 3 句，不具备市场经济条件显然是不合理的。

《中国入世议定书》第 15 条（d）项的确没有回答（a）项（ii）目终止后，（a）项（i）目仍然有效的法律后果应当如何。然而，剩余条款（a）项

---

① DS397 Appellate Body Report, EC – Fasteners（China）, para. 289.

② 李雪平："对中国在 WTO 体制内能否如期取得完全市场经济地位的几点思考"，载《上海对外经贸大学学报》2014 年第 2 期。

③ Bernard O'Connor, Market – economy status for China is not automatic, 27 November 2011, available at http：//voxeu. org/article/china – market – economy, last visited May 10, 2016.

（i）目原本的作用是限制（a）项（ii）目下的特别方法的使用，无论如何，后者的终止不能使得前者由权利限制转变为授予权利。① 在 2016 年（a）项（ii）目终止后，如果中国生产者不能证明其市场经济地位，WTO 成员欲使用替代方法必须援引其他 WTO 条款。② 而除《中国入世议定书》第 15 条之外，可能涉及替代方法使用的条款为 GATT 1994 第 6 条第 1 款注释二。在 2016 年 12 月 11 日之后，如果进口国认为中国受调查产业不具备市场经济条件，他们应当像对待其他 WTO 成员一样，完成 GATT 1994 第 6 条第 1 款注释二的举证责任——证明中国是"贸易被完全或实质上完全垄断的国家"且"所有国内价格均由国家确定"，这一标准极高，实践中几乎不可能完成。对于中国而言，替代方法在期限届满后仅在理论上存在使用余地。

三、替代方法与中国非市场经济地位的关系

（一）中国非市场经济地位变化

中国是否具有非市场经济地位与替代方法是否能够使用是两个具有联系却不相同的问题。WTO 的诸多正式文件并无"市场经济"与"非市场经济"的正式定义，这一概念是美国单方面炮制并使用，是其国内法措辞，本不应在国际贸易法规概念中被广泛使用。③ 这一国内法概念因《中国入世议定书》第 15 条（a）项与（d）项的规定在有限的时间内（2016 年 12 月 11 日之前），短暂成为评判能否使用替代方法的依据。自始至终，第 15 条（a）项、（d）项规定的都是替代方法的使用问题。当 WTO 成员使用替代方法的权利

---

① Watson K W. , It's Time to Dump Nonmarket Economy Treatment. Free Trade Bulletin, March 9, 2016.

② Yangning Yu, Rethinking China's market economy status in trade remedy disputes after 2016: concerns and challenges, Asian Journal of WTO & International Health Law & Policy, Vol. 8, 2013, p. 82.

③ 苗迎春：《中美经贸摩擦研究》，武汉大学出版社 2009 年版，第 110 页。

因（d）项的规定而期满的瞬间，中国依据进口国国内法是否具有市场经济地位的问题将变得无关痛痒。也就是说，只有在 2016 年 12 月 11 日之前认可中国的市场经济地位才具有现实作用，在该期限之后，无论中国在某一个WTO 成员的国内法中如何被分类，中国出口商的正常价值都应当依据中国国内的价格或成本确定。① 在反倾销领域，中国仅承诺 15 年内允许缔约国依据其国内法判断中国是否具有市场经济地位，并依此决定是否对中国出口产品采用第三国价格等计算正常价值的替代方法。15 年之后，缔约国将不再具有使用替代方法的权利，中国在（反倾销领域）正常价值的计算方面将被推定具有市场经济地位，除非缔约国完成 GATT 1994 第 6 条第 1 款注释二的举证责任。更直接地说，是否被缔约国法律认为是非市场经济与事实上是否是非市场经济是两回事，关键在于被缔约国认定为非市场经济的法律后果。只要在该期限届满后，WTO 反倾销规则没有其他的（类似于《中国入世议定书》第 15 条）因认定中国为非市场经济而导致对中国差别待遇的条款，缔约国法律对中国非市场经济地位便不能导致替代方法的使用。至少在 WTO 反倾销法中，中国已实际获得同其他 WTO 成员一样的待遇，如果将享有此种待遇视为具有市场经济地位的表现，中国将在 2016 年 12 月 11 日之后，在 WTO反倾销领域具有市场经济地位。

有学者质疑，不再使用替代国价格等严格比较的方法，是否意味着承认我国完全的市场经济地位？即使反倾销领域承认我国的市场经济地位，在反补贴领域是否也是如此呢？② 亦有学者认为，中国的市场经济地位并不是由WTO 法决定，而是由 WTO 成员的国内法决定。③ 第一个问题的误区在于，

---

① Committee on International Trade（INTA）European Parliament，Workshop：Market Economy Status for China after 2016, 28 January 2016, pp. 31 – 32.

② 刘学文、朱京安："国际贸易救济中我国非市场经济地位的困境与突围"，载《经济问题探索》2015 年第 4 期。

③ 李思奇、姚远、屠新泉："2016 年中国获得'市场经济地位'的前景：美国因素与中国策略"，载《国际贸易问题》2016 年第 3 期。

错误地理解了期限届满之后的举证责任要求，认为中国必须依据进口国国内法的承认才能够获得市场经济地位，但事实是在 2016 年 12 月 11 日之后，进口国已无法依据《中国入世议定书》第 15 条（a）项与其国内法规定对我国使用替代方法，不产生影响的非市场经济地位对我国没有任何意义，不能再表述中国的市场经济地位由缔约国国内法决定。在期限届满后，如果缔约国对中国非市场经济地位的认定导致了替代方法的使用，这将会构成对 WTO 法的违反，与 WTO 规则相背离的 WTO 成员方内法的法律效力及被裁决违法后的执行又是另一个层面的问题。因此，2016 年 12 月 11 日后，在 WTO 反倾销领域，我国的市场经济地位根本无须任何国家承认。对方证明中国符合 GATT 1994 第 6.1 条注释二的标准才可援引替代方法。

第二个问题具有非常重要的现实意义，替代方法期限届满，确实只能够在 WTO 反倾销领域推定中国具有市场经济地位，要使中国在整个 WTO 法内被推定为具有市场经济地位，须证明在 WTO 的所有规定中，除了替代方法之外，不存在其他的因缔约国国内法的非市场经济规定导致对中国差别待遇的条款。15 条（b）项关于反补贴的补贴利益计算与（a）项决定正常价值替代方法类似，有此类条款之嫌。《中国入世议定书》第 15 条（b）项表明，WTO 其他成员方可以在对中国采取反补贴措施时采用"替代国制度"来衡量补贴利益，而且该标准的采用没有时间上的限制。[1] 因（d）项所规定的期限（第 2 句）与提前终止的条件（第 1 句、第 3 句）仅规定对计算正常价值的替代方法使用上的限制，不涉及（b）项补贴利益的计算，故在 2016 年 12 月 11 日之后，进口国使用第三国数据计算补贴利益的权利未受实际影响。但这里需要强调两个问题：其一，与反倾销的情况不同，反补贴中证明中国现有情况和条件不适宜作为计算基准的举证责任在进口国。其二，并非仅有非市场会遭受替代国标准，在"美国加拿大软木案"中，美国认为加拿大的软

---

[1] 朱广东：《国际贸易救济法律问题研究》，东南大学出版社 2011 年版，第 55 页。

木市场由政府控制，对市场经济的加拿大采用了"外部基准"。① 在反补贴中，若"第三国标准"是无论市场经济国家还是非市场经济国家都会遭受的问题，且举证责任不存在类似于反倾销的特殊安排，此时能否称反补贴领域的"第三国标准"是被进口国列为非市场经济地位国家的特殊问题？

（二）预判与应对

反倾销措施应当作为维护公平竞争而非贸易保护的工具，由非市场经济地位引发的不公平贸易救济措施已逐渐沦为贸易保护的借口，这不仅对出口国的自由贸易造成严重损害，也间接造成进口国工业的落后及对消费者福利的减损。欧盟、美国与中国有着不同的立场，② 他们对中国的产能过剩抱有深切忧虑，并惧怕认可中国市场经济地位之后，倾销幅度的减少，可能导致的失业率升高及对国内制造业的冲击。③ 2016 年 5 月 12 日，欧洲议会通过一项非立法性决议，认为 2016 年后《中国入世议定书》第 15 条仍能够为非标准方法的使用提供基础。中国未完成入世时所有价格应由市场决定的承诺，国家对经济的干预使得公司的价格、成本、投入、产出不能反映作为市场信号的供需关系。该决议强调，中国不是市场经济且中国尚未满足欧洲确定市场经济的五个标准。④ 美国与欧盟对替代方法的坚持有可能造成对 WTO 规则的违反，事实上，各方都在观望并等待中国诉讼后 DSB 对《中国入世议定

---

① 朱广东：《国际贸易救济法律问题研究》，东南大学出版社 2011 年版，第 55 页。

② 希拉里·克林顿表示，同意中国的市场经济地位会拔掉美国反倾销救济措施的尖牙，导致廉价商品涌入美国市场，故关于同意中国市场经济地位的答案只可能是否定的。Hillary Clinton, If Elected President, I'll level the Playing Field on Global Trade, Portland Herald Press, February 23, 2016, available at http：//www. pressherald. com/2016/02/23/commentary – if – elected – president – ill – level – the – playing – field – on – global – trade – clinton – says/. , last visited May 15, 2016.

③ Gary Clyde Hufbauer, Cathleen Cimino - Isaacs, The Outlook for Market Economy Status for China, Peterson Institute For International Economics（PIIE）, April 11, 2016, available at https：//piie. com/blogs/trade – investment – policy – watch/outlook – market – economy – status – china. , last visited May 15, 2016.

④ European Parliament resolution of 12 May 2016 on China's market economy status（2016/2667（RSP）).

书》第 15 条的解释。如果中国胜诉，基于 WTO 法律体系与国内法的特殊关系，胜诉后的执行程序又是一个复杂且漫长的过程。

随着 2016 年 12 月 11 日的临近，不少国外学者开始质疑第 15 条（d）项第 2 句是否真正能带来替代方法在期限届满后的停止使用，他们夸大中国政府对市场的干预，并强调市场经济应当由事实决定，中国不可能一夜之间变成市场经济。他们明显偷换了替代方法和非市场经济地位的概念，使得各方关注的重点偏离替代方法而转向中国是否自动获得市场经济地位。然而，缔约国法律所认为的（非）市场经济地位、WTO 规则推定的（非）市场经济地位与事实上的（非）市场经济地位是完全不同的三个问题。无论缔约国法律如何认定，抑或中国事实情况如何都与所讨论的问题无关，问题的核心是 WTO 规则推定的非市场经济地位所带来的法律效果——替代方法的使用。缔约国法律所认为的（非）市场经济地位，在 WTO 允许的条件和期限内可以成为 WTO 规则的推定，一旦 WTO 规则允许的期限经过且替代方法停止使用，中国因第 15 条（a）项规定而减损的权利实际上已恢复原状，从而导致缔约国法律所认为的（非）市场经济地位将不再具有意义。

当然，如上观点是对 2016 年 12 月 11 日 WTO 法律体系应然状态的分析，实际上，即便 DSB 裁决中国胜诉，各国仍有可能不改变其国内对于中国非市场经济地位的规定并据此使用替代方法。而各国法院一般依据国内法律进行判决，从而导致对自中国出口商品仍使用替代方法计算正常价值的结果，此时，国内法对中国非市场经济地位的规定仍会在反倾销领域发挥作用。然而，美国等 WTO 成员有义务使国内法符合国际规范，如果其不能做到这一点，就必须容忍其他国家在这种情况下有权采取行动。①

与此同时，中国在期限届满后替代方法停止使用问题上的攻防并非完美无缺，第 15 条（d）项第 1 句、第 3 句与第 2 句的不同规定仍然是中国未来

---

① ［美］杰克逊：《国家主权与 WTO 变化中的国际法基础》，赵龙跃、左海聪等译，社会科学文献出版社 2009 年版，第 149 页。

面临 DSB 诉讼的最大短板。坦率而言，期限届满后，并非缔约国法律对中国非市场经济地位的规定可能违反 WTO 规则，而是对中国非市场经济地位的规定导致的替代方法使用的规定可能违法 WTO 规则。我们应当将问题研究的重点置于对第 15 条（a）项、（d）项的解释之上，以论证 15 年期限届满是否会带来替代方法停止使用的结果，全面考虑各种否定替代方法停止使用的观点，并做出合理的解释，而不应当执着于中国是否自动转变成市场经济地位问题上，这会使我们偏离真正的问题，不利于应对以后在 DSB 的诉讼。

最后，替代方法的终止与 WTO 主动承认中国市场经济地位的法律后果不同。第 15 条（d）项第 2 句有可能带来的法律效果是反倾销替代方法使用期满，但 WTO 成员在其国内法中主动承认中国市场经济地位会对反补贴措施造成影响，一方面，承认中国的市场经济地位可以使美国等摆脱对非市场经济国家不能发动反补贴的法理缺陷；另一方面，承认中国的市场经济地位又会对其在反补贴行动中采用第三国基准造成影响，基于此，美国等 WTO 成员主动承认中国市场经济地位的可能性极小。无论反补贴问题是否属于非市场经济问题，可以预见在 15 年期限届满之后，随着中国在反倾销领域被减损待遇的恢复，反补贴将成为各方对中国采取贸易救济措施的主战场，反补贴领域的第三国基准问题将逐渐成为各方争议的核心。此外，中国应当防范，即便 DSB 认定对中国出口商品正常价值的计算可以采用国内价格或成本，但其他 WTO 成员仍可能质疑中国出口的商品价格或成本不符合在"正常贸易过程中"（in the ordinary course of trade）形成的条件（GATT 1994 第 6 条第 1 款（a）项），[①] 从而拒绝使用中国价格或成本。

事实上，《中国入世议定书》第 15 条的模糊性甚至漏洞，导致了各方对中国替代方法使用期限届满和中国非市场经济地位的争议。对于一些漏洞填补的情况，不会完全契合组织内某个特定成员或者某些成员在起草时或者其

---

① Watson K W., It's Time to Dump Nonmarket Economy Treatment. Free Trade Bulletin, March 9, 2016.

后的观点。① 但对《中国入世议定书》第 15 条解释应当符合 DSU 第 3.2 条确立的可靠性和可预测性的目标，且不能增加或减少 WTO 协定中所规定的权利和义务。

四、结语

国家交往永远以国家利益为前提，一项制度的优劣是以本国获取最大限度的利益为评估尺度，人们评价一个贸易政策的好坏或福利水平的高低，关键在于这种政策是否达到了政府预定的目标。② 然而，条约必须信守原则，要求 WTO 成员的国内法律应当符合 WTO 规则，《中国入世议定书》第 15 条是中国享有的 WTO 一般待遇的减损，对其理解应当遵循严格的解释规则，而不能仅凭主观臆测增加中国的在（d）项第 2 句规定的期限届满后的义务，期限届满后未经有效援引而使用替代方法是对 WTO 非歧视原则的侵蚀。第一，我们承认谈判者在（d）项第 2 句中仅规定（a）项（ii）目在 15 年期限届满后终止而未规定整个（a）项终止必然有其目的。但对谈判者区别规定原因的探讨应当以尊重现有文义为前提，上诉机构早已明确（d）项是对替代方法使用的限制，即分别规定了替代方法使用的最长期限及提前终止的各种条件。而无论依据文义解释、体系解释还是有效解释等条约解释规则考察第（a）项序言和（a）项（i）目，都无法得出 2016 年 12 月 11 日后，作为替代方法唯一启动条件的（a）项（ii）目终止，但替代方法仍能依据（a）项被使用的结论。第二，因期限届满后，WTO 成员已无法依据《中国入世议定书》第 15 条（a）项偏离非歧视原则而使用特别方法，故在反倾销领域 WTO 成员方内法对中国非市场经济地位的规定已无任何意义，中国在反倾销

---

① ［美］杰克逊：《国家主权与 WTO 变化中的国际法基础》，赵龙跃、左海聪等译，社会科学文献出版社 2009 年版，第 216 页。

② 佟家栋、王艳："国际贸易政策的发展、演变及其启示"，载《南开大学学报（哲学社会科学版）》2002 年第 5 期。

领域被推定为具有市场经济地位，应当由对方证明中国满足 GATT 1994 附件 1 第 6 条第 1 项注释二的"贸易被完全或实质上完全垄断的国家"且"所有国内价格均由国家确定"的标准才可使用替代方法。第三，中国应当高度防范替代方法使用期限届满后，美国、欧盟等 WTO 成员可能提出的中国计算正常价值的国内价格或成本并非在"正常贸易过程中"形成的质疑，以及反补贴领域"第三国标准"的使用，并进一步明确如上情况的举证责任、使用条件等要求。

二　WTO的争端解决机制与
　　国家安全例外研究

论 WTO 争端解决机制的性质：
与陈安先生商榷

杨国华[*]

摘　要：本文针对陈安先生的大作中提到的一些案例，特别是"301 条款案""201 条款案"和"FSC 案"，提出了对 WTO 的不同理解。本文认为这些案例不能证明陈安先生大作中的一些结论，特别是 WTO 存在"执法不公""迁就强权"和"执法低能"等问题。本文认为，WTO 在国际贸易领域建立了一种"秩序"，堪称"国际法治的典范"，值得国际法的其他领域借鉴学习。

关键词：WTO；国际法治；案例

学习陈安先生大作《论 WTO 体制下的立法、执法、守法与变法》,[①] 受益匪浅。但是对先生以下论断，笔者认为殊值商榷："WTO 的执法机构 DSB 的'后天失调'：就 DSB 的'后天失调'而言，其首要体现在于 WTO/DSB 之'执法'实践中不乏'执法不公''迁就强权'和'执法低能'先例。试举三例以资佐证：（'301 条款案''201 条款案''FSC 案'）"。

---

* 杨国华，清华大学法学院教授，中国法学会世界贸易组织法研究会常务副会长。
① 原文载于《国际经济法学刊》，2010 年第 17 卷第 4 期。

1996 年，笔者的博士论文题目是《美国贸易法 301 条款研究》，① 后来也跟踪过"301 条款案"，② 因此对此案有所了解。笔者有幸，毕业后一直在外经贸部/商务部条约法律司工作，③ 参与并负责了大多数 WTO 中国案件的处理，因此对 WTO 争端解决机制有一些感性认识。其中，"201 条款案"是"中国入世第一案"，是笔者办理的第一个案件，因此对此案来龙去脉比较清楚。④ 至于"FSC 案"，笔者知之甚少，但是有幸多次就教于这个案件的专门研究者张玉卿前辈，⑤ 因此对此案的性质也略有所知。基于以上学习和工作经历，笔者想谈谈对 WTO 争端解决机制和这三个案例的看法。

一、对 WTO 争端解决机制的看法

评价 DSB，首先应该看看 DSB 是什么。

DSB 是"Dispute Settlement Body"的缩写，即"争端解决机构"，是根据 WTO"诉讼程序法"《关于争端解决规则与程序的谅解》（以下简称《争端解决谅解》）设立的机构，"负责管理这些规则和程序及适用协定的磋商和争端解决规定，……有权设立专家组、通过专家组报告和上诉机构报告、监督裁决和建议的执行以及授权中止适用协定项下的减让和其他义务"。⑥ 事实上，DSB 与"总理事会"（General Council）是"一块牌子"，也就是说，DSB 的职责，是由总理事会承担的。尽管 DSB 可以有自己的主席和议事规则，⑦ 而总理事会则是由所有成员代表组成的。⑧ 这样我们就明白了：所谓

---

① 杨国华：《美国贸易法 301 条款研究》，法律出版社 1998 年版。

② 杨国华：《WTO 争端解决程序详解》，中国方正出版社 2004 年版，第 252~294 页。

③ 1996 年 8 月至 2014 年 8 月。

④ 杨国华：《中国入世第一案——WTO 美国钢铁保障措施案研究》，中信出版社 2004 年版。

⑤ 陈安先生也援引了他的著作。参见张玉卿：《张玉卿 WTO 案例精选（美国国外销售公司 FSC 案评介）》，中国商务出版社 2011 年版。

⑥ 《争端解决谅解》第 2 条第 1 款。

⑦ 《建立世界贸易组织协定》第 4 条第 3 款。

⑧ 《建立世界贸易组织协定》第 4 条第 2 款。

DSB，是由所有成员代表组成的集合体。

评价 DSB，其次应该看看 DSB 干什么。

DSB 看似权势很大，但实际上是个"橡皮图章"！由于《争端解决谅解》所规定的 DSB 决策机制，特别是"反向一致"机制，使得"设立专家组""通过专家组报告和上诉机构报告""监督裁决和建议的执行以及授权中止适用协定项下的减让和其他义务"等看似事关重大的职责，都是"走过场"而已。①

清楚了 DSB"是什么"和"干什么"，我们可能会发现，评价它的"所作所为"，并没有实质意义。

那么，陈安先生所说的"WTO 的执法机构 DSB 的'后天失调'"，是否意味着 DSB 应该"变法图强"，一举改变"执法不公""迁就强权"和"执法低能"等状况呢？结合具体案例，是否意味着"301 条款案"中，DSB 应该想办法控制专家组的"偏袒"？"201 条款案"中，DSB 应该想办法控制美国的"霸权"？"FSC 案"中，DSB 应该想办法减少 WTO 的"低能"？以上理解，先生如果能够澄清，并就具体方案提出建议，笔者才能提出进一步商榷意见。

---

①　"如起诉方提出请求，则专家组应最迟在此项请求首次作为一项议题列入 DSB 议程的会议之后的 DSB 会议上审理，除非在此次会上 DSB 经协商一致决定不设立专家组。"（《争端解决谅解》第 6 条第 1 款）"专家组报告……应在 DSB 会议上通过，除非一争端方正式通知 DSB 其上诉决定，或 DSB 经协商一致决定不通过该报告。"（《争端解决谅解》第 16 条第 4 款）"上诉机构报告应由 DSB 通过，……除非 DSB 经协商一致决定不通过该报告。"（《争端解决谅解》第 17 条第 14 款）"在专家组或上诉机构报告通过后 30 天内召开的 DSB 会议上，有关成员应通知 DSB 关于其执行 DSB 建议和裁决的意向。""DSB 应监督已通过的建议或裁决的执行。……执行建议或裁决的问题应列入 DSB 会议的议程，并应保留在 DSB 会议的议程上，直到该问题解决。"（《争端解决谅解》第 21 条第 3 款、第 4 款）。"（争端方）可向 DSB 请求授权中止……减让或其他义务。""……DSB 应……给予中止减让或其他义务的授权，除非 DSB 经协商一致决定拒绝该请求。""（关于中止水平的仲裁决定）应迅速通知 DSB，……DSB 应授权中止减让或其他义务，除非 DSB 经协商一致决定拒绝该请求。"（《争端解决谅解》第 22 条第 2 款、第 6 款和第 7 款）当然，这并不意味着 DSB 没有作用。DSB 是专家组和上诉机构工作及其裁决"合法性"之来源，即一切都经过了 DSB 的授权。此外，未执行案件一直保留在每月召开的 DSB 例会议程上，有关成员每次都要就此提交进展情况说明，并且接受其他成员的"指手画脚"，未尝不是一种压力。

在得到先生的进一步指点之前，笔者想泛泛谈下 WTO 争端解决机制的运作情况和对其的基本看法。

两个成员之间发生了贸易纠纷，你说违反了 WTO 规则，我说没有违反 WTO 规则，双方先行磋商，并且在磋商不能解决纠纷的情况下请求 WTO 设立专家组"说个是非"。专家组成员一般有三名，是"海选"产生的——WTO 秘书处推荐专家给当事方选择，而在当事方不能达成一致意见的情况下交由总干事指定。专家组成立后，在秘书处法律官员的协助下，与当事方商定案件审理日程，收取当事方"书面陈述"（"起诉书"和"答辩状"），并且召开两次"实质性会议"（"听证会"和"开庭"），听取当事方和第三方的意见。专家组裁决的"初稿"（"中期报告"）会提交给当事方评论，然后在此基础上做出"最终报告"，即裁决。裁决做出后，专家组就解散了。如果当事方对裁决中的"法律问题"和"法律解释"有异议，可以提交到上诉机构，由其中的三位"法官"负责审理案件。上诉机构也会收取当事方"书面陈述"，并且"开庭"审理，然后做出"终审"裁决。

根据笔者的观察，专家组和上诉机构审理案件，完全是独立的。专家组是披荆斩棘、厘清事实，将其适用于 WTO 相关条款，就案件的是非曲直做出认定，而上诉机构则是皓首穷经解释法律，就专家组对法律的理解给出判断。众所周知，专家组和上诉机构报告的篇幅很长：专家组报告一般达 400 页，而上诉机构报告也有 150 页左右，主要原因是专家组和上诉机构要对当事方提出的每一个主张给出回应，并且对裁决的思路进行充分的论证，做出令人信服的解释。凡是读过 WTO 裁决的人，都不得不佩服专家组和上诉机构的超强说理（legal reasoning）。在笔者看来，专家组和上诉机构是一群专业人士在解决专业问题。当然，"法官"也是人，难免受到法律之外因素的影响，但是要说某个案件中的"法官"受到了某种影响而裁判不公，若没有证据下此论断恐怕是有失公允的。

此外，按照《争端解决谅解》的规定，专家组"审期"是 6 个月，而上诉机构是 90 天。据说，到目前为止，还没有一个国际司法机构能够如此高效地审理案件！①

　　根据笔者的观察，DSB 做出的裁决都得到了尊重：绝大多数败诉方修改或撤销了被诉措施，少数案件采取了《争端解决谅解》所允许的"补偿"和"报复"等临时措施。② 至今还没有一个成员公然拒绝执行 WTO 裁决。WTO成立 20 多年来，已经受理了近 500 起案件，充分反映了各国对这套机制的信心。③ 从这个意义上，说 WTO 争端解决机制是多边贸易体制"皇冠上的明珠"并不为过。不仅如此，笔者认为，WTO 在国际贸易领域建立了一种"秩序"（很大程度上归功于这套争端解决机制），堪称"国际法治的典范"，值得国际法的其他领域借鉴学习。

---

　　① 根据 WTO 的资料，WTO 争端解决机制是世界上最快的争端解决机制之一（one of the fastest in the world）。见：World Trade Organization（2015），WTO@20 brochure：WTO Dispute Settlement, Resolving Trade Disputes between WTO members.

　　② 《争端解决谅解》要求 WTO 成员迅速（prompt）、完全（full）执行（compliance, implementation）裁决，但也允许在不能执行的情况下，争端双方就"补偿"（compensation）达成协议，或者在不能达成协议的情况下，胜诉方可以请求 DSB 授权"中止减让"（suspension of concessions，即"报复"），然而"补偿"和"报复"都是临时的，最终仍要"执行"。因此，"执行""补偿"和"报复"都是在 WTO 法律框架内进行的。参见《争端解决谅解》第 21 条和第 22 条。此处笔者使用了"尊重"这个非法律、不严谨的表述。按理说，使用"执行率"一词更为科学，但是 WTO 案件的"执行"情况比较复杂，从以下朱榄叶老师的统计分析中可见一斑。因此，本文还是采用了以上"描述性"的表述，而不是数字化的统计。根据朱榄叶老师的统计，截至 2015 年 7 月底，"执行率"为 93%。具体计算方法如下：共 157 个（203 个案件）报告通过。启动 22 条补偿和报复程序（或 DSU25 条仲裁程序确定补偿）有了结果的仅 11 个报告（12 个案件）。36 个案件启动 21.5 程序（37 个报告——其中 5 个第二次提出），6 个启动后和解，8 个没有上诉，4 个还在程序中，19 个DSB 通过报告。也就是说，157 个报告，11 个进入补偿和报复阶段，25 个经过 21.5 条程序（不包括进入报复的 6 个报告），也许可以认为扣除了 22 条的案件，其余都是执行完毕，执行率为 93%。感谢朱榄叶老师惠赐资料。根据 WTO 统计，"执行率"为 90% 左右。见前引资料 World Trade Organization（2015）。

　　③ 根据 WTO 统计，提起"诉讼"的当事方，大约一半是发展中国家；发展中国家和发达国家经常使用这套机制，说明它是有效的、成员是信任它的。见前引资料 World Trade Organization（2015）。

二、对三个案件的看法①

（一）"301 条款案"

"301 条款案"的全称是"US – Section 301 Trade Act"（DS 152），即"美国贸易法 301 条款案"，是欧共体起诉美国的案件。1999 年 3 月 2 日专家组成立，12 月 22 日专家组做出裁决。专家组认定，从规定上看，该法案授权美国贸易代表办公室的若干权力，例如确定其他国家是否违反 WTO 义务、是否执行了 WTO 裁决以及采取报复措施，不符合或有可能不符合《争端解决谅解》第 23 条第 2 款（a）项和（c）项之规定，因为这两项要求 WTO 成员应该援引《争端解决谅解》以解决争端，而不应该"自作主张""擅自行事"。然而，在案件处理过程中，美国向专家组提交了美国国会所批准的"行政行动声明"（Statement of Administrative Action，SAA），② 并且向专家组保证，一定按照 WTO 义务行事，因此专家组裁定，该法案并非与 WTO 义务不一致。此处，专家组反复强调，这一裁定的前提是 SAA 以及美国的承诺，一旦此前提不复存在，则专家组裁定也不一定继续成立。美国和欧共体都没

---

① 以下案件信息来自 WTO 官方网站和 WTO 官方出版物：World Trade Organization，WTO Dispute Settlement：One – Page Case Summaries，1995 – 2011，2012 EDITION。

② 该声明与美国实施乌拉圭回合结果的立法（1994 年）一起，由总统提交国会。声明规定如下：在为美国的国际义务和国内法的目的而解释和适用乌拉圭回合协议方面，本声明代表了行政当局的权威观点；不仅如此，行政当局了解到，国会期望行政当局能够遵守和适用声明中的解释和承诺；更为重要的是，由于该声明将在其实施乌拉圭回合协议时由国会批准，对声明中所包括的协议的解释就具有了特别权威。因此，该声明表达了行政当局的观点，其解释和适用具有权威性，其承诺应由行政当局在国内和国际方面实施。在该声明中，行政当局提到了对"301 条款"的解释，以及准备使用该条款的方式：尽管 DSU 会提高"301 条款"的效力，但在涉及违反乌拉圭回合协议或损害美国在这种协议项下利益的调查时，它并不要求对该条款进行重大改变；在这种情况下，USTR 应：按照现行法律的规定，援引 DSU 争端解决程序；关于美国在有关贸易协定中的权利被违反或受到否定的任何"301 条款"的决定都应依据 DSB 所通过的专家组或上诉机构报告做出；在专家组或上诉机构通过有利的报告后，应允许被诉方有合理的时间实施报告所提出的建议；在该时间内问题无法解决时，报复应寻求 DSB 授权。见专家组报告第 330 ~ 331 页。

有提起上诉，此后也没有听到美国违反 SAA 和承诺的情况。

在笔者看来，这是 WTO 争端解决机制有效约束违反义务行为的范例。美国自 1974 年起挥舞"301 条款"这个大棒，常常单方面做出判断，认为其他国家损害了美国的贸易利益，就在谈判不成的情况下单方面实施报复。其他国家被逼无奈，只有与美国展开贸易战，1994～1996 年的中美知识产权谈判便是一例。① 然而，此案尘埃落定，美国就"老实"了。此外，专家组裁决思路似乎也没有什么问题，因为美国贸易法的授权被美国国会所批准的 SAA 所制约，并且美国做出了明确承诺，应该是有效的。何况专家组为了保险起见，一再强调其裁决与这个"前提"的关系。故此，笔者难以同意陈安先生的评价："专家组采取了'模棱两可'的手法先是虚晃一枪，最终却采信'被告'无理狡辩的态度和手法，在实质上偏袒了霸气凌人的超级大国及其恶名昭彰的'301 条款'"。最后，本案专家组三位成员，David Hawes、Terje Johannessen 和 Joseph Weiler，在这一场美欧强强之战中，有何理由要选择"偏袒"美国？

（二）"201 条款案"

"201 条款案"的全称是"US – Steel Safeguards"（DS 248，249，251，252，253，254，258，259），即"美国钢铁保障措施案"。之所以有这么多案件编号，是因为起诉方有 8 个国家，欧共体挑头。2002 年 6 月专家组成立，2003 年 5 月 2 日专家组做出裁决，11 月 10 日上诉机构做出最终裁决。专家组和上诉机构认定，2002 年 3 月 5 日美国对 10 种进口产品加征关税的措施，不符合 WTO《保障措施协定》和《关贸总协定》相关义务。2003 年 12 月 10 日，DSB 通过报告批准裁决。而在此前一周，即 12 月 4 日，美国宣布该

---

① 例如，1996 年的谈判中，美国宣布拟对中国价值 30 亿美元的产品加征惩罚性关税，而中国也公布了相应的反报复清单，中美贸易战一触即发。后双方达成协议。参见杨国华：《美国贸易法301 条款研究》，法律出版社 1998 年版，第 158～159 页。

措施终止。

笔者认为，既然 WTO《保障措施协定》规定在进口大量增加以至于对国内产业造成严重损害的情况下，WTO 成员可以采取措施限制进口，那么从法律上讲，美国是有权利采取"保障措施"的。如果其他成员认为美国违反了《保障措施协定》的义务，则可以诉诸 WTO 争端解决机制。[①] 当 WTO 认定美国的措施不符合其义务时，美国很快就撤销了措施。本案的情况，恰恰是 WTO 争端解决机制有效性的典型案例。试想一下，如果没有这套机制，情况将会怎样？如果美国继续限制进口，引发其他国家联合报复，将又是一场代价高昂、两败俱伤的贸易战！

陈安先生对该案的理解是：美国措施已经实行一段时间，已经"捞到了大量实惠""已经达到了预期的目的"。但这可能是"事后诸葛亮"的说法，因为在我们认真研究美国的措施并将其与 WTO 规则对照之前，是不能断定美国"违法"和"故意"的，就好比我们不应该"有罪推定"。美国的主管部门"国际贸易委员会"（United States International Trade Commission）29 人经过 6 个月的调查，做出了三大卷 1150 页的调查报告，认为确实存在进口大量增加给美国钢铁业造成了严重损害的情况，必须采取措施限制进口。[②] 而 WTO 专家组的裁决则长达 1000 页，条分缕析地论证了美国调查报告不符合 WTO 协定之处。此外，陈安先生还认为："DSB 专家组和上诉机构……没有（对美国）给予应有的谴责，也没有责令美国对因此受害的对手给予应有的损害赔偿。"这可能让专家组和上诉机构勉为其难，因为他们并没有这样的

---

① WTO 共有 46 个案件援引《保障措施协定》条款，涉及印尼、乌克兰、阿根廷、土耳其、多米尼加共和国、智利、欧共体、厄瓜多尔、美国、斯洛伐克和韩国等 11 个成员采取的几十个保障措施，而在做出裁决的案件中，大多数是采取措施的成员败诉。另外，从实践看，保障措施的门槛非常高，特别是"进口增加与严重损害"之间的因果关系的证明责任要求非常高，很难满足。为此，笔者曾在考察了若干案件后提出过一个疑问："WTO 允许采取保障措施吗？"参见杨国华：《中国与 WTO 争端解决机制专题研究》，中国商务出版社 2005 年 5 月版，第 54~66 页。

② 杨国华：《中国入世第一案——WTO 美国钢铁保障措施案研究》，中信出版社 2004 年版，第 2~3 页。

职责：他们是裁决纠纷的，而不是"谴责"某一方的；他们只能要求败诉方"使其措施与 WTO 保持一致"，而不能要求"损害赔偿"。如果陈先生认为 WTO 没有"损害赔偿"制度是一个缺陷，则应该提出具体建议，并且该建议要考虑周全。例如，如何计算损失、如何补偿以及 WTO 成员包括广大发展中成员（常常作为"败诉"方）能否接受这样的制度安排等。

（三）"FSC 案"

"FSC 案"的全称是"US – FSC"（DS 108），即"美国海外销售公司案"，起诉方是欧共体。此案旷日持久，历经八年时间。1998 年 9 月 22 日，专家组成立。1999 年 1 月 18 日和 2000 年 2 月 24 日，专家组和上诉机构分别做出裁决，认定美国对"海外销售公司"（Foreign Sales Corporations，FSC）与出口相关的来源于外国的贸易收入所给予的税收减免，不符合 WTO《补贴与反补贴措施协定》和《农业协定》的相关义务。为执行该裁决，美国通过了 ETI Act（FSC Repeal and Extraterritorial Income Exclusion Act of 2000，ETI Act），欧共体认为这个法案仍然不符合 WTO 规则，于是要求成立"执行专家组"（compliance panel）。2001 年 8 月 20 日和 2002 年 1 月 14 日，专家组和上诉机构报告分别认定 ETI Act 也不符合规则。于是，美国又制定了 Jobs Act（American Jobs Creation Act of 2004，Jobs Act），但遭到欧共体再次起诉。2005 年 9 月 30 日和 2006 年 2 月 13 日，专家组和上诉机构认定，Jobs Act 以及仍然实施的 ETI Act 第 5 部分（给予 FSC 部分交易的补贴，即所谓的"祖父条款"（grandfather provision））不符合《补贴与反补贴措施协定》。在 2006 年 5 月 17 日举行的 DSB 会议上，美国通报：美国国会已经于 11 日通过立法（《税收增加预防与协调法》第 513 节"撤销 FSC/ETI 有约束力的合同救济"），废除 Jobs Act 和 ETI Act 第 5 部分，欧共体则表示"热烈欢迎"（warmly welcome）。此案宣告结束。

依笔者之浅见，此案的关键，在于确定美国复杂的税收减免制度是否违反了 WTO 补贴规则。WTO 专家组和上诉机构一个个裁定，美国一个个修改，直至全部废除，不可谓不是欧共体执着挑战美国直至全胜的范例，也不可谓不是美国"服服帖帖"执行 WTO 裁决的范例。至于美国的行为是否"老实"，是否在"耍花招"，可能需要证据的支持，而不能仅凭时间很长做出判断。也许有些问题，是需要很长时间才能说清楚的。张玉卿前辈在其专著中认为，"这项马拉松式诉讼的根本原因是基于双方不同的税收制度。……那些推销美国产品的美国国外公司无形中就处于劣势，最终使美国的出口受到影响"。"发生在两个主要 WTO 成员之间关于出口补贴的漫长博弈，在 WTO 的争端解决机制下最终得到了解决。这其中会给我们很多的思考与启迪，……更重要的是专家组对问题丝丝入扣的逻辑推理、分析以及坚实的结论。"[1] 故此，笔者难以同意陈安先生关于本案"断案效率和实际效果"的评论："如果某一争端在被拖延了十年之后才得以解决，那么其结果与事实上根本没有得到解决没什么两样，同时说明如此行事的争端解决机制根本无法有效运作。"此处陈安先生是引用 John Jackson 教授的话，但是如果 John Jackson 说这个话的时候是指"FSC 案"，那么笔者也仍持保留意见。[2] 即使抛开本案最终得以圆满解决不提，该案在澄清 WTO 规则以及解决成员之间纠纷方面的象征意义也是不可估量的。

三、总体看法

WTO 成立 20 年来，受理了大量案件，以上讨论的三个案件仅仅是其中

---

① 张玉卿：《WTO 热点问题荟萃》，中国商务出版社 2015 年版，前言。

② 在陈安先生援引的段落中，John Jackson 教授似乎并未提及具体案例，而且引文随后的文字为："在 WTO 对争端解决规定的日程如此紧张的情形下，仍有观点认为应当进一步缩短审理时限，但是笔者认为这一观点与确保良好的裁决质量这一目标之间是存在一定矛盾的。"参见［美］杰克逊：《国家主权与 WTO：变化中的国际法基础》，赵龙跃等译，社会科学文献出版社 2009 年版，第 176 页。

的很小一部分。就拿中国来说，"入世"以来，中国经历了 34 个案件，包括 13 个起诉案件，21 个被诉案件。在"美国反倾销和反补贴案"（DS 379，2008 年）中，中国成功地挑战了美国反倾销调查中的"双重救济"做法，迫使美国修改了国内法。① 在"美国禽肉案"（DS 392，2009 年）中，中国成功地挑战了美国歧视中国出口的立法，迫使美国立即修改了做法。② 在"欧共体紧固件案"（DS 397，2009 年）中，中国成功地挑战了不利于中国出口的反倾销调查方法，迫使欧盟修改了立法。③ 当然，如果我们对欧美的执行措施仍不满意，还可以进一步提起诉讼。④ 与此同时，在中国被诉的案件中，我们也积极应诉，认真执行。例如，在"中国汽车零部件"（DS 339、340、342，2006 年）中，中国对"构成整车特征零部件"加征关税的做法，被判定不符合规则，中国随即取消了这一做法。⑤ 在"中国知识产权案"（DS 362，2007 年）中，中国的《著作权法》第 4 条第 1 款被判定不符合规则，全国人大常委会随后就修改了这个条款。⑥ 在"中国出版物和影像制品案"

---

① 2013 年 3 月 13 日，为了回应美国联邦巡回上诉法院的 GPX 判决（商务部不得将《1930 年关税法》反补贴税条款适用于非市场经济国家），也为执行 DS379 案有关"双重救济"问题的上诉机构裁决，美国国会制定的 GPX 立法生效。该法第二节要求美国商务部在满足一定条件的情况下调低反倾销税，以避免双重救济。

② 本案涉及的《2009 年综合拨款法》第 727 节已经失效，美国在此后的年度拨款法案中没有引入类似条款。

③ 为了实施该案 DSB 建议和裁决，欧洲议会和欧盟理事会于 2012 年 6 月 13 日通过了修改《基本反倾销条例》（第 1225/2009 号（欧共体）条例）第 9（5）条的第 765/2012 号（欧盟）条例。2012 年 9 月 3 日，《欧盟公报》公布了第 765/2012 号（欧盟）条例，后者于 2012 年 9 月 6 日生效。

④ 2013 年 10 月 30 日，由于认为欧盟没有完全执行"欧共体紧固件案"裁决，中国提起了第 21.5 条执行之诉。

⑤ 2009 年 8 月 15 日，工业和信息化部、发展和改革委员会共同发布第 10 号令，决定自 2009 年 9 月 1 日起停止实施《汽车产业发展政策》中涉及汽车零部件进口的相关条款。2009 年 8 月 28 日，海关总署、发展和改革委员会、财政部和商务部共同发布第 185 号令，决定自 2009 年 9 月 1 日起废止《构成整车特征的汽车零部件进口管理办法》。2009 年 8 月 31 日，海关总署发布 2009 年第 58 号令，决定自 2009 年 9 月 1 日起废止《进口汽车零部件构成整车特征核定规则》。

⑥ 2010 年 2 月 26 日，全国人大常委会通过了关于修改《中华人民共和国著作权法》的决定（2010 年第 26 号令），于 2010 年 4 月 1 日生效。新《著作权法》将涉案的第 4 条修改为："著作权人行使著作权，不得违反宪法和法律，不得损害公共利益。国家对作品的出版、传播依法进行监督管理。"

（DS 363，2007 年）中，中国关于一些文化产品进口管理的做法被判定不符合规则，中国也随即修改了一系列条例。① 在"中国原材料案"（DS 394、395、398，2009 年）和"中国稀土案"（DS 431、432、433，2012 年）中，中国限制出口的措施被判定不符合规则，中国随即撤销了这些措施。②

---

① 2008 年 2 月 21 日，新闻出版总署就公布了新的《电子出版物出版管理规定》，删除了与中国 GATS 承诺（分销权）不符的旧版《电子出版物管理规定》第 62 条。新规定于 2008 年 4 月 15 日开始实施。2011 年 3 月 19 日，国务院公布了修订后的《出版管理条例》和《音像制品管理条例》，修改了与中国贸易权、分销权承诺不符旧版对应条例的相关条款。两个新修订的条例从 2012 年 2 月 1 日施行。2011 年 3 月 21 日，文化部下发《关于实施新修订〈互联网文化管理暂行规定〉的通知》（文市发〔2011〕14 号。通知第三部分（十四）条宣布废止《文化部关于实施〈互联网文化管理暂行规定〉有关问题的通知》（文市发〔2006〕27 号），并规定《文化部关于网络音乐发展与管理的若干意见》（文市发〔2006〕32 号）与本通知不一致的，依照本通知执行。新通知第三部分（十二）条规定，"设立从事互联网音乐服务的中外合作经营企业的具体办法由文化部另行制定"，实际上允许外资以中外合作经营企业形式从事互联网音乐服务，废除了旧版通知禁止外资从事互联网音乐服务的规定。2011 年 3 月 25 日，新闻出版总署发布《订户订购进口出版物管理办法》（2011 年第 51 号令），修改了与中国反倾销承诺、GATT 1994 第 3.4 条不符的旧版管理办法第 3 条和第 4 条（附件 8）。同日，新闻出版总署和商务部发布《出版物市场管理规定》（2011 年第 52 号令），修改了与中国分销权承诺、GATT 1994 第 3.4 条不符的旧版管理规定第 16 条，并废止了与中国分销权承诺、GATT 1994 第 3.4 条不一致的《外商投资图书、报纸、期刊分销服务管理办法》。2011 年 4 月 6 日，新闻出版总署和商务部共同发布《音像制品进口管理办法》（2011 年第 53 令），修改了与中国贸易权承诺不符的旧版管理办法第 7 条和第 8 条。2011 年 12 月 24 日，发展改革委和商务部共同发布了新版《外商投资产业指导目录》（第 12 号令），修改了与中国贸易权、分销权承诺不符的相关规定。中国尚未修改与院线电影贸易权问题的两个文件：《电影管理条例》和《电影企业经营资格准入暂行规定》。2012 年 4 月 15 日中国与美国正式签订了《关于院线电影的谅解备忘录》。中国承诺将分账大片的进口数量从 20 部提高到 34 部，同时将美方分账比例由原来的 13% ~17.5% 增加到 25%。中国在《电影协议》中还做出了其他承诺。

② 2012 年 12 月 10 日，国务院关税税则委员会发布《关于 2013 年关税实施方案的通知》（税委会〔2012〕22 号），公布了《2013 年关税实施方案》。涉案的 7 种出口产品（注：原材料案仅涉及某些形态的锰、镁、锌）没有出现在《出口商品税率表》之中。《2013 年关税实施方案》于 2013 年 1 月 1 日实施。2012 年 12 月 31 日，商务部、海关总署发布《2013 年出口许可证管理货物目录》（2012 年第 97 号）。根据第 1（3）条、第 10 条的规定，对于涉案的焦炭、碳化硅、矾土、氟石等四种产品不再实行出口配额管理，而是实行出口许可证管理，企业凭出口合同申请出口许可证，无须提供批准文件。涉案产品锌则不再实行出口许可证管理。新目录于 2013 年 1 月 1 日实施。关于出口配额措施，2014 年 12 月 31 日，商务部、海关总署发布《2015 年出口许可证管理货物目录》（2014 年第 94 号）。根据第 1（3）条、第 10 条的规定，对于涉案的稀土、钨及钨制品、钼等三种产品不再实行出口配额管理，而是实行出口许可证管理，企业凭出口合同申请出口许可证，无须提供批准文件。涉新目录于 2015 年 1 月 1 日实施。关于出口税措施，2015 年 4 月 14 日，国务院关税税则委员会公布《关于调整部分产品出口关税的通知》（税委会〔2015〕3 号），取消稀土、钨、钼等产品的出口关税，2015 年 5 月 1 日起实施。

如今在 WTO，中国当"原告"和"被告"已经是家常便饭，习以为常。不仅如此，我们还发现，法律手段是解决国际争端的重要方式，是理性、和平的方式；在谈判不成的情况下，就应该用法律手段解决。我们感到，WTO 争端解决机制是公正、有效的。因此，大家可以看到，如果我们胜诉了，我们"感到赞赏"，而如果我们败诉了，我们也只是"表示遗憾"，并没有指责 WTO。① 以笔者有限的经历，似乎尚未有一个案件让我们感觉到 WTO "执法不公""迁就强权"或"执法低能"。

回到对 WTO 争端解决机制的整体评价，笔者比较同意 John Jackson 的看法：So far so good（还不错）。② 当然，这套机制并不完美。事实上，《争端解决谅解》改革作为 WTO 新回合谈判的一项重要议题，各成员已提出了成千上万的修改意见。③ 然而，关于修改的原则，笔者也同意 John Jackson 的意见：Do no harm（无损）④。不要因为急于修改一些程序而"伤筋动骨"，影响了这套机制的良好运作。例如，不能将国内司法制度的"成功经验"简单地搬到 WTO 里来；"损害赔偿""发回重审"和"强制执行"等制度的引入，需要通盘考虑，慎之又慎。也许国际社会的发展方向应该是国内一样的"法治"，但是这需要时间，需要循序渐进。对于一个只有 20 多岁的"小伙子"，是否应该要求他一下子承担起这么多的重担，是我们需要经常提醒自

---

① 例如，"商务部条约法律司负责人就此发表谈话表示，专家组认可中方对稀土、钨、钼采取的综合性资源与环境保护措施，驳回了欧盟关于申请钼出口配额企业的'出口实绩'要求歧视外国企业的主张，中方对此表示赞赏。对于专家组裁定中方涉案产品的出口关税、出口配额以及出口配额管理和分配措施不符合有关世贸规则和中方加入世贸组织的承诺，中方感到遗憾。"参见"商务部条约法律司负责人就世贸组织公布美、欧、日诉中国稀土、钨、钼相关产品出口管理措施案专家组报告发表谈话"，载 http：//tfs. mofcom. gov. cn/article/ztxx/201403/20140300530952. shtml，访问日期：2015 年 8 月 1 日。

② The Future of the WTO：Addressing institutional challenges in the new millennium，Report by the Consultative Board to the former Director – General Supachai Panitchpakdi，by Peter Sutherland（Chairman），Jagdish Bhagwati，Kwesi Botchwey，Niall FitzGerald，Koichi Hamada，John H. Jackson，Celso Lafer，Thierry de Montbrial，World Trade Organization，2004.，第 50 页。

③ 前注 The Future of the WTO 对一些主要建议进行了讨论，详见第 56～59 页。

④ 见前注 The Future of the WTO，第 49 页。

己的问题。

说到这里就差不多了。笔者想用以下一段话结束与陈安先生的商榷：

西谚云："一千个人眼中有一千个哈姆雷特"，是说哈姆雷特作为一个年轻王子，面临亲叔叔杀父娶母、窃据王位之恶行，表现出的内心冲突和行为选择的复杂性，使得不同的读者和观众有不同的评价。不知别人眼中的哈姆雷特是什么样的，也许有人会批评他的忧郁悲观、优柔寡断和怀疑猜忌，但是我眼中的哈姆雷特，却是一个正直、勇敢的青年，他的行为是值得肯定的——在那种极端情况下，谁能是圣贤而完美无缺呢？

WTO 授权贸易报复的请求问题探究：
以紧固件案执行争端解决为视角

张乃根*

摘　要：中国诉欧盟对华紧固件反倾销案的执行复审取得 WTO 争端机构的全部支持，体现 WTO 体制的规则导向。在欧盟撤销涉案反倾销措施的情况下，中国通过全面评估其执行情况，如有异议，仍可任择请求授权贸易报复。本文基于对 WTO 已授权贸易报复案及其条约解释或判理的研究和评析，结合国内外有关理论，认为中国对紧固件案授权贸易报复的任择权应得到充分保障，WTO 争端解决机制并无一概而论的"既往不咎"，更无此类价值导向。

关键词：执行；复审；授权；贸易报复；请求

引　言

2016 年 2 月 12 日，世界贸易组织（WTO）争端解决机构（DSB）采纳

* 张乃根，法学博士、复旦大学特聘教授、法学院国际法研究中心主任、中国法学会世界贸易组织法研究会副会长、世界贸易组织争端解决名册专家。

其上诉机构（AB）对中国根据《关于争端解决规则与程序的谅解》（DSU）第21.5条申诉的"欧盟对来自中国的某些紧固件最终反倾销措施案"（紧固件案）① 执行争端复审裁决，支持中国的全部诉求。紧固件案是中国申诉的第一起执行争端解决案，② 也是迄今 AB 复审裁决③申诉方"完胜"的案例之一。

同年2月26日，欧盟宣布撤销涉案反倾销措施，但刻意回避 AB 裁决的关键用词，并拒绝补偿之前课征反倾销税。④ 中国商务部条法司负责人表示欢迎，认为这是欧盟执行 WTO 裁决的"正确行动"，但未表示保留请求授权贸易报复。⑤然而，根据双方《关于紧固件案执行争端解决程序谅解》（程序谅解）第3条，"如作为 DSU 第21.5条项下的程序结果，DSB 裁决欧盟已采取的执行措施不存在或与适用协定不符，中国可以依据 DSU 第22.2条请

---

① European Community-Definitive Anti-Dumping Measures on Certain Iron or Steel Fasters from China, Recourse to Article 21. 5 of the DSU by China, WT/DS397/AB/RW, 18 January 2016.

② 中国2001年12月11日加入 WTO 以来，已申诉13起，被诉34起，作为第三方参加129起争端解决案。WTO 争端解决网，https://www. wto. org/english/tratop_ e/dispu_ e/dispu e. htm, Disputes by country/territory. , 2016年4月8日访问。以下访问时间同，出处略。中国于2009年7月31日提起紧固件案（也称397案）。这不仅是当时中国涉案出口企业最多、受影响出口货物金额最多的，而且涉及中国加入 WTO 议定书第15条（a）项有关反倾销替代国的约文解释。原审专家组及上诉机构先后于2010年12月3日和2011年7月15日做出裁决及复审报告，2015年8月7日中国提起该案执行争端解决。

③ 迄今21起 AB 执行争端解决复审裁决（申诉方胜诉、部分胜诉或败诉）：欧共体香蕉案 DS27 厄瓜多尔第二次和美国第一次执行争端复审裁决（部分胜诉）；巴西飞机案 DS46（胜诉）和加拿大飞机案 DS70（败诉）；美国虾案 DS58（败诉）；美国 FSC 案第一次执行争端复审裁决 DS108（胜诉）、第二次执行争端复审裁决 DS108（胜诉）；加拿大乳制品案第一次执行争端复审裁决 DS103、113（败诉）和第二次执行争端复审裁决 DS103、113（部分胜诉）；墨西哥糖浆案 DS132（胜诉）；欧共体床单案 DS141（部分胜诉）；智利价格幅度制案 DS207（胜诉）；美国软木案 IV DS257（胜诉）；美国软木案 V DS264（胜诉）；美国软木案 VI DS277（败诉）；美国高地棉案 DS267（胜诉）；美国 OCTG 落日复审案 DS268（部分胜诉）；美国归零案（欧共体）DS294（部分胜诉）；美国归零案（日本）DS294（胜诉）；美国金枪鱼案 II（墨西哥）DS381（部分胜诉）；欧共体紧固件案 DS397（胜诉）。参阅 WTO Dispute Settlement：One – Page Case Summaries, 1995～2014年和2015年以来案件进展，https://www. wto. org/english/news_ e/archive_ e/dis_ arc_ e. htm。

④ European Commission Implementing Regulation (EU) 2016/278 of 26 February 2016.

⑤ "中国商务部条法司负责人就欧盟撤销对华紧固件反倾销措施发表谈话（2016年2月29日）"，载商务部网，http://www. mofcom. gov. cn/article/ae/ag/201602/20160201264885. shtml。

求授权中止减让或其他义务。欧盟不应以该要求在 DSU 第 22.6 条第一句规定时间之外提出为由主张中国不可要求报复，但可要求仲裁裁决"。① "可以"（may）表明这是中国的任择权，且中国可不受"合理期限结束后 30 天"的限制，有权择时启动贸易报复程序。

问题在于：其一，在欧盟宣布撤销涉案反倾销措施的情况下，中国可否请求授权贸易报复？其二，如请求，是否与 WTO 争端解决制度的"既往不咎"价值导向②相悖？这是本文旨在探讨的实践与理论问题。

鉴于《关税与贸易总协定》（GATT）临时生效的 46 年③期间只有一起授权贸易报复，而请求方实际上未行使该授权，④ 且 WTO 成立迄今逾 500 起

---

① Understanding between China and European Union regarding Procedures under Articles 21 and 22 of the DSU, WT/DS397/16, 29 October 2012. 为了解决 DSU 第 21.5 条（执行复审）与第 22.2 及第 22.6 条（授权报复）程序之间的前后"顺序"（sequencing issues）问题，WTO 成员在实践中已形成争端双方通过程序谅解约定先复审后报复的一般做法，并可能成为今后修订 DSU 相关条款的依据。参见纪文华、黄萃：《实践中的 WTO 争端解决机制 1995 ~ 2007》，中国商务出版社 2007 年版，第 296 ~ 305 页。

② 韩立余：《既往不咎——WTO 争端解决机制研究》，北京大学出版社 2009 年版，第 52 ~ 55 页。

③ 1948 年 1 月 1 日，根据 GATT《临时适用议定书》，1947 年 GATT 第一部分（第 1、2 条）、第三部分（第 24 ~ 35 条）对缔约方临时适用，该协定第二部分（第 3 ~ 23 条）在"最大限度"（the fullest extent）与各缔约方现行立法不抵触的前提下适用，亦即所谓"祖父权"（grandfather rights），直至 1994 年 12 月 31 日。参见 Protocol of Provisional Application of the GATT, October 30, 1947. 55 UNTS308；《1994 年关税与贸易总协定》第 1 条（a）款，GATT 1994 "不包括《临时适用议定书》"，参见《世界贸易组织乌拉圭回合多边贸易谈判结果法律文本》，法律出版社 2000 年版，第 17 页，下文援引该法律文本，出处略；另参见［美］约翰·H. 杰克逊：《世界贸易体制——国际经济关系的法律与政策》，张乃根译，复旦大学出版社 2001 年版，第 44 页。

④ "荷兰中止对美国的关税减让义务的措施"案（Netherlands Measures of Suspension of Obligations to the United States），GATT, BISD Supp. 32 (1953)。该案专家组裁定美国违反 GATT 义务，对于来自荷兰的奶制品实施进口限制，因而授权荷兰可在 7 年时间内对来自美国的谷物实施限制，但是，荷兰未实施该授权。参见［美］约翰·H. 杰克逊《世界贸易体制——国际经济关系的法律与政策》，法律出版社 2000 年版，第 129 ~ 130 页；另参见朱榄叶编著：《关税与贸易总协定国际贸易纠纷案例汇编》，法律出版社 1995 年版，第 138 页，"荷兰和丹麦与美国关于奶制品进口限制的纠纷"。但是，该书未提供汇编案例的案号或文献出处。前引 WTO 争端解决网，GATT disputes（pre - WTO）未包括该案报告。

争端解决案件，也只有约 20 起案件走到授权贸易报复的地步①，其复杂性不言而喻。尤其值得留意，WTO 已授权贸易报复案所经过的程序实际上也各不相同。这既有 DSU 规定不明确的因素②，更由于 WTO 延续 GATT 时期惯例，尊重体现当事方共同意愿的"实际做法"（actual practice）。"在技术上，为了具有约束力，这种实践必须足以'建立当事人之间的协议'"③）。中国作为在 WTO 争端解决中的经验相对较少的成员④，碰到第一个自己可请求授权贸易报复的案件，或许应更多吸取其他 WTO 成员的经验教训。

为此，本文首先，将梳理 WTO 争端解决实践中已授权贸易报复案，从中探求有关第一个问题的初步答案；其次，结合有关条约解释或判理学，进一步探讨第二个问题，期待对中国涉案授权贸易报复，有所裨益。至于授权贸易报复的水平等问题，宜另行撰文。

一、WTO 授权贸易报复的请求：实践的梳理

（一）案例评析

1. 香蕉案

这是 WTO 首起请求授权贸易报复案。1997 年 9 月 25 日，DSB 采纳 AB

---

① 截至 2016 年 4 月 4 日，WTO 共受理 507 起案件，其中已分别授权有关请求方实施贸易报复案 20 起（请求方及案号）：香蕉案（美国 DS27/ARB，厄瓜多尔 DS27/ARB/ECU）、荷尔蒙案（美国 DS26/ARB，加拿大 DS48/ARB）、飞机案（加拿大 DS/46/ARB，巴西 DS222/ARB）、FSC 案（欧盟 DS 108/ARB）、反倾销法案（欧盟 DS136/ABR）、抵消法案（欧盟 DS217/ARB/EEC，日本 DS217/ARB/JAN，韩国 DS217/ARB/KOR，印度 DS217/ARB/IND，巴西 DS217/ARB/BRA，智利 DS217/ ARB/CHL，加拿大 DS234/ARB/CAN，墨西哥 DS234/ARB/MEX）、博彩案（安提瓜巴布多达 DS285/AB/R）、高地棉案（巴西 DS267/ARB/）、COOL 案（加拿大 DC384/ARB，墨西哥 DS386/ARB）。参见前引 WTO 争端解决网 Disputes chronologically。

② 如 DSU 第 21. 5 条与第 22 条的程序"顺序"规定不明确，参见纪文华、黄萃：《实践中的 WTO 争端解决机制 1995 - 2007》，中国商务出版社 2007 年版，第 296~305 页。

③ ［美］约翰·H. 杰克逊：《世界贸易体制——国际经济关系的法律与政策》，法律出版社 2000 年版，第 137 页。

④ 中国于 2001 年 12 月 11 日加入 WTO，虽涉案较多（包括申诉、被诉和第三方，186 起），但相比美国（365 起）、欧盟（333 起）、日本（196 起）仍相对较少。参见前引 WTO 争端解决网：Disputes by country/territory。

关于欧共体（欧盟）香蕉进口配额及销售批发制度违反 1994 年《关税与贸易总协定》（GATT）及《服务贸易总协定》（GATS）有关规定的复审裁决。①经仲裁确定的"合理执行期"（RPT）结束日为 1999 年 1 月 1 日。②由于在 RPT 内，争端双方对欧盟是否执行裁决各持一端，因此欧盟、厄瓜多尔于 1998 年 12 月 14 日、18 日先后请求 DSU 第 21.5 条项下执行复审，DSB 于 1999 年 1 月 12 日决定由原审专家组受理该执行复审案。可是，作为该案申诉方之一的美国却于同年 1 月 14 日根据 DSU 第 22.2 条请求授权中止关税减让为 5.2 亿美元的贸易报复。欧盟对此表示异议，请求由原审专家组根据 DSU 第 22.6 条仲裁报复水平。这就是 WTO 争端解决实践中产生的 DSU 第 21.5 条与第 22.2 条的程序上"顺序"问题。由于 DSU 本身对两者孰先孰后的程序缺乏明文规定，因此，原审专家组同时审理执行复审和仲裁授权报复水平，并先后于 1999 年 4 月 9 日仲裁授权美国贸易报复金额为每年 1.914 亿美元③和 4 月 12 日分别裁定"不考虑欧共体作为原审的被诉方是否有权启动第 21.5 条程序"，④ 欧盟执行措施仍然违反 1994 年 GATT 和 GATS 有关规定。⑤

可见，该贸易报复的授权是在认定欧盟未执行原审裁决，或者说，未撤销违反措施的前提下做出的。尽管作为 WTO 首起请求授权贸易报复案的审理在未解决"顺序"问题的情况下进行，且该认定裁决在授权报复之后，但是，原审专家组在仲裁贸易报复水平时实际上首先认定欧盟执行措施仍然违反 GATT 和 GATS 有关规定。⑥ 本文探讨问题之一是在执行复审案被诉方宣布撤销其违反措施的情况下，申诉方依据程序谅解，可否请求授权贸易报复，

---

① EC – Bananas, DS27/AB/R, 9 September 1999.

② EC – Bananas, DS27/15, 7 January 1999.

③ EC – Bananas, DS27/ARB, 9 April 1999, para. 8.1.

④ EC – Bananas, DS27/RW/EEC, 12 April 1999, para. 4.18.

⑤ EC – Bananas, DS27/RW/ECU, 12 April 1999, paras. 6.160 – 163.

⑥ EC – Bananas, DS27/ARB, paras. 5.96 – 98.

故对香蕉案的贸易报复后续问题，① 存而不论。

2. 荷尔蒙案

这是首起未经执行复审的授权贸易报复案。1998 年 2 月 13 日，DSB 采纳 AB 关于欧盟对来自美国、加拿大进口肉类及肉制品的卫生措施违反《实施卫生与植物卫生措施协定》（SPS）有关规定的复审裁决。②经仲裁确定的 RPT 结束日为 1999 年 5 月 13 日。③ 美国和加拿大在执行期满后便请求授权贸易报复，因欧盟在该结束日之前已表示无法如期执行，且愿补偿（实际没有谈判补偿），故无须执行复审。

3. 巴西和加拿大飞机案

这是 WTO 唯一双方互相授权贸易报复的"双簧案"。1999 年 8 月 20 日，DSB 采纳 AB 关于巴西对飞机出口补贴项目违反《补贴与反补贴措施协定》（SCM）有关规定的复审裁决。④1999 年 11 月 19 日，巴西宣布已撤回涉案措施，因而执行了该裁决，但是，加拿大随即请求 DSU 第 21.5 条项下的执行复审，并且双方达成关于程序谅解，这是 WTO 争端解决历史上第一份此类双边协议。⑤ 该协议规定："一旦［执行复审］报告认定巴西未执行 DSB 的建议或裁决，任何一方不得反对 DSB 考虑加拿大提请 DSU 第 22.2 条及 SCM 第 4.10 条项下授权中止减让，不过，巴西可请求付诸 DSU 第 22.6 条项下仲裁。"⑥ 2000 年 8 月 4 日，DSB 通过 AB 的执行复审报告，⑦ 裁定维持原审专

---

① 张玉卿：《WTO 热点问题荟萃》，中国商务出版社 2015 年版，第 209~223 页。

② EC – Hormones, DS26, DS48/AB/R, 16 January 1998.

③ EC – Hormones, DS26/15, DS48/13, 29 May 1998.

④ Brazil – Aircraft, DS46/AB/R, 2 August 1999.

⑤ Brazil – Aircraft, DS46/13, 26 November 1999. 有专家认为马来西亚与美国在 2000 年年初签订的顺序问题双边协议开启了这一做法的"先河"（参见纪文华、黄萃：《实践中的 WTO 争端解决机制 1995~2007》，中国商务出版社 2007 年版，第 301 页）。这虽未提供出处，但应以该协议（US – Shrimp, WT/DS58/16, 12 January 2000）为依据。该协议明确这是双方于 1999 年 12 月 22 日达成的，因而稍后于巴西飞机案的程序谅解。

⑥ Brazil – Aircraft, DS46/13, para. 4.

⑦ Brazil – Aircraft, DS46/AB/RW, 21 July 2000.

家组于同年 5 月 9 日对巴西未执行的裁决，而加拿大在巴西对此提起上诉之前，即 5 月 10 日就已请求授权贸易报复。可见，双方的程序谅解存在缺陷，即其中的"报告"并没有明确究竟是专家组抑或上诉报告。加拿大在 AB 复审裁决之前请求授权贸易报复的前提是当时巴西对执行复审的专家组裁定有异议，因而也无意撤回违反措施。

至于同时争端解决的加拿大飞机案，1999 年 11 月 19 日，加拿大基于 AB 裁定其违反 SCM 有关规定，也宣布撤回涉案措施，但是巴西则请求执行复审。DSB 于 2000 年 8 月 4 日采纳 AB 驳回巴西诉求的报告，因而巴西也不可能提起授权贸易报复。然而，2001 年 1 月 22 日，巴西第二次提起加拿大补贴出口飞机案，并于翌年 1 月 28 日得到专家组的部分支持。① 加拿大未要求上诉，并于同年 3 月 8 日表示考虑如何尽最大努力执行有关裁决，5 月 23 日，巴西启动授权贸易报复程序。② 此时是加拿大表示愿意执行，但尚未执行之时。

4. FSC 案

这是 WTO 涉案金额最多的一起授权贸易报复案。2000 年 3 月 20 日，DSB 采纳 AB 关于美国海外销售公司税收待遇（FSC）违反 SCM 和农业协定有关条款的复审裁决，③ 并决定美国执行的 RTP 结束日为 2000 年 10 月 1 日（后延期为同年 11 月 1 日）。④ 美欧为此达成执行程序谅解，其中第 8 段、第 9 段明确规定执行期满，如双方对执行与否发生争议，应在欧盟请求之日起 12 天内磋商，磋商未成，欧盟有权提起执行复审程序，亦"可请求"（may request）授权贸易报复；如执行期满，不存在执行措施，欧盟"可请求"授

---

① Canada – Aircraft, DS222/R, 28 January 2002.

② 巴西授权报复的裁决，参见 Canada – Aircraft, DS222/ARB, 17 February 2003。

③ US – FSC, DS 108/AB/R, 24 February 2000.

④ US – FSC, DS 108/11, 2 October 2000；参见 DS108 概述：https：//www. wto. org/english/tratop_ e/dispu_ e/case。

权贸易报复，而不必先启动执行复审程序。①可见，DSU 第 22.6 条项下申诉方这一"可请求"的权利应得到充分保障。实际上在一定程度也是欧盟回应美国在香蕉案中根本不通过执行复审，径直请求授权贸易报复的做法，只是缓和一些，同意在执行期满，如美国虽采取执行措施但有争议，则应先期磋商，如美国压根不采取措施，则欧盟立马可请求授权贸易报复。

2000 年 11 月 15 日，美国宣布通过修改立法执行了 WTO 裁决，欧盟表示异议，随即请求授权贸易报复，同时请求磋商，继而执行复审。换言之，欧盟认为依据上述程序谅解，可以平行启动 DSU 第 22.2 条和第 21.5 条程序。但是，依据该程序谅解第 11 段，一旦 DSB 决定执行复审，授权贸易报复的仲裁程序暂停；如执行复审裁定未执行，该仲裁程序则自动恢复。这是最初解决两者"顺序"问题的做法之一。2002 年 1 月 29 日，DSB 采纳 AB 关于美国未执行原审裁决的复审报告，② 该仲裁程序自动恢复，并于同年 8 月 30 日裁决授予欧盟每年贸易报复额为 40.43 亿美元。③ 直至 2006 年 5 月经第二次执行复审后，欧盟对美国通过新的执行立法没有异议，方才终止该贸易报复。该案实践说明：欧盟启动授权贸易报复的前提是美国未执行或执行仍存在争议。

5. 反倾销法案

这是一起未经执行复审的授权贸易报复案。2000 年 9 月 26 日，DSB 采纳 AB 关于美国 1916 年反倾销法与 WTO《反倾销协定》（ADA）有关规定不符的裁定。④ 经仲裁的 RPT 结束日为 2001 年 7 月 26 日（后延期至同年 12 月 18 日）。期满时美国国会仍未通过取消 1916 年反倾销法的法案，尽管行政部门已终止所有该法项下行动，并继续寻求国会尽早通过有关修正法案。欧盟、日本便分别请求授权贸易报复，其中欧盟的请求结果是仲裁裁决其贸易

---

① US – FSC, DS 108/12, paras. 8 – 9.

② US – FSC, DS 108/AB/RW, 14 January 2002.

③ US – FSC, DS 108/ARB, 30 August 2002, para. A34.

④ US – 1916 ACT, DS 136, 162/AB/R, 28 August 2000.

报复以其公司缴纳美国法院依该法判决的累计金额数为限。①此案授权贸易报复的前提是美国尚未完全执行原审裁决。

6. 抵消法（伯德修正法）案

这是一起请求方最多，且也未经执行复审而授权贸易报复的案件。2003年1月27日，DSB 采纳 AB 关于美国抵消法违反 ADA 和 SCM 有关规定的裁定。②经仲裁的 RPT 结束日为 2003 年 12 月 27 日③（部分申诉方后同意延期至 2004 年 12 月 7 日）。2004 年 1 月 16 日，部分申诉方以美国未执行而请求 DSB 授权贸易报复；④ 显然，此类请求的前提是美国未执行原审裁决。

7. 博彩案

这是唯一涉及 GATS 的授权贸易报复案。2005 年 4 月 20 日，DSB 通过 AB 裁定美国禁止提供跨境网上博彩服务的措施违反 GATS 有关规定及美国有关博彩服务市场准入承诺。⑤经仲裁的 RPT 结束日为 2006 年 4 月 3 日，同年 5 月 26 日，双方达成关于 DSU 第 21 条与第 22 条的程序谅解。⑥ 该谅解第 7 条约定："如 DSB 认定美国未执行 DSB 裁决，安提瓜巴布多达可请求 DSU 项下授权中止关税减让或其他义务。"这就是说，一旦 DSB 裁定美国未执行，安提瓜巴布多达就可以任择请求授权贸易报复。2007 年 5 月 25 日，DSB 采纳原审专家组认定美国未执行，于是，同年 6 月 21 日，安提瓜巴布多达请求授权贸易报复。美国对未执行无异议，但对报复水平与跨部门交叉报复有异议。事实上，美国还未执行。⑦

---

①　US – 1916 ACT, DS 136/ABR, para. 8. 2.

②　US – Offset Act（Byrd Amendment），DS217, 234/AB/R, 16 January 2003.

③　US – Offset Act（Byrd Amendment），DS217/12, 234/22, 13 June 2003.

④　请求授权贸易报复的申诉方包括欧盟、日本、加拿大、墨西哥、巴西、智利、印度和韩国。

⑤　US – Gambling, DS285/AB/R, 7 April 2005.

⑥　US – Gambling, DS285/16, 26 May 2006.

⑦　参见 DSB 授权贸易报复的决定，US – Gambling, DS285/25, 13 December 2012；安提瓜巴布达抱怨美国未执行的声明，US – Gambling, DS285/26, 25 April 2013。

8. 高地棉案

2005 年 3 月 21 日，DSB 采纳 AB 关于美国高地棉生产、利用与出口补贴措施违反农业协定和 SCM 有关规定的裁决，并建议美国在同年 9 月 21 日之前取消其违约措施。[①] 双方于同年 7 月 8 日达成关于 DSU 第 21 条与第 22 条的程序谅解，约定：在美国农业部取消违约措施并向美国国会递交相关修改法案的前提下，巴西为保障其 DSU 项下权利，将于同年 7 月 15 日请求授权贸易报复和采取适当的反补贴措施，美国将提请仲裁报复水平及反措施的适当性；巴西有权提请对美国执行情况的复审，一旦提起，仲裁中止；如执行复审裁定美国未执行，双方将合作使得仲裁在恢复后 60 天内完成；如裁定已执行，巴西则撤回仲裁请求。[②] 此后的相关程序按该约定进行，包括 DSB 应巴西请求，于同年 9 月 28 日同意原审专家组审理美国修改法案是否完全执行，最终 AB 复审裁定美国未执行。[③] 2008 年 8 月 25 日，巴西请求恢复授权贸易报复的仲裁，翌年 8 月 31 日仲裁完成。[④] 该案表明：关于 DSU 第 21 条与第 22 条的程序谅解取决于争端当事方的具体约定，尚无统一模式；相比被诉方请求执行复审的权利，申诉方请求授权贸易报复的权利具有优先性。

9. COOL 案

这是晚近一起授权贸易报复案。2012 年 7 月 23 日，DSB 采纳 AB 关于美国原产地国标签要求违反《技术性贸易壁垒协定》（TBT）的裁决。[⑤] 经仲裁的 RPT 结束日为 2013 年 5 月 23 日。该执行期满后，加拿大和墨西哥均对美国是否完全执行原审裁决持有异议，故与美国分别签署关于 DSU 第 21 条与第 22 条的程序谅解，并均明确仅为该争端解决的执行程序而达成。[⑥] 这进

---

① US – Upland Cotton, DS267/AB/R, 3 March 2005.

② US – Upland Cotton, DS267/22, 8 July 2005.

③ US – Upland Cotton, DS267/AB/RW, 2 June 2008.

④ US – Upland Cotton, DS267/ARB/1, ARB/2, 31 August 2009.

⑤ US – COOL, DS384, 386/AB/R, 29 June 2012.

⑥ US – COOL, DS384/25, DS386/24, 13 June 2013.

一步说明 WTO 争端解决实践中此类谅解是个案酌定，具体约定虽有所不同，但基本做法仍为执行复审先于授权报复，且多采用 2000 年马来西亚与美国达成的程序谅解模式①，即一旦裁定被诉方未执行，申诉方可任择请求授权贸易报复程序，不受 RPT 期满后 30 天内启动该程序的约束。2015 年 5 月 18 日，DSB 采纳 AB 关于美国修改后的原产地标识要求未完全符合原审裁决的复审报告。于是，加拿大和墨西哥在同年 6 月 4 日请求授权贸易报复，并得到仲裁核准。②

（二）实践的初步答案

1. 请求授权贸易报复的权利得到充分保障

尽管 DSU 关于执行复审与授权报复的"顺序"规定不明确，但是，WTO 争端解决的实践表明，申诉方请求授权贸易报复的权利得到充分保障。换言之，WTO 并未一概要求执行复审在先，而是允许两者平行（如香蕉案）；或根据当事方的程序谅解，如在先启动授权报复程序，但该程序在申诉方请求执行复审后暂停，复审裁决未执行再恢复（如 FSC 案、高地棉案）；或不经过执行复审而径直请求授权报复（如荷尔蒙案、反倾销法案、抵消法案、第二次加拿大飞机案）；或在原审专家组执行复审裁决之后，但 AB 复审裁决之前，申诉方提起授权报复程序（如巴西飞机案）。晚近比较规范的做法是严格按照双方约定的 DSU 第 21 条与第 22 条程序谅解，先执行复审，一旦原审专家组或 AB 最终裁定未执行，申诉方很快启动授权报复程序（如博彩案、COOL 案）。

值得注意的是，美国涉案被授权贸易报复最多，且违约措施均以国会

---

① US – Shrimp, WT/DS58/16.

② US – COOL, DS384, 386/ARB, 7 December 2015.

立法①为依据。比如，FSC 案涉及美国《国内收入法典》及为执行原审裁决于 2000 年修订的《外国销售公司归还与域外收入排除法》（ETI 法），反倾销案涉及美国《1916 年收入法》有关不公平竞争规定（即《1916 年反倾销法》）及递交国会要求取消该规定的修法建议，抵消法案涉及 2000 年《伯德修正法》及 2006 年《赤字减少法》，博彩案涉及美国《有线网法》《旅行法》与《博彩商业法》，高地棉案涉及 2002 年《农场安全及农村投资法》（FSRI）及 2008 年《食品、保护及能源法》（农场法案），COOL 案涉及 1946 年《农业市场销售法》及 2008 年《农场法》、2008 年 7 月《内部最后条例》及 2009 年和 2013 年修改条例。在这些案件中，美国国会没有及时或不愿修法，或修法不到位，即便美国行政当局愿意取消或实际中止违约措施，但涉案立法本身没有修改或取消，因而无法真正执行 DSB 采纳裁决，招致授权贸易报复。即便在博彩案中，美国辩称违约措施符合 GATS 第 14 条（a）款"公共道德或公共秩序"例外（这得到 AB 认可，但 AB 裁定依据美国《跨州赛马法》，难以论证符合 GATS 第 14 条一般例外的小序言），②虽曾表示执行原审裁决，却没有付诸实施。

2. 被诉方虽称撤销违约措施，但申诉方表示异议，仍可请求授权贸易报复

在上述已授权的贸易报复案中，被诉方无不表示愿意服从和执行原审裁决。然而申诉方均质疑是否完全执行。以香蕉案为例，欧盟一开始采取"先发制人"的策略，率先请求复审其 1998 年 7 月为执行 WTO 裁决而修改的欧盟理事会有关条例，但是，申诉方均表示异议，美国还抢先直接请求并获得授权贸易报复。此后，欧盟于 2001 年 1 月、12 月，2005 年 11 月、2007 年 12 月多次修改或废止其有关条例，但仍一而再、再而三受到申诉方质疑乃至

---

① 此类立法不属于《1974 年贸易法》第 301~310 节项下由美国行政部门根据国会批准的《政府行政声明》可"酌定"（discretion）执法的立法。参见曾华群主编：《美国-1974 年贸易法第 301~310 节案》，上海人民出版社 2005 年版，第 926 页。

② US-Gambling, DS285/AB/R, para. 373（vi）（a）.

请求授权贸易报复。直至 2010 年，经 WTO 总干事促成有关当事方签署《香蕉协定》，总算"息事宁人"。①

由上可见，就本文探讨的第一个问题而言，来自于实践的初步答案是比较明晰的：即便欧盟宣布撤销涉案反倾销措施，中国亦可请求授权贸易报复，如中国质疑欧盟涉案有关条例针对中国厂商的反倾销调查中违约做法，是否真正从其立法层面上加以根除。无论从上述授权贸易报复的实践看，还是依据 DSU 第 22.2 条及中欧有关程序谅解第 3 条，中国均可任择请求授权贸易报复。这一权利理应得到充分保障，中国不应轻易放弃。

二、WTO 授权贸易报复的请求：理论的探究

从理论上探究有关 WTO 授权贸易报复的请求问题，可能包括具有法理性的相关"条约解释"（treaty interpretation）② 与"判理"（jurisprudence）③

---

① 张玉卿：《WTO 热点问题荟萃》，中国商务出版社 2015 年版，第 209～223 页。

② WTO 争端解决中的条约解释依据首先是 DSU 第 3.2 条：WTO 争端解决体制"依照国际公法的解释惯例澄清这些协定的现行规定"，包括 DSU 本身规定；其次是 DSU 第 17.6 条：上诉所限事项之一为"专家组所作的法律解释"；再次是 ADA 第 17.6 (ii) 条："专家组应依照国际公法的解释惯例，解释本协定的有关规定。"参见张乃根："论 WTO 争端解决的条约解释"，载《复旦学报》（社科版）2006 年第 1 期；另参见张东平：《WTO 司法解释论》，厦门大学出版社 2005 年版；赵维田：《WTO：解释条约的习惯规则》，湖南科学技术出版社 2006 年版；陈欣：《WTO 争端解决中的法律解释》，北京大学出版社 2010 年版；冯寿波：《WTO 协定与条约解释》，知识产权出版社 2014 年版；Isabelle Van Damme, Treaty Interpretation by the WTO Appellate Body, Oxford：Oxford University Press, 2009.

③ Jurisprudence 的西文源自于公元 533 年优士丁尼编纂的古罗马《法学阶梯》一书。"法学"的拉丁文是"juris prudentia"，译为英文为 Jurisprudence。已故著名 WTO 法学者约翰·H. 杰克逊教授将 GATT 与 WTO 争端解决案例称为"国际贸易的法理"，参见 John. H. Jackson, "The Jurisprudence of International Law：The DISC Case in GATT (1978)", 72 American Journal of International law 747 – 781，后编入 John. H. Jackson, The Jurisprudence of GATT & the WTO, Cambridge：the Press of Cambridge University, 2000. 他在回顾 WTO 争端解决第一个十年时依据争端解决判例及其条约解释，归纳 5 个"关键法理问题"（Key jurisprudential problems）。参见［美］约翰·H. 杰克逊：《国家主权与 WTO：变化中的国际法基础》，赵云龙、左海聪、盛建明译，社会科学文献出版社 2009 年版，第 189～228 页。这些判例中包含的法理亦可称为"判理"。

以及学界有关理论。下文先以 WTO 争端解决的"分析索引"① 为指导，评述若干具有准"判例法"② 作用的相关条约解释与判理，然后评析学界有关理论，试图解答本文探讨的第二个问题，即如何进一步理解授权贸易报复与 WTO 争端解决制度的"既往不咎"价值导向之间的关系。

（一）有关请求授权贸易报复的条约解释与判理

1. 请求授权贸易报复之目的

DSU 总则第 3.7 条规定：WTO 成员在争端解决中可采用的"最后手段是可以在歧视性的基础上针对另一成员中止实施适用协定项下的减让或其他义务，但需经 DSB 授权采取此类措施"。这一"最后手段"（the last resort）的性质决定了任何 WTO 成员采用之，均需慎而又慎。为此，DSU 第 22.1 条第一句规定：这"属于在合理期限内未执行建议与裁决时可获得的临时措施"。因此，"临时性"（temporary）是 DSU 明文规定的此类措施之本质特点。香蕉案的仲裁员（原审专家组）曾解释：这隐含着旨在"促使执行"（induce compliance）建议与裁决，因而授权贸易报复应以利益丧失或减损"等同"（equivalent），不应具有任何"惩罚性质"（punitive nature）。③ DSU 第 22.8 条进一步明确：授权贸易报复"应是临时性的，且只应维持至被认定与适用协定不一致的措施已取消，或必须执行建议或裁决的成员对利益丧失或减损已提供解决办法，或已达成双方满意的解决办法"。简言之，授权贸易报复具有临时性和等同性的特点，旨在补救利益丧失或减损，并促使最终完全执行。

---

① 前引 WTO 争端解决网：Analytical Index, DSU.

② WTO 争端解决报告中条约解释与判理虽不具有普通法意义上的判例法效力，但在实践中，类似案件的解决通常遵循已有报告（尤其是 AB 报告）中条约解释与判理判例（亦可称为准"判例法"），除非有"令人信服的理由"（cogent reason）偏离先前判例。参见 China – Rare Earth, DS431, 432, 433/AB/R, 7 August 2014, para. 1.13.

③ EC – Bananas, DS27/ARB, para. 6.3.

应特别留意，所谓隐含的"促使执行"和不具有"惩罚性"的用语都不是 DSU 的明文规定，而是仲裁员通过条约解释引申的判理。在抵消案中，仲裁员质疑"促使执行"是否为授权贸易报复的唯一目的，指出：香蕉案的仲裁报告"第一次提出'促使执行'的概念，并为以后其他仲裁所采用。然而，DSU 任何条款均未明确采用该用语，我们也不认为 DSU，或者说 WTO 协定之目标及宗旨，将支持这一做法，即 DSU 第 22.2 条项下中止减让或其他义务的目的只有一个，那就是促使执行。如将 DSU 第 3 条、第 7 条、第 22.1 条和第 22.2 条作为第 22.4 条和第 22.7 条的上下文，我们不能排除促使执行时中止减让或其他义务所含目的，但是，这至多是授权中止减让或其他义务的诸多目的之一而已。将依赖于'促使执行'作为最合适做法的选择基准，我们也会冒着看不到第 22.4 条要求中止水平用等同于利益丧失或减损等同这一风险"。①显然，这清楚地说明"促使执行"不是授权贸易报复的唯一目的，其目的之一是补救利益丧失或减损，换言之，被诉方在没有完全执行裁决之前，应当承担其违约的代价——申诉方的授权贸易报复。在这一意义上，不是"既往不咎"，而是"既往必咎"。这是探究 WTO 授权贸易报复的请求相关理论所不能忽视的问题。

2. 请求授权贸易报复的程序要求

DSU 第 22.2 条规定如被诉方败诉后未能执行建议或裁决或在仲裁 RPT 期满后仍未执行，且双方未能达成补偿，则申诉方可请求 DSB 授权贸易报复。该规定没有说明是否应先依照 DSU 第 21.5 条复审执行。这就是"顺序"问题的制度性起因。根据 2001 年 11 月多哈部长会议的决定，旨在进一步澄清 DSU 文本若干规定的谈判可不作为"一揽子"谈判结果，先期完成，但至今尚未完成。② 上述实践表明：在有关"顺序"条款未修改的情况下，即便通过程序谅解的双边协议在一定程序上解决该问题，申诉方的任择授权贸

---

① US – Offset Act (Byrd Amendment), DS217/ARB/BRA, 31 August 2004, para. 3.74.

② Special Session of the Dispute Settlement Body, TN/DS/28, 4 December 2015.

易报复的权利还是得到充分的，且实际上是优先的保障，但应符合有关条约解释和判理所确定的正当程序要求。

根据香蕉案的仲裁员解释："DSU 没有明确规定 DSU 第 6.2 条有关请求成立专家组的具体要求可类似适用于第 22 条项下的仲裁程序。然而，我们认为第 22.2 条和第 22.6 条项下的中止请求及提请仲裁均应服务于第 6.2 条所要求的正当程序目的。首先，请求方通知另一方以便其能够回应中止或仲裁的请求。其次，申诉方依据第 22.2 条的请求确定了 DSB 对于授权申诉方请求中止的管辖权。同样地，第 22.6 条项下的仲裁请求也确定了仲裁员的职权范围。为此，我们认为 WTO 判理早已确立的第 6.2 条项下具体性标准与第 22.2 条和第 22.6 条项下授权中止的请求与该事项应提交仲裁的请求相关。但是，这不适用于仲裁程序中有关计算利益丧失或减损水平的方法文件递交。"①

因此，只要申诉方的请求按照正当程序，并参照 DSC 第 6.2 条要求，提供一份明确请求授权贸易报复水平及产品清单，或其他具体义务（由请求方自行确定，不超过报复水平），DSB 就应给予授权，除非 DSB 经协商一致决定拒绝该请求。如同 DSB 采用"反向一致"无一例外地通过专家组或上诉报告，迄今也无一起 DSB 拒绝请求授权贸易报复的案例。被诉方对申诉方请求持有异议，至多要求执行复审，而无法要求 DSB 拒绝该请求；在双方已达成程序谅解的前提下，如执行复审裁决支持申诉方，则被诉方仅限于对申诉方请求的报复水平提出异议，并付诸仲裁，由 DSB 采纳裁决。

3. 授权贸易报复的请求期限与授权起算

DSU 第 22.2 条规定："如在合理期限结束期满之日起 20 天内未能议定令人满意的补偿，则援引争端解决程序的任何一方可向 DSB 请求授权中止对有关成员实施适用协定项下的减让或其他义务。"如上所述，在 WTO 授权贸

---

① EC – Bananas, DS27/ARB, para. 6.3.

易报复的实践中一开始就发生"顺序"问题，而后通常由争端双方议定执行复审与授权报复的程序谅解，包括申诉方何时可请求授权报复。在实践中虽无对第 22.2 条有关请求授权报复的期限解释或判理，但大量有关程序谅解，[①] 尤其是晚近的授权贸易报复案（如 COOL 案、紧固件案）中程序谅解通常规定，如作为 DSU 第 21.5 条项下的程序结果，DSB 裁决被诉方已采取的执行措施不存在或与适用协定不符，申诉方可以依据 DSU 第 22.2 条请求授权中止减让或其他义务。被诉方不应以该要求在 DSU 第 22.6 条第一句规定时间之外提出为由主张申诉方不可以要求报复，但可要求仲裁裁决。这就是说，授权贸易报复的请求不限于"不迟于合理期限期满前"，也不需要等待"合理期限结束期满之日起 20 天内未能议定令人满意的补偿"，而是在执行复审裁定未执行之后，由申诉方自行择时请求。

关于授权贸易报复的起算，抵消法案仲裁员在解释 DSU 第 22.4 条关于报复水平的"等同性"（equivalent）时，实际上也解释了授权贸易报复的起算及其适当调整的必要性："我们注意到第 22.4 条所指'利益丧失或减损的水平（单数）'与减让中止或其他义务的水平（单数），我们并不认为这些术语施加了识别单一和持续的利益丧失或减损水平的义务。第 22.4 条只是要求这两个水平等同而已。…… 以往多数仲裁员确定利益丧失或减损的单一水平是给予被诉方执行裁决的合理期限结束之时的水平。我们并不认可这一在大多数案件中最合适的方法。然而，我们在第 22 条中解读不出任何排除其他方法，如该案的情况清楚地要求其他方法。……在本案中，减让中止的水平将自动地以美国在［授权贸易报复］既定年份根据违约措施的支出款为依据。"[②]这一解释清楚地说明：对于申诉方在 RPT 结束日之前的利益丧失或减损不予补救（既往不咎），对于之后的利益丧失或减损则应当补救（既往必咎），因此报复水

---

① WTO 争端解决网：Analytical index，1156.

② US – Offset Act（Byrd Amendment），DS217/ARB，参见 WTO 争端解决网：Analytical index，1892～1894.

平的起算日为"合理期限结束之时的水平"，而且之后根据实际造成的利益丧失或减损可做必要调整。这与上述提及该案仲裁员对授权贸易报复的补救目的之解释，完全吻合。总之，根据上述条约解释与判理，WTO 争端解决并非一概"既往不咎"。

（二）有关授权贸易报复的学界理论

1. 欧美学界的理论。[①]

以在整个欧美学界对于 GATT 与 WTO 争端解决最有研究的学者之一杰克逊教授的代表论著为例。他于 1997 年再版的专著《世界贸易体制：国际经济关系的法律与政策》有一章专门论述 GATT 与 WTO 争端解决机制，其中援引了美国出席哈瓦那会议的代表团团长的话，授权贸易报复"实际上会起到制裁和惩罚措施的作用"。[②]杰克逊教授没有提及 WTO 争端解决机制具有的"既往不咎"价值导向，而是强调其"规则导向型外交"对于增强争端解决的国际法效力具有的作用。

在杰克逊教授的论文汇编《GATT 与 WTO 的判理》[③] 中，有一篇发表于 1997 年的题为《WTO 的 DSU：对法律义务性质的误解》的一文指出："DSU 清楚地明确执行建议的义务；注意在执行完成之前，该事项一直处于 DSB 的监督下；这也提示在无法立即撤销违约措施的情况下，才应该诉诸补

---

① 除下文评述的杰克逊教授的论著，另参见德国《马克斯－普朗克关于世界贸易法评注》系列之一，Rüdiger Wolfrum, Peter－Tobias Stoll and Karen Kaiser, ed., WTO－Institutions and Dispute Settlement, Leiden：Martinus Nijhoff Publishers, 2006；美国 WTO 法教科书，Petros C. Mavroidis and Mark Wu, The Law of the World Trade Organization（WTO）, 2$_{nd}$, St. Paul：West Academic Publishing, 2013.

② 约翰·H. 杰克逊：《世界贸易体制——国际经济关系的法律与政策》，张乃根译，复旦大学出版社 2001 年版，第 126 页。

③ The Jurisprudence of GATT & the WTO.

偿。"① 这与前述抵消法案仲裁员根据 DSU 第 22 条上下文所作的条约解释，比较一致。显然，杰克逊教授认为，被诉方首先有义务执行裁决，如"无法"（impractical，该用语似乎意味着被诉方客观上不能）立即执行，应给与申诉方"补偿"（compensation）。该论述至少可理解为：这种补偿是"既往必咎"，而非"既往不咎"；在双方未达成补偿的情况下，授权申诉方贸易报复以补偿被诉方自 PRT 结束日起算导致的利益丧失或减损，更是"既往必咎"。在杰克逊教授这本论文汇编中，同样找不到 WTO 争端解决机制具有的"既往不咎"价值导向的表述。

杰克逊教授生前最后出版的著作《国家主权与 WTO：变化中的国际法基础》在 WTO 争端解决机制的专章中，论述了有关"报复性贸易限制措施"（retaliatory trade limiting measures，"但不是如此称谓"②）："补偿措施存在限制，即须等同于利益丧失或减损，…… 迄今'补偿'几乎从未意味'不确定的'（check in mail），而是提示可采取的贸易措施。"③也就是说，授权贸易报复是对 RPT 结束日起至被报复方完全执行之前，已造成报复方利益丧失或减损的相对确定之补偿。尽管 DSU 没有采用"补偿性报复"一词，但在实践中通常这样说，就意味着一定的"既往必咎"。该书罗列了 WTO 争端解决的诸多目标（12 个之多），其中，首要目标是"消除被诉方造成的损害，'补救'（redress）申诉方的受损"。④杰克逊认为不可将之与国内法上的侵权损害赔偿相提并论，因此，"总体上，如今 WTO 体制不包括溯及的或朝后看的惩罚、救济或补偿"。⑤ 然而，这不意味着 WTO 授权贸易报复不存在一定

---

① John H. Jackson, "The WTO Dispute Settlement Understanding – Misunderstanding on the nature of legal obligation"（1997），91 American Journal of International Law, 60 – 64 后编入 The Jurisprudence of GATT & the WTO, p. 167.

② John. H. Jackson, Sovereignty, the WTO and Changing Fundamentals of International Law, Cambridge：Cambridge University Press, 2006, p. 197.

③ Ibid, p. 197.

④ Ibid, p. 147.

⑤ Ibid, p. 147.

意义上"既往必咎"的"补救"。杰克逊教授在该书中也未提及"既往不咎"价值导向。

2. 国内学界的理论①

以《既往不咎——WTO 争端解决机制研究》一书的理论为例。该书在分析 WTO 授权贸易报复机制时指出："中止减让权是在争端解决报告通过后执行裁决的合理期限届满后被诉方没有执行裁决时产生的。如果在该合理期限内，被诉方撤销了有关措施，申诉方与被诉方之间的争端得以了结；同时对被诉措施实施期间可能造成的申诉方的损失（包括申诉方境内的公司和自然人的损失），一概既往不咎。因此，申诉方能够中止减让的，只能是合理期限届满之日起的利益丧失或受损。利益的丧失或受损，是预期性计算，而不是追溯性计算。"②接着，该书基于这种"独特的违约救济措施"，认为这"体现了世界贸易组织争端解决机制的既往不咎、面向未来的价值取向"。③下文拟就两个问题加以商榷。

其一，授权贸易报复起算是否具有一定的"追溯性"？根据上述梳理的WTO 争端解决授权贸易报复的案例实践，DSB 授权报复之日与报复起算的"合理期限届满之日"（RPT 结束之日）之间，均有如下可溯及的补救期限：

表1　WTO 授权贸易报复的可溯及时间（根据 WTO 争端解决网信息归纳）

案名	申诉方	RPT 结束之日	授权报复之日	可溯及时间
香蕉案	美国	1999 年 1 月 1 日	1999 年 4 月 19 日	3 个月 18 天
	厄瓜多尔	同上	2000 年 5 月 18 日	16 个月 17 天

---

① 韩立余：《既往不咎——WTO 争端解决机制研究》，北京大学出版社 2009 年版，另参见张军旗："论 WTO 争端解决机制中的报复制度"，载《上海财经大学学报》2002 年第 1 期；胡建国：《WTO 争端解决裁决执行机制研究》，人民出版社 2011 年版；官松：《论 WTO 争端解决机制下的报复制度》，法律出版社 2013 年版。

② 除下文评述的前引《既往不咎——WTO 争端解决机制研究》，北京大学出版社 2009 年版，第 51 页。

③ 除下文评述的前引《既往不咎——WTO 争端解决机制研究》，北京大学出版社 2009 年版，第 52 页。

续表

案名	申诉方	RPT 结束之日	授权报复之日	可溯及时间
荷尔蒙案	美国	1999 年 5 月 13 日	1999 年 7 月 26 日	2 个月 13 天
	加拿大	同上	同上	同上
巴西和加拿大飞机案	加拿大	未裁定①	2000 年 12 月 12 日	12 个月 3 天
	巴西	未裁定②	2003 年 3 月 18 日	12 个月 10 天
FSC 案	欧盟	2000 年 11 月 1 日	2003 年 5 月 7 日	29 个月 6 天
反倾销法案	欧盟	2001 年 12 月 18 日	2004 年 2 月 24 日③	26 个月 6 天
抵消法案	欧盟	2003 年 12 月 27 日	2004 年 12 月 17 日	11 个月 10 天
	日本	同上	同上	同上
	韩国	同上	同上	同上
	印度	同上	同上	同上
	巴西	同上	同上	同上
	智利	同上	同上	同上
	加拿大	同上	同上	同上
	墨西哥	同上	同上	同上
博彩案	安提瓜	2006 年 4 月 3 日	2007 年 12 月 21 日	20 个月 18 天
高地棉案	巴西	未裁定④	2008 年 8 月 31 日	35 个月 10 天
COOL 案	加拿大	2013 年 5 月 23 日	2015 年 12 月 7 日	30 个月 14 天
	墨西哥	同上	同上	同上

① 1999 年 11 月 9 日，巴西宣布已撤回涉案措施，因而执行了该裁决，加拿大表示异议。
② 2002 年 3 月 8 日，加拿大宣布愿意执行，但是，巴西异议。
③ 欧盟未要求 BSD 采纳 2004 年 2 月 24 日做出的仲裁报复水平报告。
④ DSB 建议 2005 年 9 月 21 日之前取消违约措施。

显然，忽略这些短则数月，长则两三年"既往必咎"的可追溯补救期限，或者认为这仅"是预期性计算，而不是追溯性计算"，并由此将授权贸易报复一概视为"既往不咎"，与 WTO 争端解决的实践不符。

WTO 争端解决机制旨在维护申诉方的合法权益和"规则导向"的 WTO 法律权威，而非一味"既往不咎"。WTO 争端解决秉承国内法院通常对民商事争议"不告不理"的做法。一旦申诉方请求 WTO 争端解决，并在败诉方未执行争端解决的裁决（包括在 RPT 内未执行）时，请求 WTO 授权贸易报复，其合法权益应得到 WTO 争端解决机制的充分保障，DSB 应当授权给予自 RPT 结束之日起算，具有一定"溯及性"的补救。这才是通过 DSB 采纳的有关条约解释和判理所体现的 WTO 全体成员在实践中达成的共识，尽管 DSU 并没有明文规定报复起算之日。

其二，"既往不咎"是否为 WTO 授权贸易报复，乃至整个争端解决机制的首要价值取向？该书在论述价值取向（或未来导向）时所援引的条约解释或判理，其唯一根据来自"美国对欧共体产品采取（报复）措施案"专家组的一段话，其中强调："WTO 授权中止减让或其他义务的最终目的，是消除［不当获得］WTO 利益，因而可能停止某些贸易。很难理解某一成员如何能取得溯及性许可停止贸易：已停止抑或尚未贸易。"①

令人费解的是：该书只字未提该案上诉报告。该上诉报告明确指出："对我们而言，本案最有意义的也许是双方未提起上诉的专家组报告中有关美国不符合 DSU 第 23.1 条的法律规则之结论。"②也就是说，美国在该案授权贸易报复裁决之日（1999 年 4 月 9 日）前，于同年 3 月 3 日单方面颁布针对欧盟自该日起进口产品的海关担保措施（"3 月 3 日措施"）不符合 DSU 第 23.1 条要求符合有关授权贸易报复的规定。在裁决之后，美国贸易代表于同

---

① US – Products from EC, WT/DS165/R, para. 6.82. 韩文余：《既往不咎——WTO 争端解决机制研究》，北京大学出版社 2009 年版，第 53 页。

② US – Products from EC, WT/DS165/AB/R, 11 December 2000, para. 58.

年 4 月 19 日宣布对欧盟进口产品采取征收 100% 关税的报复行动（"4 月 19 日行动"），3 月 3 日措施不复存在，但是，4 月 19 日措施根据 WTO 授权贸易报复的起算还是 3 月 3 日。① 上诉机构维持专家组认定，即"4 月 19 日行动不在专家组审理的职权范围"。②很清楚，美国提前单方面采取 3 月 3 日措施违反 DSU 第 23.1 条要求的多边体制规则，而 4 月 19 日行动根据 DSB 授权的贸易报复追溯至 3 月 3 日（实际在该案 RTP 结束日之后），则完全符合 DSB 采纳的有关第 22 条条约解释与判理。该案上诉报告特别指出："溯及至 1999 年 3 月 3 日的该关税征收并不意味着作为一个法律问题，美国是在 1999 年 3 月 3 日决定征收 100% 关税。…… 我们不认为这一溯及因素必然导致 3 月 3 日措施与 4 月 19 日行动是一回事。"③

通过全面地阅读该案有关报告，乃至包括上文提及的抵消案（尤其是仲裁员对授权贸易报复之目的解释）在内的全部相关案例报告，结合对国内外代表性理论的评析，可以得出初步结论：应具体分析 WTO 授权贸易报复中的"既往不咎"情况，不宜一概而论；简单地将之上升到整个 WTO 争端解决机制的"价值导向"，亦不妥，因为这容易引起人们对该机制的误解。

至此，本文探讨的第二个问题也有较清晰的答案：如中国认为欧盟未完全地执行裁决，则有权择时请求 WTO 授权自 RPT 结束之日起算的贸易报复；WTO 争端解决制度本身不存在一概而论的"既往不咎"，因而也不存在是否相悖的问题。

三、对中国请求紧固件案授权贸易报复的看法与建议

通过上述探讨，初步澄清或纠正了对 WTO 授权贸易报复的实践与理论

---

① USTR Notice, 64 Fed. Reg. 19, 209 (1999)

② US – Products from EC, WT/DS165/AB/R, para. 69.

③ US – Products from EC, DS165/AB/R, para. 78.

存在的某些误解，下文对中国是否应请求紧固件案的授权贸易报复，即欧盟是否完全执行复审裁决，提几点初步的看法与建议。

（一）紧固件案的意义及对欧盟执行的评估

1. 紧固件案的意义

紧固件案是一起对于中国依照 WTO 法维护国家和企业的权益具有十分重要意义的案件，AB 在原审裁决中对涉案的《中国入世议定书》第 15 条（a）项的条约解释，澄清了针对中国的反倾销调查相关价格可比性方面国内价格的特别规则。AB 明确指出："在我们看来，《中国入世议定书》第 15 条没有授权 WTO 成员将中国与其他成员区别，除非在中国国内价格和成本方面与正常价值有关的认定价格可比性［区别对待］。我们认为，《中国入世议定书》第 15 条在确立了有关国内价格方面的价格可比性特别规则的同时，并不包含一个毫无边际的例外，允许 WTO 成员除根据《反倾销协定》和 GATT 项下认定出口价格或个别与国家范围的幅度之比及关税，为了其他目的而区别对待中国。"[1]换言之，该特别规则与中国的市场经济地位问题无关，仅限于认定中国国内价格有关的价格可比性。这对于击破欧美等 WTO 成员滥用该第 15 条，乱扣"非市场经济"（EME）大帽子，乃至将之政治化的做法，是十分有利的法律依据。[2]

2. 对欧盟执行的评估

原审裁决之后，虽然欧盟于 2012 年 10 月修改了其反倾销措施，但是对其反倾销的基本条例第 2 条（7）款（b）项有关将中国列为 NME 的内容，第 2 条（7）款（c）项认定进口货物的厂商符合市场经济条件的一般标准，以及第 9 条（5）款认定符合适用个别关税的特别标准，均未做任何修改，

---

① EC – Fasters，DS397/AB/R，para. 290.

② 张乃根："中国涉案 WTO 争端解决的条约解释及其比较"，载《世界贸易组织动态与研究》2012 年第 3 期，汇编于张乃根：《WTO 法与中国涉案争端解决》，上海人民出版社 2013 年，第 242 页。

并继续对来自中国的紧固件实施反倾销税，其中包括关税号为 73181290、73181491、　73181499、　73181559、　73181569、　73181581、　73181589、ex73181590、ex73182100、ex731812200 的产品。[①]中国认为欧盟修改的措施没有执行原审裁决，与 WTO 有关反倾销规则相抵触，为此提起执行复审，并得到 AB 复审裁决的完全支持。2016 年 2 月 26 日，欧盟不得不宣布再次修改其实施条例，撤销其对来自中国的紧固件反倾销措施。[②] 至此，欧盟是否完全执行 AB 复审裁决呢？有必要将其再次修改的实施条例与 AB 复审裁决相比较，并作初步评估：

表 2　AB 复审裁决与欧盟 2016 年实施条例的比较

AB 复审裁决	欧盟 2016 年实施条例	评　估
ADA 6.5 和 6.5.1：欧盟应客观评估替代国厂商所谓机密信息的"正当理由"	ADA　6.4，6.2　和　6.5，6.5.1：与替代国厂商的产品特点有关信息处理	未提及"正当理由""充分机会"等
ADA 6.4 和 6.2：欧盟应向中国涉案厂商"及时"提供不应被视为机密的信息，以便其得到抗辩的"充分机会"		
ADA 6.1.2：欧盟应要求替代国厂商迅速向中国涉案厂商提供其"相同产品清单及特点"等信息，以便中国厂商对正常价值的比较提出"调整要求"	ADA 6.1.2：替代国厂商是否为利害关系方，向中国厂商提供替代国厂商关于其产品清单及特点信息	未提及"调整要求"

---

① Council Implementing Regulation（EU）No 924/2012 of 4 October 2012.

② Council Implementing Regulation（EU）No 2016/278 of 26 February 2016.

AB 复审裁决	欧盟 2016 年实施条例	评 估
ADA 2.4：欧盟应"充分审查"中国涉案厂商基于替代国厂商进口原料的税收等影响替代相同产品的正常价值而提出的"调整要求"	ADA 2.4：用于正常价值认定的替代国厂商产品特征、税收差异、可获得原材料差异、自产电力使用、原材料消耗及用电效率及每雇员生产率的信息	未提及"充分审查""公平比较"
ADA 2.4.2：欧盟加权平均价格的公平比较应包括第三国"相同产品"下的"所有"中国涉案产品	ADA 2.4.2：与替代国厂商销售不符的出口交易	未提及"加权平均价格"的公平比较
ADA 4.1 和 3.1：欧盟不应让生产者"自行选择"是否纳入其国内产业及损害确定	ADA 4.1 和 3.1：有关国内产业及损害的确定	未提及"自行选择"

可见，欧盟再次修改的实施条例对 AB 复审裁决的解读，刻意回避该复审裁决的一些关键用语。虽然欧盟撤销了对涉案来自中国的紧固件反倾销措施，但是，欧盟在该案中采取的措施与其反倾销的基本条例有关针对 NME 的特别规定有着内在联系，因此，在欧盟未修改该基本条例的情况下撤销紧固件案的反倾销措施，又回避复审裁决的关键用语，实际上并没有完全执行 AB 复审裁决。

（二）对中国请求紧固件案授权贸易报复的建议

1. 及早、充分准备请求紧固件案授权贸易报复

2016 年 1 月 18 日，AB 复审裁决向 WTO 成员散发之后，中国政府开始准备请求授权贸易报复的工作，包括报复水平的计算。[①]这可能与中国涉案第

---

① 根据作者参加商务部有关应对紧固件案授权贸易报复的会议所获悉的信息。

一起授权贸易报复有关，因而没有及早开展这方面工作。相比前述其他 WTO 成员抢先或尽早启动授权贸易报复程序，中国显然缺少应对经验，准备工作相对滞后。建议今后应对此类案件，应展开及时、充分的请求授权贸易报复工作，以切实维护国家和企业的合法权益。

2. 消除对请求授权贸易报复的误解

2016 年 2 月 12 日，DSB 采纳 AB 复审裁决之后，中国也未根据与欧盟先前达成的程序谅解，及时启动授权贸易报复程序，以致失去直接进入仲裁报复水平的最佳机会。同年 2 月 26 日，欧盟宣布撤销涉案反倾销措施，中国政府在表示欢迎的同时，没有保留在全面评估欧盟是否完全执行 AB 复审裁决的基础上进一步采取必要行动的任择权。这可能与中国政府有关部门或专家学者在一定程度上误解授权贸易报复机制，亦即所谓"既往不咎"的价值导向有关，以为一旦欧盟撤销涉案措施。就不能请求授权贸易报复。① 为此，建议消除此类误解，中国在必要时应理直气壮地请求授权贸易报复。

结 论

综括全文，无论从上述授权贸易报复的实践看，还是依据 DSU 第 22.2 条及中欧有关程序谅解第 3 条，中国均可任择请求授权贸易报复。这一权利理应得到充分保障，中国不应轻易放弃。即便欧盟宣布撤销涉案反倾销措施，中国亦可请求授权贸易报复，如在全面评估欧盟撤销涉案对华反倾销措施时是否真正根除有关条例针对中国厂商的反倾销调查中违约做法的基础上，中国表示异议。结合对 WTO 授权贸易报复实践及其条约解释或判理、国内外有关理论的评析，可见 WTO 争端解决机制并无一概而论的"既往不咎"，更无此类价值导向。

---

① 同上。

基于贸易摩擦影响的
WTO 框架下我国税制改革分析

谢展越　郑　璇　李　平[*]

摘　要： 我国自加入 WTO 以来，一直在不断完善税制改革，以期通过税制改革减少我国的国际贸易摩擦事件的发生，同时"税"与"贸"两者互动关系的研究表明，我国涉税贸易摩擦具有必然性、长期性与复杂性。因此，为应对我国经济新常态，必须积极努力营建深化我国财税体制改革的倒逼机制，有效缓解贸易摩擦，以实现税收与国际贸易两者的包容性发展。

关键词： 贸易摩擦；税制改革；企业所得税

税法是调整在税收活动中发生的社会关系的法律规范的总称。税法所调整的对象是人们在税收分配的经济关系之中发生的征纳主体以及所有涉税行为主体的权利和义务关系。

一、贸易摩擦与我国税制改革

据分析，间接税贸易摩擦引领贸易摩擦发展势头，目前涉及对华贸易摩

---

*　谢展越，哈尔滨工业大学人文学院经济系在读硕士。郑璇，哈尔滨工业大学人文学院经济系在读学士。李平，哈尔滨工业大学人文学院经济系教授，经济学博士。

擦的税种主要集中在以增值税为代表的间接税上，主要有 4 起，分别为美国起诉中国集成电路增税案（DS309）、美国起诉中国有关企业欠税及款项的退回与减免措施案（DS358）、墨西哥起诉中国有关企业欠税及款项的退回与减免措施案（DS359）与墨西哥起诉中国有关服装与纺织产品的生产与出口促进措施案（DS451）。虽然目前所占比例不大，仅为 14.3%，但是从发展趋势来看，间接税将成为未来贸易摩擦高发税种，主要是基于以下两方面考虑。

一方面，短期内我国间接税比重偏高的税收局面不会发生根本变化。发达国家税收构成主要是以直接税为主，以美国为例，根据国际货币基金组织（简称 IMF）出版的《2013 年政府财政统计年报》中的有关数据计算，2012年其直接税占税收总额的比例为 76.9%，而我国（不包括港澳台）相应税比仅为 33.8%。与发达国家和部分发展中国家相比，我国间接税占税收比重偏高，尽管以现代直接税为主是未来税收发展大趋势，但由于目前中国经济社会发展水平不高，税收有效征管能力不强，各类财产性收入的货币化不够普遍等原因，未来较长一段时间内，以间接税为主的税制结构仍有存在的现实基础。

另一方面，直接税难以转嫁其税收负担，而间接税是对商品与服务征税，征收税基较宽，且其税收负担直接成为显性成本的一部分。因此，间接税与贸易成本之间的因果联系可以准确界定，进而容易直接成为涉税贸易摩擦的借口。

涉税贸易摩擦集中在货物贸易领域，28 起涉税贸易摩擦案件几乎全部集中在货物贸易领域，究其原因，首先，服务贸易一直是我国短板，长期的服务贸易逆差并没有对美国等服务贸易发达国家构成实质性的威胁，相比而言，我国是货物贸易进出口大国，货物贸易是我国与发达国家在国际市场竞争最激烈的领域，客观上也更容易发生摩擦；其次，货物贸易更易进行税收征管，所有货物进出关必须接受海关税收动态实时监管，而且国际贸易规则多集中在货物贸易领域，在贸易摩擦取证与申诉方面更具有可操作性。

尽管目前仅有一起涉税贸易摩擦案件涉及服务贸易领域（通用服务类），即美国起诉中国集成电路增税案（DS309），但是随着货物贸易在我国国内成本优势的逐渐丧失，贸易顺差局面的逆转，服务贸易作为绿色无污染产业在全球各国的兴起，加快服务贸易发展也成为我国立世济国的重点战略之一，加之服务贸易领域普遍缺乏统一的国际规则，在此大背景下，引发财税扶持与国际经济竞争之间的矛盾势必促使服务贸易成为未来涉税贸易摩擦的高发区域。

二、WTO 基本原则与我国的税制改革

WTO 中的基本规则虽然不是直接调整财税关系的，但是这些规则的精神对财税活动有普遍的指导意义。因此 WTO 中的基本规则也将成为我国新的税法渊源，对我国税法的制定和发展产生重要影响。就税收领域来看，WTO 确定的非歧视原则（最惠国待遇和国民待遇原则）透明度原则、自由贸易原则、公平竞争原则是与税法联系较为紧密的基本原则。

我国的税制改革与贸易相关的体现在 2007 年《企业所得税法》，这一新改革的税法很好的遵循 WTO 的基本原则，参照国际上的通行做法，在内容上体现了四个"统一"。

第一，统一内外资企业所适用的企业所得税法。《企业所得税法》规定："在中华人民共和国境内，企业和其他取得收入的组织为企业所得税的纳税人，依照本法的规定缴纳企业所得税。"由此可见，内外资企业实行同一税制，符合 WTO 的国民待遇原则的要求。在当前情况下，中国已顺利结束了加入 WTO 的过渡期，经济发展正面临全新形式，此时统一内外资企业所得税制度恰到好处，可以使各类企业站在同一条起跑线上竞争，不仅使国内企业得到实惠，而且有利于提高吸引外资的质量和优化产业结构。

第二，统一和规范税前扣除办法和征收管理的标准。《企业所得税法》

统一了企业实际发生的各项支出扣除政策。以避免目前出现的内外资企业所得税在成本费用等扣除方面规定不尽一致的情况。

第三，统一并适当降低企业所得税税率。《企业所得税法》明确规定：内、外资企业所得税税率统一为 25%。据有关资料显示，全世界 159 个实行企业所得税的国家（地区）的平均税率为 28.6%，我国 25% 的税率在国际上属于适中偏低的水平，有利于提高企业竞争力和吸引外商投资。

第四，统一和规范税收优惠政策。《企业所得税法》为实行"产业优惠为主、区域优惠为辅"的新税收优惠体系，采取了四种方式对现行税收优惠政策进行了整合：一是对符合条件的小型微利企业实行 20% 的优惠税率，对国家需要重点扶持的高新技术企业实行 15% 的优惠税率，扩大对创业投资等企业的税收优惠以及企业投资与环境保护、节能节水、安全生产等方面的税收优惠；二是保留对农林牧渔业与基础设施投资的税收优惠政策；三是对劳服企业、福利企业、资源综合利用企业的直接减免税政策采取替代性优惠政策；四是取消了生产性外资企业定期减免税优惠政策及产品主要出口的外资企业减半征税优惠政策等。

同样，随着"营改增"进程的发展，在 WTO 的框架下修改了《增值税暂行条例》，主要有以下三个方面：一是允许抵扣固定资产进项税额。即实现了增值税由生产型向消费型的转型。二是将小规模纳税人增值税征收率由 6% 变更为 3%，并重新确定了一般纳税人与小规模纳税人的划分标准。三是为堵塞因抵扣固定资产可能带来的税收漏洞，规定与企业技术更新无关且容易混为个人消费的自用消费品（如小汽车、游艇等）所含的进项税额，不得予以抵扣。四是对申报日期进行了调整。根据税收征管实践，为了方便纳税人申报税，提高纳税服务水平，将纳税期限从 10 日延长至 15 日，并明确了对境外纳税人如何确定扣缴义务人、扣缴义务发生时间、扣缴地点和扣缴期限的规定。

三、面对贸易摩擦我国税制改革的措施建议

一方面，我们要在当前贸易摩擦持续频发背景下，积极营建促进我国财税体制改革的倒逼机制。立足国情，坚持并完善以流转税为主体的税制结构，逐步提高直接税比重，有条件减少间接税在进出口行业的使用密度与区域；进一步梳理我国税收优惠政策，逐步提高间接税收优惠措施使用；积极主动参与涉税贸易摩擦解决，扩大国际财政外溢性在贸易争端解决中的独特作用；有效化解当前有关税收政策所受国际条约的不利限制，依据国情世情现状，借鉴国际经验，取长补短，提高我国财税体制的国际兼容度。

另一方面，在新一轮财税体制改革中，有效缓解贸易摩擦，努力创造双赢局面，实现包容性发展。借助自贸区战略，合理利用区域贸易协定产生"歧视性"关税差，灵活使用约束关税做法；着力创建地方税收新体系，加强税收体制与财政体制同步配套改革，有效落实财税措施；完善财税立法，构建服务贸易税法支持体系；重视服务贸易领域摩擦发展动向，加快建立相关贸易摩擦预警机制。

四、结论

国际贸易摩擦是我国贸易国际化不可忽视的问题，从税制改革出发可以有效缓解贸易摩擦，努力创造双赢局面。为此，我国的税制改革，尤其是增值税的改革的推进是必不可少的环节。在 WTO 框架下进行我国新一轮财税体制改革，实现税收与国际贸易两者包容性发展，积极应对我国经济新常态。

参考文献

[1] 袁瑾. 加入 WTO 与中国税收法律制度的完善 [J]. 商场现代化，

2007（8）.

　　［2］武利红．浅谈营业税改增值税对企业的影响［J］．财经界，2013（2）.

　　［3］胡春．增值税"扩围"改革对财政收入的影响：基于上海改革方案和投入产出表的分析［J］．财经科学，2013（2）.

　　［4］葛晓婕．营业税改增值税的影响及注意问题研究［J］．科技致富向导，2013（3）.

　　［5］林康．跨国公司与跨国经营［M］．北京：对外经济贸易大学出版社，2000.

论"确定性判例"原则
在国际投资仲裁中的适用

丁　夏*

摘　要：国际投资仲裁中并未明确规定"遵循先例"，然而近期国际投资仲裁庭援引先案的具备说服力的优良裁决以做出最终裁断的现象却愈加普遍。本文认为，这种援引先案裁决的现象，并非一般意义上"遵循先例原则"的适用，而更类似于"确定性判例"原则。本文将首先分析在当前的国际投资仲裁中并未确立"遵循先例原则"的原因，进而对与"确定性判例"原则的内涵和其适用的必要性进行分析，最终认为"确定性判例"原则的适用将有助于提升国际投资仲裁的一致性。

关键词：国际投资仲裁；先例；确定性判例；仲裁庭

自进入 21 世纪以来，ICSID 受理的国际投资仲裁申请数量飙升，现行由《ICSID 公约》及《ICSID 仲裁规则》确立的"投资者—东道国"投资仲裁机制也成为投资者最为倚重的投资争端解决机制。而通过学者对晚近国际投资仲裁裁决的研究可以发现，仲裁庭越来越倾向于援引之前的（通常是比较

---

*　丁夏，博士，中国政法大学国际法学院讲师。FAUCHALD, O. Kristian, The Legal Reasoning of ICSID Tribunals——An Empirical Analyasis, The Eruopean Journal of International Law, Vol. 19, 356 (2008).

有说服力的、质地优良的）裁决来进行推理。尤其是在 2002 年到 2006 年的 5 年中，ICSID 裁决援引前案裁决的总量和平均数量均出现了明显上升。[①] 然而，这种现象的出现是否意味着国际投资仲裁中已经形成了所谓"遵循先例"原则？如果不是，应当如何看待这种援引先案优良裁决的事实？本文将试图对此进行展开分析。全文主要分为三个部分——首先，本文认为国际投资仲裁中并未确立"遵循先例"原则并分析原因；其次，本文认为将提出另一种全新的分析思路，即"确定性判例"原则并分析其内涵；最后，本文将分析"确定性判例"原则适用的必要性和可能性，并最终认为该原则的适用有助于缓解国际投资仲裁裁决的不一致性问题。

一、当前国际投资仲裁中并未确立"遵循先例"原则

尽管有学者指出，在国际投资仲裁领域，"遵循先例"有其可能性，[②] 但事实上"遵循先例"原则与国际投资仲裁中的援引先案优良裁决现象仍存在本质差别。下文将从"先例"的概念入手，并分析"遵循先例"原则在当前国际投资仲裁并未得到适用的原因。

（一）"先例"的概念

"先例"（precedent），又称判例、"有拘束力的先例"（binding precedent），与之相关的概念还有"先例"制度（stare decisis）。先例概念也是"遵循先例"原则——拉丁语"stare decisis etnonquietamovere"（即"遵循先例，不扰乱确立的要点"）的基础。通常意义上的"先例"，意味着某个法律争议点一经判决确立，即构成以后不应背离的既定判决。换言之，一个与裁判者正

① COMMISSION, JEFFREY P., Precedent in Investment Treaty Arbitration: A Citation Analysis of a Developing Jurisprudence, Journal of International Arbitration, Vol. 24 (2), 139 – 145 (2007).

② KAUFMANN – KOHLER, G. Arbitral Precedent: Dream, Necessity or Excuse? Arbitration International, 2007, 23 (3): 368.

在审理的案件直接相关的"先例"，通常在之后的案件中得以被遵循。

反观"先例"之源起，盎格鲁—撒克逊时期的法律观念、行为模式和习惯功不可没，其早期习惯法的宗教性、道德性赋予成文法以实质正义。历经数世纪的洗礼，以遵循"先例"为特质的判例法形成，成为英美法的主要渊源。"先例"除发挥判例法作为法源的主要功能外，还发挥着以下四个方面的作用：一是将确定性和预见性引入私人活动及商事活动；二是据以为私人提供咨询服务的律师进行法律推理和法律咨询提供既定依据之参考；三是"先例"具有的法律拘束力有助于就法官专断起到必要的约束；四是有助于实现公平正义的价值追求。

在普通法领域，"先例"的拘束力仅就"判决理由"[1] 而言，其拘束力尚未延展至"附带意见"。在普通法中，判例通常由案件事实、"判决理由"（ratio decidendi）和"附带意见"（obiter dicta）组成。[2] "判决理由"是判决的核心，它构成"先例"——其中内在的法律规则、法律观念和道德因素，对下级法院具有拘束力。因此，判例制度下，法官在受理案件时，寻找该案件与判例相同或相似的事实，以其作为适用于个案的法律规则，将事实与判决有机结合，使判例法规则在适用上具有确定性，实现法律规则与实效的统一。

（二）"遵循先例"原则的可能性考量

按照《国际法院规约》第 38 条的规定，法院对于各项争端，应依国际

---

① DAVID, R. & BRIERLY, JOHN E. C., Major Legal Systems in the World Today London: Stevens & Sons, 1985. 379.

② 判例法中，"判决理由"是判决内容中具有拘束力的部分，即法官在个案审判中对法律做出的适用解释，对以后的类似案件具有法律约束力。"附带意见"则属于没有拘束力的部分，即在判决中做出的附带意见，是判决中的非必要部分。考虑到它对以后的判决可能产生的影响，因而它并非有约束力的"先例"。

法裁判，裁判时适用："不论普通或特别国际条约，确立诉讼当事国明确承认之规定者；国际习惯，作为通例之证明而经接受为法律者；一般法律原则为文明各国所承认者；在第59条规定之下，司法判例及各国权威最高之公法学家学说，作为确定法律原则之补助资料者。"裁决间彼此分离，每项裁决也仅公布具体案件仲裁庭的决定。应该看到，由《国际法院规约》确定并被广泛接受的多层次的国际法渊源中，裁决仅为确定法律规则的辅助手段，国际仲裁庭无权像普通法系的法院那样创造判例法。① 然而，实际情况与《国际法院规约》第38条的规定大相径庭：仲裁庭不仅清楚知悉而且频繁依据或援引先前相似案件的裁决。在相关规则目前没有正式通过"援引先前裁决"的情况下，事实上，② 世界贸易组织（World Trade Organization，WTO）和国际法院都普遍存在援引相似裁决的现象。

尽管《国际法院规约》第38条将裁决置于国际习惯和一般法律原则两项之后，但在实践中，这种顺序上的颠倒显得并非规约所要求得那么重要，仲裁裁决本身仍具有重要的作用，这使得"遵循先例"原则在国际法上的适用存在一定的可能性。首先，即使对该规约进行保守解读，第38条仍被诠释为检验国家的权利义务是否有法律依据保障之指南，并未专门参考其所列明的国际法渊源的层次或顺序。③ 其次，裁决本身比其他辅助性的法律渊源在

---

① 按照《国际法院规约》第38条（1）款的规定，除条约以外，"确立诉讼当事国明白承认之规条者"还包括"（b）国际习惯，作为通例之证明而经接受为法律者；（c）一般法律原则为文明各国所承认者；（d）在第59条规定之下，司法判例及各国权威最高之公法学家学说，作为确定法律原则之补助资料者"。Statute of the International Court of Justice, Art. 38（1）. U. N. T. S. No. 993（1945）.

② SHAHABUDDEEN, M. Precedent in the World Court, Cambridge：Cambridge University Press, 1996. 107 - 110. 国际法院排除"先例"，并不意味着否定裁决具有"事实上的效力"；BHALA, R. The Myth About Stare Decisis and International Trade Law（Part One of a Trilogy）, American University International Law Review, 1999, 14：845, 849 - 932. 该文也讨论了 GATT 专家组、WTO 专家组与上诉机构裁决"事实上的效力"。

③ ROSENNE, S. The Law and Practice of the International Court 1920 - 2005. Hague：Nijhoff Publishers, 2006. 1550 - 1551. 法律规则的辅助手段可以取自《国际法院规约》第38条规定的国际习惯、一般法律原则、司法判例、学说中的任一项。

实践中起更为重要的作用。实际上，由投资仲裁庭、国际法院裁决的案件都包含有一定的"造法"要素。如果一项裁决，尤其是最高法院的裁决确定法律规则和法律原则。那么法律确定性便要求其他案件符合裁决确立的法律规则或原则，除非由于不可抗力的影响改变了判例法。① 再次，尽管《国际法院规约》规定的法律渊源之一是"司法判例"，但实践中的国际投资仲裁庭的裁决依然可以作为国际法的渊源加以适用。②

然而，尽管有学者类比"先例"称裁决为"事实上的先例"，试图阐释裁决在国际投资仲裁实践中的地位，③ 但不可否认的是，在国际投资仲裁中若要引进"遵循先例"原则，可能会引发一系列问题：（1）裁决被知悉的程度制约裁决能否行之有效类比"先例"。只有当裁决达到广泛适用，使仲裁员和律师都可能知悉并掌握的程度，裁决的可预见性方能发挥作用。（2）仲裁员的判断与考量。仲裁员需要审慎考虑既定裁决，合理解释案件本身同既定裁决的一致与不同。但仲裁员要面对审查、解释、协调、适用条约和习惯等来自国际法各方面正式或非正式规则所形成的压力。学者、政府间组织、市民社会成员、仲裁员、律师甚至仲裁各界都在做出裁决的过程中，发表各自的主张和评价。（3）裁决的数量规模。投资仲裁个案的绝对数量使仲裁员审查与案件相关的先前裁决变得困难重重。截至 2014 年年底，国际投资仲裁案件总数虽达 608 起，④ 绝对数量仍远小于英美法系国家的国内判例。因此，类比"先例"有实现可能的同时，仍面临诸多的困难。

---

① ZIMMERMANN, A. & TOMUSCHAT, C. & OELLERS – FRAHM, K. ed. The Statute of the International Court of Justice: A Commentary. Oxford: Oxford University Press, 2006. 785.

② Id., pp. 785 – 788.《国际法院规约》第 38 条同样可适用于仲裁裁决，虽然仲裁裁决并不像国际法院及其前身常设国际法院（Permanent Court of International Justice）的裁决被当作国际法渊源频繁援引。

③ KAUFMANN – KOHLER, G. Arbitral Precedent: Dream, Necessity or Excuse?. Arbitration International, 2007, 23 (3): 361.

④ UNCTAD, Recent Treads in IIAs and ISDS, IIA Issue Note, No. 1 2015. http://unctad.org/en/PublicationsLibrary/webdiaepcb2015d1_ en. pdf, 2015 – 02 – 19/2015 – 03 – 25.

（三）"遵循先例"原则在国际投资仲裁中并未确立的原因分析

目前在国际投资仲裁中，建立"遵循先例"原则的时机尚未成熟，其原因如下。

1. 援引先案优良裁决与"遵循先例"的效力不同

国际投资仲裁实践中被频繁援引的先案裁决与普通法系中有拘束力的"先例"的不同之处在于——是否具有严格意义上的拘束力。在国际投资法领域，不存在具有拘束力的"先例"的情况，更使后续裁决不应被强制要求根据特定既定裁决做出。① 因此，有别于普通法系中"先例"的拘束力，在国际投资法领域，优良裁决发挥的效力及其对后续裁决的影响仅限于"事实上的效力"。

国际法院的沙哈布登法官（Shahabuddeen）专门论及先前优良裁决应如何发挥其效力。他提出，优良裁决通过三个层面依次发挥其效力：② 第一个层面，裁判者在裁决过程中考虑援引裁决。这是因为，优良裁决整体虽不具有法律拘束力，但裁决书中可供裁判者参考之部分，具有确定法律规则的作用。第二个层面，除非有充分合理的原因，裁判者"有义务"（may be obliged to）遵照优良裁决进行裁判。第三个层面，即便没有充分、适当的理由，裁判者也"有义务"援引优良裁决，此时的既定裁决实质上发挥同"有拘束力的先例"或"先例"③ 同等的效用。

上述三个层面，优良裁决可发挥的作用依次递进。优良裁决在第一层面

---

① DAVID, R. & BRIERLY, JOHN E. C. Major Legal Systems in the World Today. London：Stevens & Sons, 1985. 379.

② SHAHABUDDEEN, M. Precedent in the World Court. Cambridge：Cambridge University Press, 1996. 1.

③ Id., p. 9.

所发挥的作用符合大陆法系裁判者对既定裁决的一贯逻辑,① 尽管大陆法系也有裁判者存在沿用既定裁决第二层面"遵循先例"作用的例证。但是，第二层面和第三层面的效力仅由普通法系的裁判者认可的情况居多。② 在国际投资仲裁实践中，由于不存在强行性规则，裁决不具有法律约束力，故先前的优良裁决的效力在第二层面和第三层面的效力在当前国际投资仲裁中难以实现。

2. 先案优良裁决与"先例"的援引方式各异

国际投资仲裁中的被援引的先案优良裁决与普通法中"先例"并不相同。普通法中，诸如继承法、合同法、侵权法等方面的"先例"，多为国内法案件，此类案件中具有代表性的裁决对后续案件具有约束力，所针对的是"先例"整体所代表的法律关系和法律推理而言。与"先例"不同，国际投资仲裁中的裁决往往涵盖多个错综复杂的国际投资法律关系，分析的难度和层次也相对多元化。因此，对于国际投资仲裁裁决而言，并不存在概括意义上的"全案援引"，只能在同类型法律关系范围内，对优良裁决（优良裁决部分）进行借鉴或援引。

3. 国际投资仲裁体系难以形成纵向层级系统

国际投资仲裁庭不存在森严的等级，难以形成纵向层级系统。在遵循"先例"的普通法系国家，有关哪些案件具有拘束力以及哪些仅具有参考价值等问题均由专门规则予以约束。例如，美国联邦地方法院必须服从其巡回区内的上诉法院以及最高法院的判例。③ 其他地区法院（包括巡回区外的上诉法院）的判例仅具参考作用。国际投资仲裁中，尽管专门委员会有权审查

---

① 例如，《法国民法典》第4条规定："审判员借口没有法律规定或规定不明确、不完备而拒绝受理者，得依拒绝审判罪追诉之。"由此可见，在大陆法系中，裁判者也须通过裁判确定法律标准，用以填补既存法律规则的模糊或空白。这与既定裁决第一层次的效用相符。

② SHAHABUDDEEN, M. Precedent in the World Court. Cambridge：Cambridge University Press, 1996. 9.

③ 美国联邦和多数州的法院系统都采用"三级模式"，即法院建立在三个级别或层次上，包括基层的审判法院、中层的上诉法院和顶层的最高法院。

被提请撤销的裁决，但与 WTO 上诉机构不同，专门委员会未被赋予审查原裁决实体内容的权力，① 故不属于权威性的司法机构。② 因此，由于缺乏森严的纵向层级系统，国际投资仲裁中优良裁决类比"先例"缺乏必要条件。

4. 仲裁庭对"遵循先例"原则持否定态度

尽管"先例"产生初衷旨在保证法律的一致性和可预见性，"先例"在适用时也有可能被推翻。肯特（Judge Kent）法官即认为，"瑕疵裁决应被修正，不应永久保存，任由其破坏判例法体系之和谐。目前，已有数以千计记录在册的既定判决被质疑、限制适用乃至推翻"。③

国际投资仲裁中，相当一部分仲裁庭在论及被援引的先案优良裁决的效力时，否认适用"遵循先例"原则的可能。在 2011 年 Kılıç v. Turkmenistan 案中，仲裁庭认为："个案仲裁庭关注的具体情况不同，推理方式不同，设计的投资条约条款也不同。因此，裁决不具有累积并以先例方式适用的司法效果。"④ 在 2010 年 Liman Caspian Oil v. Kazakhstan 案中，仲裁庭认为："与《国际法院规约》第 38 条要求的国际法律渊源中包括司法判决不同，《欧洲能源宪章》《华盛顿公约》以及其他形式的国际法并不包括类比'先例'的规则。因此，仲裁庭做出的既定裁决对本庭不具有拘束性。"⑤ 在 2013 年 Tulip v. Turkey 案中，仲裁庭认为："对既定裁决提供的信息，仲裁庭应依据投资条约做出解释，尽管可能受到既定裁决以及推理过程的说服或影响，

---

① 根据《ICSID 公约》第 52 条规定，任何一方可以根据下列一个或几个理由，向秘书长提出书面申请，要求撤销裁决：（a）仲裁庭组成不当；（b）仲裁庭明显越权；（c）仲裁庭的成员存在受贿行为；（d）严重违背基本程序规则；（e）裁决未陈述其所依据的理由。

② 与之类似的情形还存在于《纽约公约》，美国法院承认执行国际仲裁裁决，审查国际仲裁裁决的权力受到限制。美国不同州的法院隶属不同的法律系统。New York Convention on the Recognition and Enforcement of Arbitral Awards, Art 5, 10 Jun, 1958, 21 UST 2517, 330 UNTS 38.

③ KENT, J. Commentaries on American Law. Clayton: ES Clayton Printer, 1840. 477.

④ Kılıçİİn aat İthalat İhracat Sanayi ve Ticaret Anonim irketi v. Turkmenistan, ICSID Case No. ARB/10/1, Award of 2 July 2011, para. 7. 1. 3.

⑤ Liman Caspian Oil BV and NCL Dutch Investment BV v. Republic of Kazakhstan, ICSID Case No. ARB/07/14, Excerpts of Award of 22 June 2010, para. 172.

仍应立足于投资条约的解释和适用。"① 在 2012 年 Daimler v. Argentina 案中，仲裁庭认为："投资仲裁中不存在'先例'制度，仲裁活动难以将大量的投资条约应用于个案，② 每一起既定裁决都是基于实际文本与现实案情综合考量做出的裁判。仲裁员有权改变、澄清、解释或阐述仲裁事项中的法律分析方向。"③ 在 2012 年 AES v. Hungary 案中，仲裁庭认为："ICSID 仲裁中不存在有拘束力的先例，仲裁庭裁决未在既定裁决基础上遵循现行法律体系的事实，并不意味着其法律适用存在错误。"④ 在 2010 年 Urbaser v. Argentina 案中，仲裁庭认为："尽管许多 ICSID 裁决要求裁决要维持一致，但 ICSID 仲裁中没有这样的先例。仲裁庭的裁断应独立公正。"⑤ 在 2008 年 Pey Casado v. Chile 案中，仲裁庭认为："仲裁庭不受先前裁决或 ICSID 既定裁决之约束。"⑥ 在 Burlington Resources v. Ecuador 案中，"仲裁庭不应受既定裁决约束，应根据具体案情予以裁判。"⑦ 在 2009 年 BIVAC v. Paraguay 案中，仲裁庭认为："裁决仅对特定案件的当事双方产生约束，仲裁庭的裁决不会被先例所拘束。"⑧ 在 2008 年 Wintershall v. Argentina 案中，仲裁庭认

---

① Tulip Real Estate and Development Netherlands B. V. v. Republic of Turkey, ICSID Case No. ARB/11/28, Decision on Bifurcated Jurisdictional Issue of 5 March 2013, para. 47.

② Daimler Financial Services AG v. Argentine Republic, ICSID Case No. ARB/05/1, Award of 22 August 2012, para. 52.

③ Daimler Financial Services AG v. Argentine Republic, ICSID Case No. ARB/05/1, Opinion of Professor Domingo Bello Janeiro of 22 August 2012, para. 9.

④ AES Summit Generation Limited and AES – Tisza Eromii Kft. v. Republic of Hungary, ICSID Case No. ARB/07/22, Decision of the ad hoc Committee on the Application for Annulment of 29 June 2012, para. 99.

⑤ Urbaser S. A. and Consorcio de Aguas Bilbao Biskaia, Bilbao Biskaia Ur Partzuergoa v. Argentine Republic, ICSID Case No. ARB/07/26, Decision on Claimants´Proposal to Disqualify Professor Campbell McLachlan, Arbitrator of 12 August 2010, para. 49.

⑥ Victor Pey Casado and President Allende Foundation v. Republic of Chile, ICSID Case No. ARB/98/2, Award of 8 May 2008, para. 19.

⑦ Burlington Resources Inc. v. Republic of Ecuador, ICSID Case No. ARB/08/5, Decision on Jurisdiction of 2 June 2010, para. 100.

⑧ Bureau Veritas, Inspection, Valuation, Assessment and Control, BIVAC B. V. v. Republic of Paraguay, ICSID Case No. ARB/07/9, Decision on Jurisdiction of 29 May 2009, para. 58.

为："由于每个仲裁庭都是特别组建用以裁决特定案件争端，因此，仲裁庭的裁决不适用先例制度。"① 在 2006 年 Mytilineos Holdings v. Serbia 案中，仲裁庭认为："既定裁决在任何情况下都不具有约束力，同样，也不能作为法律渊源。"② 在 2004 年 Enron v. Argentina 案中，仲裁庭认为："ICSID 及其他仲裁庭的裁决并非主要的法律渊源。"③ 在 2005 年 AES v. Argentina 案中，仲裁庭认为："一般国际法不存在先例制度，ICSID 仲裁中也如此。"④

综上，可以认为，在国际投资仲裁领域适用一般意义上的"遵循先例"原则存在一定的困难，因此被援引的先案优良裁决也难以通过"遵循先例"的方法正式确定其效力，当下理性的选择是通过类比大陆法系中的"确定性判例"以研究优良裁决的效力。

二、"确定性判例"的内涵

在国际投资仲裁中，确立"遵循先例"原则的时机尚未成熟，原因如下：一是被援引的先案优良裁决具有的"事实上的效力"与先例具有的拘束力之间边界不同；二是援引的先案优良裁决本身并非先例，裁判者援引两者的方式各不相同；三是国际投资仲裁体系难以形成层级系统；四是大多仲裁庭对于"遵循先例"原则持否定态度。由于投资仲裁中形成先例几无可能，应排除在探寻裁判法理的问题上采用类比先例的手段，转而选择类比"确定

---

① Wintershall Aktiengesellschaft v. Argentine Republic, ICSID Case No. ARB/04/14, Award of 8 December 2008, paras. 87, 194.

② Mytilineos Holdings SA v. The State Union of Serbia & Montenegro and Republic of Serbia, UNCITRAL, Dissenting Opinion from the Arbitral Award on Jurisdiction of 6 September 2006, para. 4.

③ Enron Creditors Recovery Corporation (formerly Enron Corporation) and Ponderosa Assets, L. P. v. Argentine Republic, ICSID Case No. ARB/01/3, Decision on Jurisdiction of 14 January 2004, para 40.

④ AES Corporation v. Argentine Republic, ICSID Case No. ARB/02/17, Decision on Jurisdiction of 26 April 2005, para 23.

性判例"以析炼优良裁决。

事实上，在国际投资仲裁实践中，仲裁庭针对同类型法律关系，在后续案件中频繁援引先案优良裁决；这些先案的优良裁决在被援引的过程中具有"事实上的法律效力"（简称"事实上的效力"或"效力"），该过程类似于大陆法系中的"确定性判例"，并有可能通过制度设计加以确立。

（一）"确定性判例"的概念

"确定性判例"（jurisprudence constante）是大陆法系所确立的概念，指围绕同一或相似争议议题，一系列判决形成的对某些法律规则的一贯、确定的适用和解释，旨在追求一致性和可预见性判决结果的统一法律原则或法律规则体系。① 其特点有三：一是需要大量的一致性裁决方足以做出并得到发展。不同于普通法系的先例，它不是通过个案裁决就可形成，量的积累至关重要。二是仅具有说服力或参考价值，不同于先例具有的法律拘束力。三是在后续案件中可据以成为裁判者正反两方面经验与教训的参考依据。四是在同类型实体性或程序性议题中，就既定裁决某一具体部分的分析过程进行援引，② 不同于先例就既定裁决全案进行援引。

"确定性判例"与前述"先例"概念的主要区别体现在以下三方面：

一是形成基础上，对先例而言，单个判例即可成为裁判者裁决案件的依据；"确定性判例"的基础是裁判者对一系列相似案件事实形成的一贯、确

---

① HENRY, ROBERT L. Jurisprudence Constante and Stare Decisis Contrasted. American Bar Association Journal, 1929, 15（1）: 11 - 13. FONA, V. & PARISI, F. Judicial precedents in civil law systems: A dynamic analysis, International Review of Law and Economics, 2006, 26（4）.

② 美国少数州沿袭原宗主国的大陆法系传统，承认判决的部分效力，如路易斯安那州（Louisiana, 原系法属殖民地）地方高等法院规定，该州隶属与本国大多数州隶属不同的法系，承认并遵照"确定性判例"进行裁决。TATE, JR. A. Techniques of Judicial Interpretation in Louisiana. Louisiana Law Review, 1962, 22（4）: 743.

定的既定裁决。①"确定性判例"作为成文法的下位法律依据，只有当一系列裁决中已形成对法律规则一贯的、确定的解释和适用的情况下，才可将其作为判决的依据。② 当此之时，裁判者将一系列判决作为具有参考价值的法律依据进行考量，并在后续案件中援引并适用。故此，单个判决并不具有法律拘束力。

二是援引方式上，先例作为有拘束力的判决依据，一般就全案进行援引；对"确定性判例"而言，由于单个判决不具有法律拘束力，使得后续案件不可能对既定判决进行抽象式的"一体性援引"，而只能在同类型法律关系的范围内，对优良裁决进行借鉴或参照。

三是发挥效力上，"确定性判例"发挥"事实上的效力";③"先例"具有"法律拘束力"，发挥的作用已然在"法律"（de jure）层面得到认可。详言之，"确定性判例"的效力属于"事实"（de facto）层面而非"法律"层面，表现为"事实上的效力"。裁决在"法律"层面的效力大多反映在普通法系——先例中的"判决理由"部分具有法律拘束力。因此，裁判者在后续裁决中有义务遵循先例。

---

① Willis – Knighton Med. Ctr. v. Caddo – Shreveport Sales & Use Tax Comm'n., 903 So. 2d 1071, at n. 17（La. 2005），p. 26（footnote 17）. MORENO, R. Scott v. Corkern: Of Precedent, Jurisprudence Constante, and the Relationship between Louisiana Commercial Laws and Louisiana Pledge Jurisprudence. The Tulane Law School The Tulane European and Civil Law Forum, 1995, 10：31.

② KAUFMANN – KOHLER, G. Arbitral Precedent: Dream, Necessity or Excuse?. Arbitration International, 2007, 23（3）：358. 与之相似的情况还包括，国际司法实践、国际投资仲裁实践在《国际法院规约》框架下，对习惯国际法的形成所起到的作用。体现在：一方面，国际法中的习惯建立在裁判者适用法律原则的重复性与一贯性基础上；另一方面，《国际法院规约》的规则不可能就国际投资条约内容做出一致性解释的事实，使得裁决结果不同的情况屡屡发生。

③ 如美国路易斯安那州地方高等法院规定，"确定性判例"仅发挥"参考性渊源"（persuasive authority）的说服力或参考价值。MORENO, R. Scott v. Corkern: Of Precedent, Jurisprudence Constante, and the Relationship between Louisiana Commercial Laws and Louisiana Pledge Jurisprudence, The Tulane Law School The Tulane European and Civil Law Forum, 1995, 10：62.

（二）适用"确定性判例"原则的制约因素

如前所述，在国际投资仲裁中，确立"遵循先例"原则的时机尚未成熟：一是优良裁决具有的"事实上的效力"与先例具有的拘束力之间存在边界；二是优良裁决本身并非先例，裁判者援引两者的方式各不相同；三是国际投资仲裁体系难以形成层级系统；四是大多仲裁庭对于此持否定态度。由于投资仲裁中形成先例几无可能，应排除在探寻裁判法理的问题上采用类比先例的手段，转而类比"确定性判例"以正式确立优良裁决的效力。

国际投资仲裁中被援引的先案优良裁决与"确定性判例"具有类似之处：一是形成基础上，单个的优良裁决或单独的"确定性判例"均不具有法律拘束力；二是援引方式上，后续案件不能就既定裁决或判决进行全案援引；三是发挥效力上，两者的效力均属于事实层面，具有"事实上的效力"；四是裁断依据上，大陆法系法官释法的依据与国际投资仲裁庭裁判依据均为成文法；五是机构设计上，大陆法系国家中同一层级法院相互参考判决的情况与国际投资仲裁庭分散化、平层化的设计相符合。[①] 故在国际投资仲裁中类比"确定性判例"有其必要性与可能性。

但是，由于大陆法系中的"确定性判例"与国际投资仲裁案中的仲裁庭可能援引的既定裁决间彼此存在差异，导致在投资仲裁领域中，适用"确定性判例"原则并非完美无瑕。因此，在国际投资仲裁案中的仲裁庭类比"确定性判例"存在制约因素。

1. 国际投资条约的内容各异

不同于大陆法系法院依据法典裁决的情况，专司国际投资争端问题解决的仲裁庭做出裁决时，不仅要以不同的国际投资条约为法律基础，而且，要

[①] 在大陆法系国家，判决虽不具有拘束力，但在司法实务中，低层级法院裁判时通常会遵循高层级法院做出的判决；同一层级法院做出的既定判决，相互间也具有参考价值。TROPER, M. & GRZEGORCZYK, C. Precedent in France，MACCORMICK, D. N. & SUMMERS, R. S. Interpreting Precedents. Dartmouth：Ashgate, 1997. 111.

对特定案件实体与程序方面的事实做出解析。尽管许多投资条约都规定相似或一致的条款，仍有为数众多的条约在具体内容上有所不同。通常，不同仲裁庭的解释并非根据同一条约做出。各个投资条约在内容和语言上的差异，通常导致不同的裁决结果。① 诚然，在单个投资条约中，发展一贯的线索有现实可能性。但将线索联系并形成"先例"的机会则不大。例如，很多仲裁庭在 NAFTA 第 11 章的框架之下就同一条约所规定的同一项权利所作的解释却迥然不同。② 类似的情况如阿根廷发生经济危机后，基于同一投资条约提起的投资争端，最终也未达成一致的裁决结果。③

2. 国际投资仲裁机制不存在层级区分

大陆法系的法律系统中，法院彼此间存在层级高低的差异。某些个案的裁决在该法系尚未构建遵循"先例"制度的情况下，导致高层级法院对低层级法院的相关裁决结果产生直接影响。有学者甚至提出，低层级法院法官职位晋升主要取决于他们是否与高层级法院裁决结果保持一致。④ 与之不同，国际投资仲裁机构不存在层级上的区分，国际投资仲裁案中的仲裁庭所参考的过往裁决不具有"纵向"的判例效力。

---

　　① 晚近，国际投资仲裁中出现了不少基于相似案件的事实，做出较大差异性结论的裁决。裁决结果的不一致，反映出仲裁庭对投资条约细微差别的语境理解间的差异。例如，对"最惠国待遇"条款的解释上，有些仲裁庭认为，它只适用于实体性权利；另有仲裁庭则认为，"最惠国待遇"同样可以适用于程序中。KINNEAR, M. & BJORKLUND, A. & HANNAFORD, John F. G. Investment Disputes under NAFTA：An Annotated Guide to NAFTA Chapter 11. Alphen aan den Rijn：Kluwer Law International, 2006. 1103 – 1112.

　　② Id. 其中讨论了在北美自由贸易协议（NAFTA）框架下，仲裁庭就同一条约所规定的各项义务的不同解释方法，包括 NAFTA 第 1102、1105 及 1110 条。

　　③ BJORKLUND, A. Emergency Exceptions and Safeguards：State of Necessity and Force Majeure as Circumstances Precluding Wrongfulness in MUCHLINSKI, P. & ORTINO F. & SCHREUER C. ed. Oxford Handbook of International Investment Law , Oxford：Oxford University Press, 2008. 其中，比较了仲裁庭在 LG&E v Argentina 案与 CMS v Argentina 案中观点的不同。

　　④ 仲裁员也存在与法官相似的职业压力。只要仲裁员希望被重复任命，就不得不参考过往的一致性裁决，尤其是由那些受人尊敬的仲裁员做出的裁决。

3. 被援引的先案优良裁决不具有拘束力

国际投资仲裁中不存在有拘束力的先例。即便在"确定性判例"已然确认的情况下，由于国际法领域的既定裁决不具有"先例"的法律拘束力，故仲裁员不承担遵循先例予以裁判之义务。优良裁决也只具有"事实上的效力"，导致同类案情可能出现不同的裁决，无法进行有效的约束。更何况，实践中的"确定性判例"往往由一系列既定裁决以某种特定方式①将概括的条约规定予以具体化，这样的适用仅具有类似"附带意见"的参考性价值，并不具有"判决理由"的法律拘束力。

在国际投资仲裁中，"确定性判例"作为尚未形成体系，② 加之优良裁决正式效力尚未确立，使个案仲裁员违背同类型优良裁决进行裁判时，无义务解释违反之理由。③ 因此，仲裁庭就同类型案件做出不一致裁决的现象频现。④ 对此，笔者认为，仲裁员在后续案件的裁判过程中应参考优良裁决进行，即使仲裁庭与优良裁决持相反论点，也应阐明理由。否则，既不符合既定裁决作为国际法辅助性渊源的规定，也有违"确定性判例"在大陆法系率先确定的基本精神。⑤

4. 被援引的先案优良裁决与"确定性判例"功能有别

大陆法系中，"确定性判例"的功能在于，在保证成文法作为主要法律依据的前提下，通过构建统一性法律体系推进法律解释的发展。大陆法系中的"确定性判例"并非根据单一裁决形成，而是一系列裁决发展演进产生的、具有确定性的判例。一旦"确定性判例"原则被普遍接受，最高法院便

---

① KESSEDJIAN, C. To Give or Not to Give Precedential Value to Investment Arbitration Awards, Rogers, CATHERINE A. & ALFORD, ROGER P. ed. The Future of Investment Arbitration, Oxford: Oxford University Press, 2009. 49.

② RORIVE, I. Le revirement de jurisprudence, Brussels: Bruylant. 2003.

③ DAVID R. & BRIERLY JOHN E. C., Major Legal Systems in the World Today, London: Stevens & Sons, 1985. 136.

④ GAZZINI, T. & BRABANDERE E. D. ed. International Investment Law. The Sources of Rights and Obligations, Leiden/Boston: Martinus Nijhoff Publishers, 2012. 251.

⑤ Id., p. 252.

开始制定一系列的法律规则以契合这类共同形成一贯、确定的法理，此可谓推进判例法形成之步骤。①

国际投资仲裁机制是现代国际投资法律体系建立过程中不可或缺的一部分，由于国家间缔结的投资条约规定不够细致且措辞相对模糊，这就要求仲裁裁决对条约中所确立的法律依据做进一步的解释说明。国际投资法律体系的发展是一个持续累积、循序渐进的过程，这就要求仲裁庭做出的裁决能够通过学者、政府间国际组织、缔约国甚至后续仲裁庭的多重检验。因此，国际投资仲裁体系的发展呼唤确定及一贯的裁判法理。

三、适用"确定性判例"原则的必要性与可能性

（一）适用"确定性判例"原则的必要性

1. 国际投资裁决具有内在统一性

适用"确定性判例"原则的必要性，首先在于国际投资裁决固有的内在统一性，它在一系列裁决中都有所体现。尽管仲裁庭不受先例的拘束。但是，在实践中，仲裁庭认为应重点考虑既定裁决经过长期发展达成一致的原则或适用标准，这些法律原则、法律标准虽然以无形的方式存在，但是，仲裁庭很大程度上受其影响与制约。

在 2009 年 Bayindir v. Pakistan 案中，仲裁庭认为："仲裁庭不受既定裁决作为先例的约束，并不表示不应遵循同类案件一致性裁决所确定的规则，以及受到具体投资条约和案情实际的必要限制。"② 在 2006 年 Metalpar v.

---

① TROPER, M. & GRZEGORCZYK, C. Precedent in France. in MACCORMICK, D. N. & SUMMERS, R. S. Interpreting Precedents. Dartmouth：Ashgate, 1997. 137 – 138.

② Bayindir Insaat Turizm Ticaret Ve Sanayi A. S. v. Islamic Republic of Pakistan, ICSID Case No. ARB/03/29, Award of 27 August 2009, para. 145.

Argentina 案中，仲裁庭认为，"虽然既定裁决没有拘束力，但其中的部分推理具有说服力，有必要参考某一特定类型案件中适用的法律标准"。[①] 在 2004 年 Mitchell v. Congo 案中，仲裁庭认为，"本庭主要依据个案事实予以裁断，ICSID 既定裁决构成仲裁庭可供参考的法律实践样本，当事人也会依照这类样本判断。因此，既定裁决具有说服力，或者在案情类似的情况下，足以影响仲裁庭与专门委员会的裁决"。[②] 在 2010 年 Suez v. Argentina 案中，仲裁庭认为："对基本正义之追求，使得仲裁庭遵从同案同判这一基本司法原则，除非存在充分的理由足以说明本案与既定裁决间的差异。完善国际投资仲裁机制的主要目标，旨在为国际投资建立一个可供预测且稳定发展的司法体系，这就需要仲裁庭对既定裁决与个案中的相似事实尽可能做出一致性的处理。因此，在有充分的理由支持时，仲裁庭应尝试通过一系列裁决发展的一致性规则。"[③] 在 2013 年 KT Asia v. Kazakhstan 案中，首席仲裁员考夫曼科勒认为："应给予既定裁决足够的重视，特别是在没有显著相异案情的情况下，仲裁庭有义务适用一系列一致性的既定裁决以发展法律原则，在参考投资条约文本以及有关公约的基础上，考查每一案件的特定案情，满足投资者与东道国对于公平正义法治实现的合理期待，为促进国际投资法和谐发展做出贡献。"[④] 考夫曼科勒在 2007 年 Saipem v. Bangladesh 案、2008 年 Duke v.

[①]　Metalpar S. A. and Buen Aire S. A. v. Argentine Republic, ICSID Case No. ARB/03/5, Decision on Jurisdiction of 27 April 2006, para. 20.

[②]　Mr. Patrick Mitchell v. Democratic Republic of Congo, ICSID Case No. ARB/99/7, Decision on the Stay of Enforcement of the Award of 30 November 2004, para. 23.

[③]　Suez, Sociedad General de Aguas de Barcelona, S. A. and Vivendi Universal, S. A. v. Argentine Republic, ICSID Case No. ARB/03/19, Decision on Liability of 30 July 2010, para 189.

[④]　KT Asia Investment Group v. Republic of Kazakhstan, ICSID Case No. ARB/09/8, Award of 17 October 2013, para. 83.

Ecuador 案、① 2008 年 Noble Energy v. Ecuador 案、② 2013 年 Metal – Tech v. Uzbekistan 案③以及 2014 年 Churchill and Planet v. Indonesia 案等一系列案件中④担任首席仲裁员，他通过援引既定裁决表达了与上述观点相似的见解，即仲裁庭应考虑国际投资法制和谐发展和国际投资法制合理期待等因素，援引既定裁决。在 2006 年 SAUR v. Argentina 案中，仲裁庭认为："应将基于个案的发现与类似程序相比较，通过实务中实现的一致性提升仲裁的可预测性。"⑤ 在 2010 年 Saba Fakes v. Turkey 案中，仲裁庭认为："除非存在相反情形，否则，仲裁庭应该适用一系列一致性案件裁决发展出的与本案具有相关性的法律解决方法，并适当考虑条约特殊性与个案案情。"⑥ 在 2006 年 ADC v. Hungary 案中，仲裁庭认为："可以谨慎地依赖既定裁决发展出的法律原则，将其作为具有说服力的依据，促进法治发展，提高投资者与东道国对于裁决结果的可预测性。"⑦ 在 2011 年 Impregilo v. Argentina 案中，仲裁庭认为："若总是根据仲裁员的个人观点对每起案件的事实进行决断将非常不幸，避免此现象发生最好的方式，是在判例法客观存在之际，以该判例法作为分析案情的立足点。"⑧

---

① Saipem S. p. A. v. People's Republic of Bangladesh, ICSID Case No. ARB/05/07, Decision on Jurisdiction and Recommendation on Provisional Measures of 21 March 2007, para. 67. Duke Energy Electroquil Partners and Electroquil S. A. v. Republic of Ecuador, ICSID Case No. ARB/04/19, Award of 18 August 2008, para. 17.

② Noble Energy Inc. and Machala Power Cia. Ltd. v. Republic of Ecuador and Consejo Nacional de Electricidad, ICSID Case No. ARB/05/12, Decision on Jurisdiction of 5 March 2008, para. 50.

③ Metal – Tech Ltd. v. Republic of Uzbekistan, ICSID Case No. ARB/10/3, Award of 4 October 2013, para. 16.

④ Churchill Mining PLC and Planet Mining Pty Ltd v. Republic of Indonesia, ICSID Case No. ARB/12/14 and 12/40, Decision on Jurisdiction of 24 February 2014, para. 85.

⑤ SAUR International SA v. Republic of Argentina, ICSID Case No. ARB/04/4, Decision on Objections to Jurisdiction of Feb 27, 2006, para. 96.

⑥ Saba Fakes v. Republic of Turkey, ICSID Case No. ARB/07/20, Award, 14 July 2010, para 96.

⑦ ADC Affiliate Limited and ADC & ADMC Management Limited v. The Republic of Hungary, ICSID Case No. ARB/03/16, Award of 2 October 2006, para. 293.

⑧ Impregilo S. p. A. v. Argentine Republic, ICSID Case No. ARB/07/17, Award of 21 June 2011, para. 108.

2. 促进国际投资法律体系的发展与和谐

在国际投资仲裁中，通过适用"确定性判例"的方法，可促进国际投资法律体系的发展与和谐。具体而言：

一方面，促进国际投资法律体系的发展。为使国际投资条约中的国家义务得以清晰展现，亟须优良裁决对投资条约概括模糊的措辞予以补充。从而，仲裁庭在阐释国家应该承担义务的同时，援引优良裁决以证明该理由的充分有效，解决个案争议的同时，也使法律规则的适用趋于完善，旨在确立具有可预见性、普遍适用性的裁判法理。国际投资法律体系的发展不能一蹴而就，需要一系列案件的累积、沉淀以及对相关解释的审查与适用。通常，当涉及弹性标准的适用或仲裁庭行使更大的自由裁量权的情况发生时，仲裁案件的争议相对就容易解决。考夫曼科勒认为，相比那些涉及"保护伞条款"适用范围①的案件，仲裁庭在公平公正待遇案件中的解释易于发展一贯的、确定的裁判法理。② 这是因为，前一类案件要求仲裁庭在裁判案件并适用投资条约时，持"全部肯定"或者"悉数否定"的态度；后一类案件涉及更多实体内容，仲裁庭在诠释公平公正待遇时的自由裁量权更大，解释也更为详细，从而更有可能发展一贯的、确定的裁判法理。

另一方面，促进国际投资法律体系的整体和谐。通常，国际投资仲裁裁决要得到广泛认可，须将案件中的争议尽最大义务和谐化。沃尔德（Thomas Wälde）认为，"国际投资仲裁如同自由竞争的市场，各类推陈出新的仲裁裁决不停地角逐关注度与认可度。形形色色的仲裁裁决中，最具说服力的就是类比'确定性判例'，它是促进投资法整体和谐之原动力"。③

---

① 丁夏："国际投资仲裁适用保护伞条款之冲突与解决"，载《西北大学学报》2014 年第 44 卷第 2 期。

② KAUFMANN – KOHLER, G. Arbitral Precedent：Dream, Necessity or Excuse? Arbitration International, 2007, 23（3）：369 – 370.

③ WäLDE, T. The Present State of Research Carried Out By the English – Speaking Section of the Centre for Studies and Resaerch in KAHN, P. & WäLDE, T. ed. New Aspects of International Investment Law, Hague：Martinus Nijhoff, 2004. 66.

国际投资裁决的不一致无可避免,但这种不一致并不足以对国际投资法的发展以及整体和谐带来破坏。即使在以美国为代表的普通法系国家,在同一层级的法院间,裁决不一致问题时有发生。① 但该现象并非司空见惯,美国法院已建立起一套完整的判例制度,一定程度上解决了裁决不一致问题。相比之下,由于缺乏更高层级的仲裁庭和有拘束力的优良裁决,国际投资仲裁更像集合仲裁庭各类裁决的松散市场。只有那些被频繁援引、采纳的优良裁决,才可能作为解决各仲裁庭之间同类性案件实体与程序问题分歧的参考依据。

　　因此,从合法性和可预见性的角度出发,在国际投资仲裁中适用“确定性判例”原则,符合投资裁决内在统一性,乃促进投资法律体系整体和谐与发展之良策。

　　3. 确定被援引的先案优良裁决“事实上的效力”

　　优良裁决作为国际法的事实上的渊源,具有“事实上的效力”,这也是类比“确定性判例”的必要条件。按照《国际法院规约》的规定,“一般法律原则”和“既定裁决”都是国际法的辅助性渊源。路透(Paul Reuter)认为,尽管《国际法院规约》对于裁决辅助性渊源地位的界定较为模糊,但不可否认,实践中优良裁决发挥着重要的影响。② 作为一种平衡救济手段,优良裁决发展成为“事实上的渊源”,具有“事实上的效力”,自有其依据:

　　首先,几乎所有的被援引的先案优良裁决都隐喻对所适用法律规则的深化发展。国际投资仲裁庭、国际法院及国际常设法院等争端解决机构做出的优良裁决,都在不同程度上推进了国际投资法的发展。③ 虽然从严格意义上

　　① 例如“巡回区分歧”(circuit split),即不同巡回区的上诉法院对联邦法律的解释发生分歧的情况客观存在,“巡回区分歧”只有在召集全体法官并撤销陪审员的决议或是最高法院同意听证的情况下才得以解决。

　　② REUTER, P. Droit International Public in Paris: Presses Universitaires de France, 1958. 84.

　　③ BROWNLIE, I. Principles of Public International Law. Oxford: Oxford University Press, 2003. 19.

说，国际投资仲裁庭做出的优良裁决只对争议的当事方具有法律上的拘束力。实际上，这些优良裁决的理由在当事方之外也同样产生了"事实上的效力"。

这些优良裁决之所以能够具有这种"事实上的效力"，原因有四：一是国际投资仲裁庭解释和适用法律规则的过程能够反映某一法律标准的一贯状态；二是裁判过程亦可反映某一法律标准的例外情形；三是仲裁庭解释并适用法律规则并非"输入案件事实——适用法律条款——最终生产裁决结果"的机械过程，而是明确、澄清继而发展法律规则的过程；四是优良裁决的理由可被视作仲裁庭对条约做出的合理解释，该理由可能导致其在后续裁决中被不断援引的结果。综上，优良裁决作为国际法"事实上的渊源"，具有"事实上的法律效力"。因此，"确定法律原则辅助性手段"只是《国际法院规约》对裁决这一角色的确认，"事实上的渊源"应是优良裁决的最终定位。

其次，这些被援引的优良裁决在国际投资仲裁实践中发挥着指导性作用。按照《国际法院规约》的规定，作为辅助性法律渊源，优良裁决缺乏严格意义上的拘束力，仅对特定争议中的当事双方有拘束力。从实践角度出发，国际投资仲裁庭和国际法院①通常援引优良裁决进行裁判。②在 2013 年 Franck Charles v. Moldavia 案中，仲裁庭指出，"鉴于《ICSID 公约》对该问题未作

---

① 如国际法院在 Cameroon v. Nigeria 案的裁决中提出，裁判者虽没有遵循既定裁决进行裁判的义务，除特殊情形外，一般不脱离裁决所秉持一贯的法理并据此裁断。不仅于此，国家也有遵守既定裁决所确定义务之必要。尽管优良裁决不具有法律拘束力，但在国际法院裁决证实"国家应当遵循既定裁决所确定义务"的情形下，从逻辑的反证需要考虑的问题，即"是否有理由不遵循裁判机构在优良裁决中给出的解释和结论"。Land and Maritime Boundary between Cameroon and Nigeria（Cameroon v. Nigeria：Equatorial Guineu intervening），Judgment, I. C. J. Reports 2002, p. 303；Application of the Convention on the Prevention and Punishment of the Crime of Genocide（Croatia v. Serbia），Preliminary Objections, Judgment, I. C. J. Reports 2008, p. 412.

② GUILLAUME, G. The Use of Precedent by International Judges and Arbitrator. Journal of International Dispute Settlement, 2011, 2（1）：5 – 23.

规定，根据 ICSID 法理，本庭认为无形资产也可用以出资"。①在 2002 年 Mondev v. United States 案中，仲裁庭也认为："大多数国际投资条约不约而同地提出公平公正待遇以及充分安全和保护标准，国际投资条约在缔约国内发挥作用，承认并适用这类待遇标准。据此合理推断，这种大量的普遍性实践必对条约内容中的待遇标准产生影响。"②

上述裁决的解释反映的矛盾之处在于——当前，国际投资仲裁中的优良裁决不具备法律拘束力；但与此同时，国际投资仲裁庭在实践中却不断援引其先前做出的既定裁决。有学者将这种纠结的现象谓之为"事实上的先例现象"。③

综上可知，国际投资仲裁领域存在通过适用"确定性判例"原则筛选被援引的先案优良裁决之必要。

（二）适用"确定性判例"原则的可能性

1. "去粗取精"提炼优良裁决

随着国际投资仲裁机制透明度的进一步提高，学者对于国际投资仲裁的持续关注与日俱增，使得适用"确定性判例"原则的可能性增强。被援引的先案优良裁决的内在影响力使其为后续案件提供指引的同时，也增强了投资裁决结果的可预测性。由于国际投资条约措辞模糊以及仲裁裁决数量的激增，

---

① Mr Franck Charles Arif v Republic of Moldavia, ICSID Case No. ARB/11/23, Award of 8 April 2013, paras 383, 630. 遗憾的是，该案未就"ICSID 法理"做进一步说明和注释。对这种做法，可以有两种解释：一是仲裁庭认为这种相似情况在既定裁决中经常出现，ICSID 法理不言而自明；二是仲裁庭并未充分说明理由。笔者认为前者的可能性较大。此外，艾伦派雷特（Alain Pellet）认为，"ICSID 法理"（ICSID Jurisprudence）这种说法极具冒险精神。PELLET, A. The Case Law of the ICJ in Investment Arbitration, ICSID Review – Foreign Investment Law Journal. 2013, 28 (2)：223 –240. 但这从侧面也说明在国际投资裁决中归纳法律标准确有必要及可能。

② Mondev International Ltd v United State of America, ICSID Case No ARB (AF) /99/2, Award of 11 October 2002, para 117.

③ KAUFMANN – KOHLER, G. Arbitral Precedent: Dream, Necessity or Excuse?, Arbitration International, 2007, 23 (3)：361.

在国家与投资者间的关系受条约管辖的情况下，国际投资仲裁中的优良裁决充实了国家一方的义务内容，满足了投资者一方的合理期待，故存在类比"确定性判例"之可能。

相反，瑕疵裁决不具备发挥效力的基本条件。因此，仲裁庭不仅要参照具有相似案件事实的优良裁决进行决断，保证裁判的确定性、一致性与稳定性；同时，还要对瑕疵裁决予以纠错，以免既定裁决中的错误持续化、永久化存在。这要求仲裁庭在灵活性与裁决的稳定性的博弈中做出适当的选择。因此，适用"确定性判例"原则须"去粗取精"选取优良裁决，在稳定性和灵活性之间达到平衡。

2. 频繁援引优良裁决

国际投资仲裁中不存在绝对意义的先例。这是因为，国际投资仲裁中，"法官造法"是一个敏感的问题，但这并不妨碍大量裁决书在关于实体性待遇的经典问题上（如投资者国民待遇、公平公正待遇的义务以及间接征收）援引优良裁决作为裁判依据。尤其当重复性性问题出现时，先案的优良裁决可为后续案件仲裁庭提供更多有价值的指引。此外，仲裁庭裁判时，投资条约中未包括的事项也可在优良裁决中得以明确。因此，仲裁庭在后续案件中频繁援引优良裁决，使得"确定性判例"原则的适用有其可能性。

结　论

在当前的国际投资仲裁中，仲裁庭在裁决书中援引先案具备说服力的优良裁决容易被视为是"遵循先例"原则的适用。然而，事实上在国际投资仲裁中并不具备确立"遵循先例"原则的前提条件。相比之下，提倡适用更加灵活与具体的、类似于"确定性判例"的原则更加符合实际。

有鉴于此，适用"确定性判例"原则可以包括以下步骤：一是在同类型法律关系范围内，从一系列裁决中归纳法律标准；二是在归纳出的法律标准中筛取最优标准；三是在同一类型的程序性或实体性议题范围内，筛取的法律标准项下，涉及的论证丰富、完整的裁决可被认为是优良裁决。在此基础上，仲裁庭在后续案件中援引优良裁决，使其具有"事实上的效力"，可将其视为类比"确定性判例"的过程。围绕裁判法理的生成，类比"确定性判例"可表述为："归纳法律标准——筛取并解释最优标准——提炼优良裁决"这一过程。假以时日，在更大仲裁案件规模的基础上，被援引的先案"优良裁决"会越来越多，并具备更高的指引价值，进而形成更加明确的指引规范，并将有助于解决当前在国际投资仲裁中存在的不一致性问题。

WTO 与"中美俄欧"
国家安全审查制度研究

赵宏瑞　刘天慧　汤雯雯　张春雷*

摘　要：全体一致、强制执行、一般例外、安全例外、区域自贸、诸边开放，是 WTO 体制机制上的鲜明特色。其中，WTO 前身 GATT 第 20 条一般例外与第 21 条国家安全例外，是 1945 年世界各国在促进国际贸易中达成的保护各国经济主权、尊重各国国家安全的例外条款。由于涉及贸易自由与国家安全敏感这些问题，加上各个主要经济体内设各种各样的贸易保护政策都源于这一共识，有必要从 WTO 法治出发、比较各国国内安全法治状况、展开全景式研究。2015 年中国《国家安全法》总体设定了国家安全的五大制度，通过对"中美俄欧"国安审查制度比较分析，可以发现美国的政治随意性、俄罗斯的军工细分化、欧盟的"绕道双反"制度特色，中国总分结合、蓄势待发的国安审查制度建设趋势。在国家安全审查领域体现出的"实力导向"和"规则导向"的历史惯性，是各主要经济体安审制度的现实映射。

关键词：国家安全；国家安全例外；国家安全审查

---

　* 赵宏瑞，哈尔滨工业大学人文社科与法学学院院长、教授、博士研究生导师。刘天慧，哈尔滨工业大学人文社科与法学学院硕士研究生。汤雯雯、张春雷，哈尔滨工业大学人文社科与法学学院博士研究生。

1945 年 GATT 达成以来，各个成员方逐渐在 GATT 第 20 条 "一般例外" 与第 21 条 "国家安全例外" 之下制定了国家安全审查制度。从国家安全审查制度层面考察，"中美俄欧" 四大经济体依然是在 WTO20 历史上卷入贸易冲突和争端解决案例最多的国家与地区的主体。①

一、国家安全审查制度的法理起源与法治基础

观察各国如何平衡 WTO 义务与安全例外之间的经贸政策，是了解和发现贸易摩擦乃至贸易争端的观察窗口；同时纵览考察并相互监督 WTO 成员的 "例外实践"，才能判断其是否脱离合法合规的法治正义。②

源于 1947 年《关贸总协定》第 21 条而来的 GATT 1994 第 21 条，是 WTO "安全例外" 的立法渊源。③ 在 WTO 协议框架下，GATT 1947、GATT 1994、TRIPS、GATS 等多边贸易协议均包含着 "安全例外" 条款，其中 TRIPS 第 73 条、GATS 第 14 条等规定 "根本安全例外条款" 的立法目的和具体措辞大体相同。据此看来，GATT 第 21 条是各国设立国内安全审查制度的国际共识与法理渊源。

国家安全，是贸易自由政策与规则的一项经典例外。④ 而 "国家安全例外" 条款的制定，一方面要顾及成员方的国家基本安全，另一方面又要促进国际经济与贸易发展；其平衡的结果，往往就造成了二者之间存在模糊的界限，常被称为最宽泛、争议性最强的 "大筐" 式立法实践。相对于 GATT 第 20 条 "一般安全例外" 条款的明确性和适用性，第 21 条 "国家安全例外"

---

① 参见《WTO2016 年年报》，载 https：//www. wto. org/english/res_ e/booksp_ e/anrep_ e/anrep16 _ e. pdf，访问日期：2016 年 6 月 23 日。

② 曾令良：《世界贸易组织法》，武汉大学出版社 1996 年版，第 15 页。

③ 黄志雄："WTO 安全例外条款面临的挑战与我国的对策——以网络安全问题为主要背景"，载《国际经济法学刊》2015 年第 4 期，第 142 页。

④ J. Jackson et. al. , Legal Problems of International Economic Relations：Cases, Materials, and Text, 5th. ed. , Thomson / West Publishers, 2008, p. 1079.

条款在 WTO 争端解决案件历史中的引用率并不涉密。

GATT 1947 第 21 条①第 1、2 款针对的是缔约一方为维护其认为涉及其"基本安全利益"而采取的行动，这是真正意义上的"国家安全"例外；而第 3 款则针对的是为维护"国际和平与安全"而采取的行动，这应认定为一项"国际安全"的例外。其中的第 2 款第（iii）项对于定义"战时或国际关系中的其他紧急情况"本身，就说明 GATT 当年的起草者和批准者有意在承认各国国家安全合理需求与限制滥用之间留有了某种余地，② 而这种余地恰是大国博弈过程中自不言说的"自留地"或秘密花园。

先安全、后发展。WTO 帮助了各国实现其扩大商品与服务的生产和贸易，促进了国际投资自由化，制定、监督、执行着最惠国待遇原则、国民待遇原则、透明度原则等贸易自由法治。③ 贸易自由与便利，只有在安全需求得到满足之后，主权国家才谈得上真正获得。④ 在这座源自 1945 年各国谈判塑造出的"妥协天平"上，一端是 GATT/WTO 所要追求的贸易自由目标，另一端是各个主权国家竭力维护的特定国内公共政策目标，⑤ 总体上看，无论是"国家安全"例外还是"国际安全"例外，WTO 的"安全例外原则"⑥都已是世界贸易的各国共识与法治基础。

---

① 参见 GATT 1947 第 21 条：本协定的任何规定不得解释为：（1）要求任何缔约方提供其认为如披露则会违背其基本安全利益的任何信息；或（2）阻止任何缔约方采取其认为对保护其基本安全利益所必需的任何行动：（i）与裂变和聚变物质或衍生这些物质的物质有关的行动；（ii）与武器、弹药和作战物资的贸易有关的行动，及与此类贸易所运输的直接或间接供应军事机关的其他货物或物资有关的行动；（iii）在战时或国际关系中的其他紧急情况下采取的行动；或（3）阻止任何缔约方为履行其在《联合国宪章》项下的维护国际和平与安全的义务而采取的任何行动。

② J. Jackson, The World Trading System: Law and Policy of International Economic Relations, 2nd. ed., The MIT Press, 1997, pp. 230 – 231.

③ 曹建明、贺小勇：《世界贸易组织》，法律出版社 2004 年版，第 91 页。

④ 周林彬、郑远远："WTO 例外的基础理论问题探析"，《经济法论丛》2001 年第 2 期，第 175 页。

⑤ 梅骏："WTO 例外条款及其经济制度背景研究"，天津财经大学 2008 年硕士学位论文。

⑥ WTO 安全例外原则在本文中定义为那些 WTO 各成员方基于健康、道德、环保、安全、历史等原因，可以不遵守和执行最惠国待遇原则、国民待遇原则、市场准入原则和透明度原则的特殊规定。

二、中美俄欧国家安全审查制度的特色

1947 年美国《国家安全法》、1992 年俄罗斯宪法及其《国家安全会议法》、2000 年前后的《欧盟基础条约》与《欧盟运行条约》、2015 年中国《国家安全法》，都是 GATT 第 21 条的国内立法延伸、落实、转化、深化。各国，尤其是大国和区域，据此也构成了各具特色的"中美俄欧"国家安全贸易审查制度。

（一）中国国家安全审查制度"总分结合"的法治特色

由于立法时间晚于其他大型经济体，中国"国家安全"法定的含义吸收了优秀立法经验，涵盖了如下"四大特征""五大范畴"，体现了自身总分结合的特色。

1. 中国国家安全定义中的四大总体特征

2015 年中国《国家安全法》第 2 条①界定了"国家安全"的相对性、状态性、能力性、利益性。有法学家认为，国家构成的基本要素是国民、主权、领土、政权，② 表明国家安全的根本着眼点是维护国家的核心利益和国家其他重大利益。③ 与美国相比较，美国相关立法未能给出明确的"国家安全"定义，从而陷入把任何当时政治人物认为的威胁都放到这个"大筐"里的立法冗余。

---

① 参见《国家安全法》第 2 条：国家安全是指国家政权、主权、统一和领土完整、人民福祉、经济社会可持续发展和国家其他重大利益相对处于没有危险和不受内外威胁的状态，以及保障持续安全状态的能力。

② 郑淑娜：《〈中华人民共和国国家安全法〉导读与释义》，中国民主法制出版社 2016 年版，第 22 页。

③ 2011 年 9 月 6 日，《中国的和平发展》白皮书第一次系统阐述了"国家核心利益"的内涵，指出："中国坚决维护国家核心利益。中国的核心利益包括：国家主权，国家安全，领土完整，国家统一，中国宪法确立的国家政治制度和社会大局稳定，经济社会可持续发展的基本保障。"

2. 中国国家安全审查确立了五大范畴

在中国《国家安全法》未出台之前，中国的国家安全审查制度只是在外商投资、外资并购等少部分领域存在法律规制。而仅仅在外资领域改变国家安全审查制度，① 并不能全面地保障中国的国家安全。2015 年中国《国家安全法》第 59 条②规定了国家安全审查的"五大范畴"，将国家安全审查的范围从"经济安全"扩展到"关键技术安全"③ "网络安全" "基础设施安全"④ 以及其他重大事项和活动⑤等方面。这是中国基于世界复杂形势，在遵守 WTO 协议和国家安全例外原则的基础上，为维护国家安全做出的法治努力。当今世界，传统安全威胁依然存在，而非传统安全领域⑥的威胁也不容忽视。

（二）美国国家安全审查制度"泛政治化"的法治特色

美国是世界上国家安全审查制度立法最早的国家。其 1947 年《国家安全法》与 GATT 21 条"国家例外"几乎同步推出，其审查制度自 20 世纪七八十年代逐渐深化、不断完善，呈现出明显的泛政治化、意识形态化色彩。

1. 泛政治化

美国国家安全审查制度设立之初，主要局限于审查与国防安全有关的事

---

① 在外商投资方面，2011 年 2 月国务院办公厅发布了《关于建立外国投资者并购境内企业安全审查制度的通知》（以下简称《通知》），3 月商务部依据该通知以及外商投资的法律法规，颁布了《商务部实施外国投资者并购境内企业安全审查制度有关事项的暂行规定》（以下简称《暂行规定》），这两个文件对于外资领域国家安全审查制度的审查主体、审查范围、审查程序等做出了明确的规定，标志着我国国家安全审查制度的建立。

② 《国家安全法》第 59 条规定：国家建立国家安全审查和监管的制度和机制，对影响或者可能影响国家安全的外商投资、特定物项和关键技术、网络信息技术产品和服务、涉及国家安全事项的建设项目，以及其他重大事项和活动，进行国家安全审查，有效预防和化解国家安全风险。

③ 关键技术和特定物项主要指核技术等国家安全审查。

④ 基础设施安全主要是指事关我国国家安全利益的基础设施建设，如水利工程、高速铁路。

⑤ 此处主要是指恐怖活动，恐怖袭击等事项。

⑥ 此处的非传统安全领域包括货币领域、太空领域、能源领域、反恐领域、网络领域。

项，以防止与国防相关的科技向外国扩散。① 经过恐怖袭击之后，美国国家安全审查更加严格，考量因素包括了满足国防需要的国内生产力，对外国公民的控制力，防范恐怖主义或者武器扩散因素，维护关键基础设施、关键技术、技术领先地位，防范外国政府控制，满足长期资源需求以及总统或外国投资委员会认为相关的其他因素。② 美国在国安审查中一直未明确"国家安全"的定义，其外资投资委员会（CFIUS）也数次公开拒绝对"国家安全"含义做出界定的请求，其目的是维护审查机关拥有最广泛的自由裁量空间和最广泛制裁经济政策的政治灵活性。③

2. 意识形态化

美国的外资委员会由 9 个部门④组成，其审查主体考虑了多重的安全因素，美国总统在安全审查过程中也享有较大的自由裁量权，这为美国的国家安全审查意识形态化提供了可能性。此外，美国的审查标准将并购方所属国与美国政府的关系作为考虑因素之一，这为其国家安全审查的"意识形态化"提供了制度宽松。⑤

（三）俄罗斯"保障军工"战略产业的特色

2008 年俄罗斯颁布了《外国投资者对保障俄罗斯国防和国家安全具有战略意义的商业公司投资程序法》（以下简称《国家安全审查程序法》），这是俄罗斯在国家安全审查制度领域的基础性法律。

---

① 朱一飞："我国国家安全审查制度之功能定位——兼与美国国家安全审查制度比较"，载《云南大学学报法学版》2009 年第 1 期，第 151 页。

② The Foreign Investment and National Security Act of 2007, section 4.

③ Waite, Frederick P. Goldberg, M. Roy, National Security Review of Foreign Investment in the United States. Florida Journal of International Law, Spring 1991, p. 62 – 64.

④ 此处包括财政部、国务院、商务部、国防部、司法部、国土安全部、能源部、劳动部、国家情报局。

⑤ 周琳静、张国平："外资并购国家安全审查制度研究"，见《国际商法论丛》2013 年第 1 卷，第 24 页。

1. 细化"42 种战略行业"

俄罗斯《国家安全审查程序法》第 6 条①明确规定 13 大类、42 种经营活动被视为战略性产业，而从事这 42 类业务的公司则属于对保障俄罗斯国防和国家安全具有战略意义的公司②。该法的目的在于限制外资入股和/或控制对国防和国家安全具有战略意义的商业公司（简称战略性公司）。

2. 立法"总体偏严"的特征

《国家安全审查程序法》明确提出俄罗斯国家安全审查的对象是意欲"获得对国防和国家安全具有战略意义的商业组织的注册资本和（或）进行可使其对上述商业组织实施控制"的外资并购交易。从中可以看出俄罗斯国家安全审查的四个关键点：战略性行业、获取一定股权、实现一定控制、国外投资，其焦点在于控制权。③

该法对外资审查过于严苛，因而在 2011 年颁布《关于俄罗斯联邦外商投资法和外国投资者对保障俄罗斯国防和国家安全具有战略意义的商业公司投资程序法的修订第 322 - FZ 法》，对战略性产业做出些许"宽"的调整，但依然具有"总体偏严"的立法特征。

（四）欧盟安审制度的"软法"不确定性

欧盟作为区域组织旨在促进各成员方的经济一体化、货币一体化、人员

---

① 《国家安全审查程序法》第 6 条将 13 大类 42 种经营活动被视为战略性产业，分别包括国防军工、核原料生产、核反应堆项目的建设运营、用于武器和军事技术生产必需的特种金属和合金的研制生产销售、宇航设施和航空器研究、密码加密设备研究、天然垄断部门的固定线路电信公司、联邦级的地下资源区块开发、水下资源、覆盖俄领土一半区域的广播媒体、发行量较大的报纸和出版公司等。

② "战略性公司"是指，纳入俄罗斯国家安全审查的 42 个战略性行业涵盖特种技术生产与交易，核工业，军用机械装备、武器、弹药研发和制造企业，航天航空工业，矿产地质研究，俄联邦矿床包括大陆架矿床的开采勘探，水生物资源开采，通信等领域.

③ 李峰："俄罗斯国家安全审查制度研究"，载《国际经济合作》2012 年第 7 期。

流动一体化,[①] 但是，欧盟由于身处美国领导的北约（NATO）卵翼保护下，尚未实现也极难实现财政一体化、安全一体化。为寻求共同市场，各成员方让渡的是部分经济主权，就欧盟组织本身而言，并无GATT第21条真正意义上的国家安全例外与欧盟安全审查的总体法治架构。

1. 欧盟内的双层审查

目前，欧盟体制下的外国投资国家安全审查制度主要由欧盟条约和各成员方国内法两个层面组成，后者构成欧盟外国投资国家安全审查制度法律框架的主体部分。欧盟委员会主要从保持和发展有效市场竞争需要以及并购交易公司市场化地位这两方面对直接投资交易进行考量，以决定是否允许该外资进入欧盟市场。

21 世纪以来，欧盟内部的主要国家纷纷修改外资并购立法，加大对外资并购国家安全的审查，其审查标准趋于严格，审查范围愈发扩大。为规避欧盟委员会对各成员方立法的审查，欧盟国家的国安审查具体内容大多以实践、政策或不成文规定的形式存在。[②] 成员方一般通过本国竞争法中的模糊规定赋予审查机构"政治化"、扩大化的审查职权。

2. 欧盟审查的"双向游动"

欧盟条约规定的国家安全审查制度具有软法特色，在对外国投资进行审查时采取"并列审查"的方式。在一些并购交易中，即便是达到了需要由欧盟审查的交易规模，当该项并购交易是因某成员方国内特定市场而需要该成员方进行调查时，该并购公司可以在向成员方相关部门进行申报后，向欧盟

---

① 潘德勇："欧盟外资并购国家安全审查制度对中国的启示"，载《湖北经济学院学报》2013年第3期。

② 德国《对外贸易与支付法》（Foreign Trade and Payments Act，以下简称 AWG）是德国规范外资并购的主要法律；针对外国投资的国家安全审查，英国主要是参照 2002 年《企业法》里"公共利益"一章来处理；法国对外国投资的国家安全审查主要是通过 2004 年制定的第 2004—1343 号法律以及 2005 年颁布的、作为《法国货币和金融法》第 L.151 条补充条款的第 2005—1739 号法令（Decree No. 2005—1739）来调整、实施。

委员会提交意见书、要求将案件移送至成员方审查；或者在并购公司事先向欧盟委员会申报的情形下，欧盟委员会可以自行决定是否将审查并购交易的权力转移至成员方内部相关部门。相反，在外国投资者向东道国进行申报后，即使有些外资并购未达到由欧盟委员会审查的标准情形，审查权限也有可能会被移送至欧盟委员会。

三、中美俄欧国家安全审查的实践特色

"中美俄欧"设立的国家安全审查制度各有特色，这与本国国情、经济实力、各国对于国家安全的不同定义、追求的目标不同有关。

（一）中国设立、深化安审制度伴随着整体经济转型升级

中国设立国家安全审查制度是与中国经济发展、法治成熟度密切相关的。伴随着中国经济转型升级，外资工业企业在中国市场的占有率呈现逐年下降的趋势，如图 2 所示①。

表2　中国的外资工业企业在中国市场占有率下降趋势的数据

年 份	外商及港澳台商投资工业企业利润总额（亿元）	规模以上工业企业利润总额（亿元）	外资市场占有率（%）
2010	15 019.55	50 439.66	29.78
2011	15 494.22	61 396.33	25.23
2012	13 965.94	61 910.06	22.56
2013	15 802.58	68 378.91	23.11
2014	16 577.31	68 154.89	24.32

---

① 资料分析来源于《中国统计年鉴》，http：//www.stats.gov.cn/tjsj/ndsj/2005/indexch.htm，访问日期：2016 年 6 月 15 日。

（二）美国深化安审制度愈发呈现出"经济霸权主义"倾向

美国战后将其产业安全扩大化，将原来的经济安全逐渐向政治安全扩大、由传统安全向非传统安全领域蔓延。这就使得美国的国家安全审查具有很大的随意性，政治色彩浓厚。美国作为 WTO 发起成员方，理应在保护主义与贸易自由之间寻求明确边界的法治平衡，但美国往往突破 WTO 规则的界限，呈现实力导向大于规则导向的霸权惯性。例如中国作为最大的发展中国家和美国最重要的贸易伙伴之一，就数次遭受了美国不公正的国安审查"待遇"。

（三）俄罗斯强化安审制度偏重国防军工安全与地缘政治考虑

纵观俄罗斯国家安全审查制度的实践，结合其复杂的国际地缘政治形势和经济发展起伏，俄罗斯对于外资进入比较严苛、"门槛"过高，甚至将国家安全列入宪法。俄罗斯作为 WTO 的新晋成员方，在贸易投资领域遇到问题时也常绕过 WTO，将经济问题上升到政治、外交、甚至军事层面谋求 WTO 以外的解决途径，进而会造成或加剧紧张的地缘安全局势。

（四）欧盟的安审制度虽是"软法"，但常常采用过激的罚款措施

欧盟成员方安审制度的立法受到欧盟制约。盟内的国家一般没有专门针对外资并购的国家安全审查制度，确切说，欧盟国家为达到类似目的而进行的相关活动有时还被视为"行政干预"。① 在高新技术领域，特别是信息安全领域欧盟针对美国 IT 公司采用巨额罚款等做法，常常被视为过度的贸易保护主义。

---

① 朱雷："外资并购国家安全审查制度研究"，湖南大学 2009 年硕士学位论文。

四、结论：中美俄欧国安审查与世界贸易冲突评价

美国约翰·H. 杰克逊教授曾将"实力导向"[1] 和"规则导向"[2] 这两个术语用于描述世界贸易体制的权力变迁。[3] 从 GATT 到 WTO，历史一直在这两个导向之间徘徊着贸易正义。WTO 这种起"导向"作用的"规则"，依旧是相关国家实力博弈的结果。[4] 有学者谈到目前的国际体系，认为其仅仅是在表面罩上了一层规则化的外衣，而实质依然是权力冲突。[5]

无法做出学术预判评价的，是在法治解决之外进行国际贸易政策的协商与妥协；然而，如果回归到国家安全审查制度比较研究的层面，各国依然应当倡导规则导向、文明正义的贸易秩序，依然应当回归并恢复到 1945 年 GATT 所塑造出的"全体一致、强制执行、一般例外、安全例外、区域自贸、诸边开放"等公平的世界贸易秩序与共识中去。

---

① "实力导向"是指在谈判解决和寻求妥协的过程中直接地或隐蔽地借助当事各方的实力解决问题，甚至不惜采用武力方式解决冲突。

② "规则导向"是指争端各方根据他们所同意的规则进行谈判或在谈判不能解决时依照有关第三方的决定解决争端。

③ John H. ackson, "The Crumbling Institutions of the Liberal Trade System", Journal of World Trade Law12, pp. 98 – 101.

④ 车丕照："国际经济秩序的'导向'分析"，载《政法论丛》2016 年第 1 期。

⑤ 张澄："借鉴 WTO 规则思考国际法改革——读杰克逊《主权、WTO 与国际法的根本性变革》"，载《社会科学战线》2008 年第 11 期。

国家安全例外在互联网贸易中的适用及展开

孙南翔[*]

摘　要：贸易与安全问题向来是国际法的阿克琉斯之踵。WTO 协定试图在自由贸易与国家安全之间划定一条平衡线。在安全例外条款中，虽然缔约方被赋予一定程度的自裁决权，然而根据善意原则，缔约方应以国际公法的惯常解释规则进行条约解释与适用。在理论上，"重要安全利益"自动地包含超越"一般安全利益至上"的网络安全；同时，"战时"与"国际关系紧急情况"将自动拓展至网络空间。由此，以网络安全为由的贸易限制措施应满足国家安全例外条款。作为贸易大国，我国应合理利用安全例外条款保障我国的网络安全，并以贸易规则合法地对抗西方国家对我国产品的国家安全审查。

关键字：安全例外；互联网贸易；网络安全

相比于一般例外条款，安全例外条款被视为是 WTO 协定中的"君子协定（Gentlemen's Agreement）"，WTO 成员方致力于避免在争端解决实践中援用该条款。[①]其背后逻辑为，成员方认为保持安全例外条款适用的模糊性是有

　＊　孙南翔，福建漳州人，西南政法大学国际法学院博士研究生。

　①　Nathaniel Ahrens, "National Security and China's Information Security Standards, A Report of the CSIS Hills Program on Governance", Center for Strategic and International Studies Report, 2012, p. 13.

意义的，因为成员方尚不能确定未来情势变化后，其对国家安全事项的解释将采取何种立场。近期，愈多的成员方提及以国家安全例外作为背离自由贸易理由的合法性。例如，在中国稀土案中，中国曾提出对稀土的限制措施是以国家安全为目标;① 而近期俄罗斯与乌克兰危机也涉及贸易与国家安全的事项。

在互联网时代下，国家安全至关重要。网络安全已成为互联网贸易政策的关切之一。几乎所有的国家都实施特定程度的网络安全措施。正如习近平总书记在中国中央网络安全和信息化领导小组成立之际所言，没有网络安全就没有国家安全。② 然而现有的研究多集中于对安全例外的条款研究，而并未以条约解释的方法将其运用于互联网贸易中。③有鉴于此，本文试图探索如下问题：国家安全例外与互联网贸易之间存在何种关系？在条约解释与适用上，网络安全是否可属于国家安全的范畴？WTO 成员方在何时能够使用国家安全例外，以及如何适用？基于此，本文在回顾国家安全例外条款的历史溯源后，基于条约解释的方法，对国际安全例外解释与适用中的自裁决性、重要安全利益、国际关系中的紧急情况等进行界定，并提出对中国的启示。

一、国家安全例外在国际贸易体系中的表现

（一）国家安全例外的历史溯源

长期以来，国家安全事项为联合国大会、联合国安全理事会、国际法院

---

① Panel Report, China – Measures Related to the Exportation of Rare Earths, Tungsten, And Molybdenum, WT/DS431/R, 26 March 2014, paras. 7. 398, 7. 404, 7. 712 ; Shin – yi Peng, "Cybersecurity Threats and the WTO National Security Exceptions", Journal of International Economic Law, vol. 18, 2015, p. 461.

② 人民网："没有网络安全就没有国家安全", http://politics. people. com. cn/n/2014/0518/c1001 – 25030371. html, 访问日期：2016 年 5 月 25 日。

③ 安佰生："WTO 安全例外条款分析", 载《国际贸易问题》2013 年第 3 期；黄志雄："WTO 安全例外条款面临的挑战与我国的对策——以网络安全问题为主要背景", 载《国际经济法学刊》2014 年第4 期。

所管辖。正如安德森所言，非贸易关切在 WTO 之外的其他国际组织会得到更多的关注。例如，联合国是阻止战争、实现人权和性别平等，并提供个人更自由与更好生活条件的国际组织。①

历史上，《哈瓦那宪章（草案）》曾提出将国际贸易组织的安全事项交由联合国解决的规则。具体而言，GATT 1947 最初被设定为成为国际贸易组织（Internaitnal Trade Organizaiton）的一部分。同时，国际贸易组织将成为联合国下属的机构。②在《哈瓦那宪章》第 86（3）条规定："成员方认识到本组织不试图采取任何可能涉及对重要政治事项裁决相关的行动。相应的，为了避免在联合国和本组织之间的责任冲突，一成员方直接与其在联合国提起政治事项相关的措施，如果符合《联合国宪章》第 4 条或第 11 条，那么其将被视为进入联合国管辖的范围，同时其不是本宪章管辖的范围。"③

由此，上述《哈瓦那宪章》规则避免国际贸易组织与联合国之间的管辖权和裁决冲突。联合国排他性的对政治事项（political matters）进行管辖，而国际贸易组织并不具有此类事项的管辖权。④ 然而，由于国际贸易组织最终未能成立，临时适用的 GATT 1947 并未对其与联合国、联合国安全理事会之间的机制性协调进行规定。1994 年，WTO 协定也未有对协调安全事项管辖权的规定。

由此，在贸易领域，联合国与国际法院并非是处理国家安全事项的排他

---

① Henrik Andersen, "Protection of Non - Trade Values in WTO Appellate Body Juriprudence: Exceptions, Economic Arguments, and Eluding Questions", Journal of International Economic Law, vol. 18, 2015, pp. 388 - 389.

② 《哈瓦那宪章》第 86（1）条规定: 本组织将使其成为依据联合国宪章第 57 条规定的联合国的专门机构。关于 GATT 的起源，See John Jackson, The Jurisprudence of GATT and the WTO, Cambridge : Cambridge University Press, 2000, Part II, pp. 15.

③ Analytical Index of the GATT, Article. XXI, p. 609, available at https: //www. wto. org/ ENGLISH/res_ e/booksp_ e/gatt_ ai_ e/art21_ e. pdf, last visited on 14 May 2016.

④ Eric Pickett, Michael Lux, "Embargo as a Trade Defense against an Embargo: The WTO Compatibility of the Russian Ban on Imports from the EU", Global Trade and Customs Journal , vol. 10, 2015, p. 14.

性国际组织。根据文本规定，安全例外条款表明 WTO 成员方并不需要从联合国或国际法院中获得关于成员方行使《联合国宪章》义务的决定或者是建议。①

例如，美国和尼加拉瓜于 1956 年签署的《友好、商业和航海条约》中，其包含了如下条款：现有条约不得排除缔约方基于维持或恢复国际和平和安全的义务所必要的措施，或对于保护其重要安全利益所必要的措施的适用。国际法院裁决如下："本条约第 21 条规定对其他条款的例外情形，但是其绝未否认国际法院对该条款的解释和适用的权限。进而，国际法院具有权利决定一缔约方的措施是否落入该例外。事实上，本条约第 21 条的文本并没有使用 GATT 1947 第 21 条的文本。GATT 1947 第 21 条规定了协定不能被理解为排除缔约方采用其认为对保护重要安全利益所必须的措施"，而 1956 年条约仅提到"必要的"措施，而非是一缔约方认为的必要的措施。②换言之，国际法院裁决认为其并没有管辖权审查和裁定 GATT 1947 第 21 条的权力。③

在 GATT 时期与 WTO 时期的争端解决实践中，国家安全事项曾被提及。例如，由于美国对古巴的贸易限制措施引发了次级制裁效应，欧共体认为美国《赫尔姆斯—伯顿法》违反 GATT 1994 最惠国待遇等异物，然而美国认为其措施能够被国家安全例外所正当化。④不仅如此，诸多成员方在加入世界贸易组织时，明确表明了自身享有援用安全例外施加贸易限制的权利。实践中，

---

① David W. Leebron, "Linkages", American Journal of International Law, vol. 96, 2002, p. 20.

② Military and Paramilitary Activities in and against Nicaragua (Nicaragua v. United States of America), ICJ Reports 1986, p. 14.

③ ICJ, Oil Platforms (Islamic Republic of Iran v. United States of America), Judgment 2003 ICJ report, Nov. 6 2003.

④ 该案最终美国与欧共体达成和解。Lorand Bartels, "Article XX of GATT and the Problem of Extraterritorial Jurisdiction: The Case of Trade Measures for the Protection of Human Rights", Journal of World Trade, vol, 36, no. 2, 2002, p. 361.

诸多减让表包括了详细地排除在第 21 条适用的禁止性产品的附件。①由此可见，国家安全例外在国际贸易中具有独特的价值与作用。

（二）国际贸易体系中的安全例外

正如施勒曼所言，国家安全问题是国际法的阿克琉斯之踵。不管在哪个场合制定国际法，国家安全事项都具有某种形式的漏洞，其通常以明确的国家安全例外为形式。②从文本上，WTO 协定的安全例外规定反映出对国家主权及成员方自我保护权利的尊重。③概念上，安全例外被称为是"逃避条款"（escape clause）。④

在 WTO 协定下，规定有安全例外的条款分别为：GATT 1994 第 21 条、《服务贸易总协定》第 14 条、《与贸易有关的投资措施协定》第 3 条 、TBT 协定第 2. 5 条、《与贸易有关的知识产权协定》第 73 条等。以 GATT 1994 第 21 条为例，其安全例外条款规定包括对保护国家安全信息、基本国家安全利益等所必要的措施。具体而言，安全例外包括 5 种保护对象：（1）国家安全信息；（2）裂变物质；（3）军事物品和服务；（4）战争或国际紧急情况；（5）《联合国宪章》义务。⑤

虽然国家安全例外条款存在"大国不使用"的迹象，然而本质上，国际社会的国家都是理性的，当其援引安全例外有利可图时，国家自然将诉诸安

---

① Report of the Working Party on the Accession of Albania to the World Trade Organization, WT/ACC/ALB/51（July 13, 2000）, p. 31. Report of the Working Party on the Accession of Albania to the World Trade Organization, WT/ACC/ALB/51（July 13, 2000）, p. 62.

② Hannes L. Schloemann, Stefan Ohlhoff, "' Constitutionalization' and Dispute Settlemetn in the WTO: National Security as an Issue of Competence", American Journal of International Law, vol. 93, 1999, p. 424.

③ Andrew Emmerson, "Conceptualizing Security Exceptions: Legal Doctrine or Political Excuse?", Journal of International Economic Law, vol. 11, mo. 1, 2008, p. 135.

④ Michael J. Hahn, "Vital Interests and the Law of GATT: An Analysis of GATT's Security Exception," Michigan Journal of International Law, vol. 12, 1991, p. 602.

⑤ Antonio F. Perez, "WTO and U. N. Law: Institutional Comity in National Security," Yale Journal of International Law, vol. 23, 1998, pp. 325 – 343.

全例外条款佐证政策的合规性。21 世纪以来，随着国际经贸交往的深化与多
边谈判的式微，自由贸易协定成为国际贸易领域最为活跃的缔约场合。大多
数的自由贸易协定复制了 WTO 协定的国际安全例外条款或明确了 WTO 协定
的国家安全例外条款的对本协定的适用性，例如《中国与东盟国家全面经济
合作框架协议货物贸易协议》第 13 条与《中国与韩国自由贸易协定》第
21.2 条。当然，还有部分自由贸易协定对传统的国家安全例外条款进行或宽
或严的修订，具体如表 1 所示。

表 1　自由贸易协定中的国家安全例外条款特征

内容	限缩国家安全例外		拓展国家安全例外	
特征	删除自裁决用语	增加 GATT 1994 第 20 条序言的义务	删除或变更联合国宪章义务	直接适用
条款	删除"其认为的"	"不应构成恣意的或不合理的歧视"，或"在成员方间形成变相的贸易限制"	删除"履行《联合国宪章》义务"，或将《联合国宪章》义务变更为"国际协定义务"	增加脚注注明安全例外援引的不可审查性
例证	加拿大—以色列 FTA	欧盟和南非 FTA	欧盟—韩国 FTA、加拿大—韩国 FTA	韩国—美国、美国与秘鲁、巴拿马和哥伦比亚 FTAs

　　如上，虽然有部分的自由贸易协定修改了 WTO 协定的国家安全例外条
款，然而所有的自由贸易协定都借鉴使用了 GATT 1994 或 GATS 等的国家安
全例外的用语及结构。其具体分为两种模式：其一，新的自由贸易协定通过
删除自由裁量权用语或增加 GATT 1994 第 20 条序言的方式，对该类型的条
款的适用进行限制；其二，通过拓展管辖安全义务的协定或明确国家安全例
外的不可审查性，拓展缔约方援用国际安全例外的权利。根本上，上述两种
模式并未背离 WTO 协定设定的国家安全例外的框架与内容。换言之，国际
贸易以 WTO 协定为基础而建立国家安全体系。由此，下文将以 WTO 协定为

蓝本，对国际安全例外条款在互联网贸易中的适用进行分析。

（三）网络安全与 GATT 1994 第 21 （b）（iii）条

在 WTO 协定中，GATT 1994 第 21 条为货物贸易中的安全例外条款，其分为（a）到（c）分项。截至目前，在实践中，第 21 （a）条并没有引发复杂的解释争议。在提及"信息"问题上，相关的成员方只要认为披露相关信息会导致重要安全利益受威胁，那么其就可以援用该条款。本质上，这是 WTO 协定透明度要求的例外情形。同时，（c）项目争端将国家安全事由交由《联合国宪章》所认定，其不属于专家组或上诉机构的可审理范围。进一步的，在第 21 （b）（i）与（ii）条中，"裂变物质"和"武器、弹药和作战物资"都是客观性的术语。在实践中，由于并没有举出例证，相关案件认为上述术语体现出普遍性的特征。[①]由此，其条款权利与义务是具体而明确的。理论上，国家安全例外条款的模糊性与适用弹性体现在 GATT 1994 第 21 （b）（iii）条上，其赋予成员方在战时或国际关系中的其他紧急情况下，成员方可采取其认为保护基本国家安全利益所必要的任何行动。

根据 GATT 1994 第 21 （b）（iii）条文本出发，最为重要的概念为"其认为必要的""重要安全利益""国际关系的紧急情况"等概念。具体而言，首先，"其认为必要的"是解决审查标准的问题，其旨在明确成员方与专家组和上诉机构之间的权限；其次，"重要安全利益"解决的是事项性问题，即何种事项符合国家安全例外条款；最后，"国际关系中的紧急情况"为时间性认定，其确定何时成员方能够使用国家安全例外条款。根据国际法原则，

---

① Hannes L. Schloemann, Stefan Ohlhoff, "'Constitutionalization' and Dispute Settlemetn in the WTO: National Security as an Issue of Competence", American Journal of International Law, vol. 93, 1999, p. 445.

各成员方至少应以善意地方式对国家安全事项进行审查。①在网络安全遭受威胁的情形下，GATT 1994 第 21（b）（iii）是最相关的例外条款。② 解决 GATT 1994 安全例外条款适用的核心问题是：在网络战或网络威胁导致"国际关系中的紧急情况"背景下，成员方是否能够基于保护"重要安全利益"的目的采取"其认为合理的行为"。

二、自裁决条款的审查标准及其适用

《维也纳条约法公约》第 31 条和第 32 条为解释 WTO 协定的国际习惯规则，由此，各成员对安全例外条款的援引也应该建立在条约解释的基础上。由此，笔者将依次对安全例外条款的惯常含义、语境和目的与宗旨进行考察，并且借用补充性资料解释工具对相关条款含义进行裁决。

（一）关于自裁决条款的争议

针对国家安全例外条款的解释与适用，其关键问题是 GATT 1994 第 21 条是否具有自裁决属性，以及在何种程度上具有自裁决属性。③ 在概念上，自裁决条款（self – judging clauses）是基于对是否使用和援引条款的主观评估后，国家单边保留其从国际义务中脱离或克减权利的条约条款。④在理论上，不同学者对安全例外的自裁决属性有不同的理解方式。

---

① Hannes L. Schloemann, Stefan Ohlhoff, "'Constitutionalization' and Dispute Settlemetn in the WTO：National Security as an Issue of Competence", American Journal of International Law, vol. 93, 1999, p. 445.

② Shin – yi Peng, "Cybersecurity Threats and the WTO National Security Exceptions", Journal of International Economic Law, vol. 18, 2015, p. 458.

③ Antonio F. Perez, "WTO and U. N. Law：Institutional Comity in National Security," Yale Journal of International Law, vol. 23, 1998, p. 302.

④ Stephan Schill, Robyn Briese, "'If the State Considers'：Self – Judging Clauses in International Dispute Settlement", in A. von Bogdandy, R. Wolfrum eds., Max Planck Yearbook of United Nationals Law, vol. 13, 2009, p. 68.

对自裁决条款的适用可细分为三种主张：其一，主观性标准（subjective standard）审查的观点，主观性标准认为第 21 条国家安全例外必要性测试应由成员方自主确定；①其二，客观性审查（objective scrutiny）观点，其要求在援引安全例外时，WTO 专家组和上诉机构具有客观性审查的权限；② 其三，主观性标准与客观性标准相结合的观点，该观点认为，在重要安全利益认定上，成员方具有决定性的主观认定权限，但是其同时应避免滥用权利。③

毋庸置疑，虽然在理论层面上，不同学者对 GATT 1994 第 21 条的自裁决适用的方法提出不同主张，然而，《维也纳条约法公约》第 31 条与第 32 条作为解释 WTO 协定工具并未被否认，诸多学者对条约适用方法的争议并不构成对条约解释的分歧。由此，即使成员方具有完全的决定国家安全例外适用的方式，其也应以惯常的条约解释对自裁决条款进行适用。更进一步，履行条约的解释应符合主观与客观的善意原则。客观善意要求条约解释结果对缔约方应具有合理预期；而主观善意要求根据成员方的意图进行解释。④由此，善意原则要求自裁决条款的适用符合条约解释规则的合理预期。

（二）对"其认为的"术语的条约解释

针对"其认为必要的"术语的解释至少包括以下重要术语。首先，关于"其"的解释。该条款的"其（it）"表明在决定成员方行为是否满足第 21（b）条的要求问题上，WTO 成员方具有排他性的裁量权。由此，该条款表

---

① Stephan Schill, Robyn Briese, " 'If the State Considers': Self – Judging Clauses in International Dispute Settlement", in A. von Bogdandy, R. Wolfrum eds., Max Planck Yearbook of United Nationals Law, vol. 13, 2009, pp. 61 – 140.

② Wesley A. Cann, Jr., Creating Standards and Accountability for the Use of the WTO Security Exception: Reducing the Role of Power – Based Relations and Establishing a New Balance Between Sovereignty and Multilateralism, Yale Journal of International Law, vol. 26, 2001, p. 413.

③ Shin – yi Peng, "Cybersecurity Threats and the WTO National Security Exceptions", Journal of International Economic Law, vol. 18, 2015, p. 468.

④ Shin – yi Peng, "Cybersecurity Threats and the WTO National Security Exceptions", Journal of International Economic Law, vol. 18, 2015, p. 468.

明 WTO 成员方具有决定争议措施是否满足该条款要求的决定权，而 WTO 专家组或其他裁决机构则没有该项权利。①这意味着至少成员方具有很强地决定何种行为符合第 21（b）条要求的裁量权。

其次，关于"认为"的解释。"认为"（consider）术语也表明成员方具有决定其措施的实质性裁量权，但是其并非表述为"成员方在国家安全事项下保留主权"。②因此，"认为"概念反映出在保护过程中，成员方应履行"谨慎的义务"。③该概念与国际环境法中的预警原则（precautionary principles）颇为相似。④该术语实际上也反映出一些客观限制，例如，当利益受损风险并不存在，或者所使用的措施与目的之间并没有关联时，成员就不能援引该条款正当化其措施。⑤正基于此，"认为"术语包括对风险的评估。相反的情形体现在国际法院裁决中，其认为由于缺乏"认为"的术语，条约条款"保护重要安全利益所必要的"的争议问题是受国际法院管辖的。⑥

最后，"其认为的"的术语并不否认专家组和上诉机构的客观审查权。

---

① 同时，Raj Bhala 教授援用了在 1961 年葡萄牙加入 GATT 时，由于加纳对葡萄牙货物进行禁运，加纳代表指出："任一缔约方都有排他性的决定何种措施对重要安全利益是必须的。因此，这（葡萄牙加入 GATT）并不能够作为反对加纳基于安全利益对其产品禁运的理由。" Raj Bhala, "National Security and International Trade Law: What the GATT Says, and What the United States Does", University of Pennsylvania Journal of International Economic Law, vol. 19, 1988, pp. 268 - 269.

② 当然，在国际关系中，作为个体的国家仍是定义主权概念内容的主体。See Hannes L. Schloemann, Stefan Ohlhoff, "'Constitutionalization' and Dispute Settlemetn in the WTO: National Security as an Issue of Competence", American Journal of International Law, vol. 93, 1999, p. 444.

③ Hannes L. Schloemann, Stefan Ohlhoff, "'Constitutionalization' and Dispute Settlemetn in the WTO: National Security as an Issue of Competence", American Journal of International Law, vol. 93, 1999, p. 443.

④ 褚晓琳："论'Precautionary Principle'一词的中文翻译"，《中国海洋法学评论》，2007 年第 2 期；Owen McIntyre, Thomas Mosedale, "The Precautionary Principles as a Norm of Customary International Law", Journal of Environmental Law, vol. 9, 1997, p. 221.

⑤ Hannes L. Schloemann, Stefan Ohlhoff, "'Constitutionalization' and Dispute Settlemetn in the WTO: National Security as an Issue of Competence", American Journal of International Law, vol. 93, 1999, p. 443.

⑥ ICJ Reports of Judgments, Military and Paramilitary Activities in and against Nicaragua (Nicaragua v. United States of America), REP. 14, 27 JUNE 1986, para. 224.

"厄瓜多尔和欧共体香蕉（执行）案"上诉机构关于《争端谅解协议》第 22.3（c）条的适用可窥斑见豹。根据《争端谅解协议》第 22.3（c）条规定，在败诉方不能履行义务时，胜诉方可以寻求补偿和中止减让的情形，其规定若是起诉方认为对同一协定项下的其他部门中止减让或其他义务不可行或无效，且情形足够严重，则可寻求中止另一适用协定项下的减让或其他义务。该条款规定"成员方认为其不可行（party considers that it is not practicable）"的表述与安全例外条款的描述相似。该案上诉机构认为"成员方认为"术语表明了其他部门或协定中止减让的可行性和有效性的问题，但是"起诉方对幅度的评估应受到争端解决机构的审查"。①换言之，即使是条款中规定了"成员方认为"的术语，专家组和上诉机构也具有针对特定事项的客观审查权。

由此可见，对国家安全例外条款的解释与适用而言，在赋予成员方自裁决权时，专家组和上诉机构也具有对自裁决事项的客观审查权。

（三）对自裁决条款滥用的限制：基于"必要的"概念的约束

一名 GATT 1947 起草者指出："我们认识到规定如此宽泛的例外是有风险的，并且我们不可能要求任何事项都在阳光之下。因此，在起草条款时，应谨慎地对待真实的安全利益，同时，尽我们所能限制例外的适用，进而阻止在任何情况下为保护其行业而实施的保护措施。如何平衡确实是一个问题。一方面，我们不可能将其规定得过于狭窄，因为我们无法阻止基于纯粹安全原因（purely for security reasons）的措施；另一方面，我们也不可能将其规

---

① European Communities – Regime for the Importation, Sale and Distribution of Bananas – Recourse to Arbitration by the European Communities Under Article 22.6 of the DSU, WT/DS27/ARB/ECU, Mar. 24 2000, para. 27. 当然，该条款与 GATT 1994 第 21 条也存在一定的差异。例如，该条款的序言具有强制性的规定："起诉方应适用下列原则和顺序"。See Peter Lindsay, "The Ambiguity of GATT Article XXI: Subtle Success or Rampant Failure?", Duke Law Journal, vol. 52, 2003, pp. 1290 – 1291.

定地过于宽泛，那么缔约国可能借安全之名实施商业性的目的。"①基于此，主席回应认为，国际贸易组织成员方解释国家安全例外条款的要义在于避免滥用安全利益措施。②

达致贸易与国家安全平衡的核心在于发挥善意原则，并将善意原则的解释方法与履约义务纳入国家安全必要性的解释中。理论上，善意原则不仅是一项解释规则，其还是缔约方履行条约的当然义务。《维也纳条约法公约》第 26 条中规定，"凡有效之条约对其各当事国有拘束力，必须由各该国善意履行"。虽然对"善意履行"（good faith performance）并没有明确的定义，但是若以充分利用条约起草过程中的漏洞或模糊处进行解释的行为就不应该被视为是善意的。③

对于成员方安全利益的考察，其必须是为保护（for the protection of）该利益的目的。必要性建立在措施与目标间的实质性联系上。该联系具有必要的本质要求。该必要性的认定需要借用 GATT 1994 第 20（b）或（d）条的解释。进一步的，"必要的"表明了成员方需要证明，是否还存在其他更小贸易限制的措施，该措施也能够实现相同的保护水平。④

在实践中，1975 年 11 月，瑞典推行了对特定雨衣的全球进口配额，其主张国内生产的显著下滑将对瑞典构成实质性威胁，其成为安全政策不可分割的一部分。⑤然而，在 GATT 委员会的决定上，其认为瑞典所谓的雨衣进口

---

① Analytical Index of the GATT, Article. XXI, p. 600, available at https：//www. wto. org/ENGLISH/res_ e/booksp_ e/gatt_ ai_ e/art21_ e. pdf, last visited on 14 May 2016.

② Analytical Index of the GATT, Article. XXI, p. 600, available at https：//www. wto. org/ENGLISH/res_ e/booksp_ e/gatt_ ai_ e/art21_ e. pdf , last visited on 14 May 2016.

③ Jeff Waincymer, WTO Litigation：Procedural Aspects of Formal Dipute Settlement, Cameron May, 2002，p. 499.

④ Wesley A. Cann, "Creating Standards of Accountability for the Use of the WTO Security Exception：Reducing the Role of Power – Based Relations and Establishing A New Balance Between Sovereignty and Multilateral", Yale Journal of International Law, vol. 26, no. 2, 2001, pp. 452 – 453.

⑤ Council of Representatives, Report on Work Since the Thirtieth Session, L/4254（Nov. 25, 1975），pp. 17 – 18；Sweden – Import Restrictions on Certain Footwear, L/4250（Nov. 17, 1975），p. 2.

禁止的理由构成对 GATT 安全例外的滥用和误用。①

(四) 小　结

善意原则贯穿于 GATT 1994 第 21 条国家安全例外条款的解释与适用的始终。虽然成员方具有认定必要性和重要安全利益等概念的自我裁量权，然而其对条款的适用应符合惯常的条约解释规则。即在进行客观性评估后，成员方援用的措施应是为保护合法利益所必要的。

通过上述的解释材料，笔者认为安全例外条款的目的在于赋予成员方保护 "重要安全利益" (essential security interests) 而采取措施的权力。安全例外条款的适用特殊性体现在两个 "其认为" 的规定上，其一，为 "其认为重要的利益"；其二，为 "其认为必要的措施"。② 虽然成员方能够对相关术语进行认定，但是其应该至少满足条约解释的 "善意" 原则，不应对 "重要安全利益" "国际关系紧急情况" 做出过于宽泛，或者是过于狭窄的解释。上述国家实践与条约解释均涉及于此。作为自裁决的条款，成员方的适用也应具备善意理念。正如上诉机构所强调的，解释者并不能自由地采纳可能会导致条约条款或段落多余 (redundancy) 或无效 (inutility) 的解释。③

三、国家安全例外的事项认定：演化的 "重要安全利益"

(一) 关于 "重要安全利益" 的解释

作为自裁决条款的体现，WTO 成员方具有定义其 "重要安全利益" 的

①　GATT, Minutes of Meeting held in the Palais des Nations, Geneva, on 31 October 1975, C/M/ 109, P. 8.

②　Peter Van Den Bossche, The Law and Policy of the World Trade Organization: Text, Cases and Materials, Cambridge : Cambridge University Press, 2013, p. 664.

③　Appellate Body Report, US – Gasoline, WT/DS2/AB/R, p. 23.

权力。①WTO 成员方具有采取安全利益相关行为的权利不能被否认，然而关键问题在于如何平衡安全利益与商业利益的冲突。②对于"重要安全利益"的定义，有学者认为，国家安全内涵包括国家、主权和国际法律人格，对国家安全的定义应从上述三个关键词出发；还有学者认为，国家安全概念关注保护国家主权，使其免受任何外部或内部、传统和非传统的威胁。古德曼甚至认为，人权事项也能够成国家安全关注的事项，违反人权义务可引发成员方援用第 21 条对该国进行单边的紧急制裁。③进一步的，有学者认为成员方能够通过援引安全例外，将因恐怖主义等原因而实施的贸易制裁措施正当化。④同时，也有学者试图主张气候变化的威胁也能成为使用安全例外的合法理由。⑤如此可见，在理论上，重要安全利益的概念被泛化。

根本上，对"重要安全利益"的认识应回归到条约解释层面。在条约解释上，其一，重要安全利益并不等同于一般安全利益（general security interest）。在"中国原材料案"中，专家组对"对其重要的（essential to）"术语进行解释。从惯常含义上，"对其重要的"表明"影响任何事物的本质；重大的，重要的组成，或形成事物本质的一部分"，以及"绝对必须的，不可分割的要求"。⑥综合而言，"重要安全利益"表明一般安全（general security）并不足以构成"重要的"安全利益，其必须满足一个与一般安全利

---

① Andrew Emmerson, "Conceptualizing Security Exceptions: Legal Doctrine or Political Excuse?", Journal of International Economic Law, vol. 11, no. 1, 2008, p. 139

② United Nations, Econ. & Soc. Council, Preparatory Comm. of the U. N. Conference on Trade & Empt, U. N. Doc. E/PC/T/A/PV/33 (1947), p. 19.

③ Ryan Goodman, "Norms and National Security: The WTO as a Catalyst for Inquiry", Chicago Journal of International Law, vol. 2, no. 1, 2001, p. 101.

④ Eric J. Lobsinger, "Diminishing Borders in Trade and Terrorism: An Examination of Regional Applicability of GATT Article XXI National Security Trade Sanctions", ILSA Journal of International and Comparative Law, vol. 13, 2006, p. 99.

⑤ Felicity Deane, "The WTO, the National Security Exception and Climate Change", Carbon & Climate Law Review, Vol. 2, 2012, p. 149.

⑥ Panel Report Reports , China – Measures Related To the Exportation of Various Raw Materials, WT/DS398/R, 5 July 2011, para. 7. 275.

益相区分的更高标准。①

其二，单纯的经济安全利益难以构成重要安全利益。经济安全（economic security）是一些 WTO 成员方主张的观点。然而，WTO 协定表明纯粹经济性的事务有其专门的调整方式。②例如，在 GATT 1994 中，对经济安全的关注体现在第 19 条"对某些产品进口的紧急措施"上。因此，第 21 条并不服务于保护经济安全利益的目标。

其三，以演化解释的方法解释"重要安全利益"。WTO 争端解决实践将演化解释作为应对客观情势变化的一种有效的解释方法，其得到广泛的认同。③在"美国虾案"中，上诉机构认为：GATT 1994 第 20 条的"自然资源"在定义上，是演化的（by definition, evolutionary），其内容或对象并非是静止的（static）。④ 相似的，在"中国试听服务案"中，上诉机构认为，中国服务贸易减让表中所使用的术语——"录音制品"和"分销"是足够一般性的（sufficiently generic）术语，其含义能跟随时间推移而发生变化。在这个层面上，与 WTO 协定相似，GATS 承诺减让表构成了在一个无固定期限中的持续性义务（continuing obligations），不管是原始成员方，还是在 1995 年之后加入的成员。⑤上述演化解释也能适用于对"重要安全利益"的解释。

---

① Hannes L. Schloemann, Stefan Ohlhoff, "'Constitutionalization' and Dispute Settlemetn in the WTO：National Security as an Issue of Competence", American Journal of International Law, vol. 93, 1999, p. 4245.

② Hannes L. Schloemann, Stefan Ohlhoff, "'Constitutionalization' and Dispute Settlemetn in the WTO：National Security as an Issue of Competence", American Journal of International Law, vol. 93, 1999, p. 444.

③ 孙南翔："论'发展的条约解释'及其在世贸组织争端解决中的适用"，载《环球法律评论》2015 年第 5 期。

④ 美国虾案上诉机构的该裁决援引了国际法院的意见，在 1971 年"南非不顾安理会决议继续驻留纳米比亚对各国的法律后果咨询意见案"中，国际法院指出，《国际联盟盟约》第 22 条所含"今世特别困难状况"和"人民的福利和发展"等概念不是静止的，从定义上，其就具有演化性，"神圣信托"这一概念也是如此。See Legal Consequences for States of the Continued Presence of South Africa in Namibia case, para. 53. ; Appellate Body Report, US‐Shrimp, WT/DS58/AB/R, para. 130.

⑤ Appellate Body Report, China‐Audiovisual Products, WT/DS363/AB/R, p. 396.

需要注意的是，WTO 专家组承认了并不存在对"公共道德"和"公共秩序"的单一性解释，上述概念能够随时空变化而变化，并且受到包括现有的社会、文化、道德和宗教价值的一系列因素的影响。①虽然目前争端解决实践并未涉及对重要安全利益的认定，但基于各国社会、文化、道德等的相异性，WTO 成员方对重要安全利益的认可也是具有差异的。毫无疑问，根据其自身的体系和价值观念，成员方应具有在其管辖的领域内，定义和适用其"重要安全利益"概念的权利。当然，该权利也并非是绝对的，成员方具有将该条款进行善意解释的义务。②

（二）网络安全与"重要安全利益"

在互联网领域，国家安全也没有统一概念。例如，澳大利亚认定华为公司的信息技术产品将会对其国家安全形成挑战，然而英国和新西兰则认为无须禁止华为公司向重要基础设施提供设备的行为。③具体而言，美国认为由于华为公司并未提供清晰的、完整的信息解释该公司与中国政府的关系，回答其与中国政府在资金上的独立性，以及详细回应其与中国军方或情报部门的关联性，所以美国认为华为公司的产品是不安全的。④相反的，英国政府由于其调查与听证都没有直接证据表明针对华为控诉，因此最后批准华为公司参与到本国的宽带项目中。⑤由此可见，"重要安全利益"不存在统一共识。

---

① Panel Report, US – Gambling, WT/DS285/R, para. 6. 461.

② Panel Report, US – Gambling, WT/DS285/R, para. 6. 461.

③ BMI – TechKownledge Group, Which way for Huawei? To ban or not to ban, available at http：//www. bmi – t. co. za/content/which – way – huawei – ban – or – not – ban, last visited on 16 May 2016.

④ The US House of Representatives, the House Permanent Select Committee on Intelligence (HPSCI), Investigative Report on the US National Security Issues Posed by Chinese Telecommunications Companies Huawei and ZTE, 112th Congress, 8 October 2012, available at https：//intelligence. house. gov/sites/intelligence. house. gov/files/documents/Huawei – ZTE% 20Investigative% 20Report% 20 （FINAL）. pdf, last visited on 11 May 2016, pp. 11 – 34.

⑤ Shin – yi Peng, "Cybersecurtiy Threats and the WTO National Security Exceptions", Journal of International Economic Law, vol. 18, 2015, p. 471.

　　国家安全利益包括军事与国防利益。在当代，其拓展至对民用通讯基础设施、环境安全和财政金融利益的保护领域。[①]但无论如何，在特定时点上，国家安全利益应该是具体的。正如国家安全例外条款起草者所言，安全利益是阳光底下的事情，除非其有限制性规定。[②]

　　国际电信联盟在《国家网络安全指南》中指出，从技术的层面，"信息安全"并不必然落入"国家安全"的范围，并且上述两种术语混淆可能导致对安全的错误认识，或者对网络风险的忧虑。[③]然而，必须区分网络安全（cybersecurity）与信息安全。信息安全只关注信息的保密性，其强调信息的个人隐私权。传统上，由于多数计算机系统是独立的，并且较少进行跨国传输，信息安全主要在于避免未经同意与未经授权进入、修改或摧毁计算机、网络、程序和数据的行为。[④]然而，网络安全的合理性在于保障国家安全，其强调的是保障重要基础设施发挥功能。[⑤]因此，网络安全是国家安全的形式之一。

　　网络安全不仅是信息安全问题，其更与国家政策息息相关，因为违法使用互联网的行为可阻止经济、公共健康和国家安全活动的正常开展。[⑥]当前，所有的国家都占有或储存一批在电脑上的敏感信息，并且通过网络向其他计

---

　　① 例如，2007 年对 Estonia 的网络攻击、全球变暖、跨境水污染、恐怖主义注资等。See Eric Pickett, Michael Lux, "Embargo as a Trade Defense against an Embargo: The WTO Compatibility of the Russian Ban on Imports from the EU", Global Trade and Customs Journal, vol. 10, 2015, p. 28.

　　② Eric Pickett, Michael Lux, "Embargo as a Trade Defense against an Embargo: The WTO Compatibility of the Russian Ban on Imports from the EU", Global Trade and Customs Journal, vol. 10, 2015, p. 28.

　　③ ITU, National Cybersecurity Guide, available at http://www.itu.int/ITU – D/cyb/cybersecurity/docs/ITUNationalCybersecurityStrategyGuide.pdf, last visited on 16 May 2016.

　　④ ITU, National Cybersecurity Guide, available at http://www.itu.int/ITU – D/cyb/cybersecurity/docs/ITUNationalCybersecurityStrategyGuide.pdf, last visited on 16 May 2016.

　　⑤ Shin – yi Peng, "Cybersecurity Threats and the WTO National Security Exceptions", Journal of International Economic Law, vol. 18, 2015, p. 469.

　　⑥ ITU, National Cybersecurity Guide, available at http://www.itu.int/ITU – D/cyb/cybersecurity/docs/ITUNationalCybersecurityStrategyGuide.pdf, last visited on 16 May 2016.

算机传送数据，同时，存在众多未经授权的定期入侵、窃取和扭曲敏感政府信息的活动。①正基于此，当上述的威胁足够严重时，其可以妨害国家经济与主权的稳定，并因此构成国家安全的直接威胁。②

互联网具有重要的国家安全利益。就连美国研究机构也宣称，美国保护网络安全的失败是美国国家安全最为迫切需要解决的难题。③同时，美国也指出网络攻击对其国内的手机网络、电力企业和电子贸易等产生显著的威胁。④

从本质上，互联网无法存在于"零风险"（zero risk）的空间中。例如，软件不安全性是固有的。正如技术专家所言，软件的不安全性与脆弱性存在于软件发展的各个阶段。⑤ 那么，关键问题在于多大程度的风险才能被视为构成对"重要安全利益"的威胁。毫无疑问，超越一定风险程度之上的网络安全可构成 GATT 1994 第 21 条的"重要安全利益"。由此，在实践中，一个发展的"重要安全利益概念"似乎是不可避免的。理论上，任何可合法保护第 21 条项下的特定利益的主张都能够构成该条款的重要安全利益。网络安全也可构成重要安全利益。

四、国家安全例外的时间事项：无差异的实体与网络空间

根据 GATT 1994 第 21（b）条规定，除满足事项性认定外，成员方援用安全例外还应满足特定时间性，其反映在对"战时""国际关系中的紧急情

---

① ITU, Global Cybersecurity Index and Cyberwelliness Profiles, available at http：//www. itu. int/dms_ pub/itu – d/opb/str/D – STR – SECU – 2015 – PDF – E. pdf, last visited on 16 May 2016.

② Shin – yi Peng, "Cybersecurity Threats and the WTO National Security Exceptions", Journal of International Economic Law, vol. 18, 2015, p. 470.

③ CSIS Commission on Cybersecurity, Securing Cyberspace for the 44th Presidency, Washington, DC, 2008.

④ CSIS Commission on Cybersecurity, Securing Cyberspace for the 44th Presidency, Washington, DC, 2008.

⑤ Richard Clarke et al. , Cyber War：The Next Threat to National Securtiy and What to Do About It, New York：Harper Collins Publishers, 2012, pp. 69 – 102.

况"等概念的界定上。

(一)关于"战时"与"国际关系中的紧急情况"的解释

"国际关系中的紧急情况"是援引安全例外条款的前提条件之一,①其决定了国家安全例外适用的时间点。然而,对该术语目前也不存在统一认识。瑞典曾认为雨衣的贸易将对瑞典的经济情况构成实质性威胁,其成为安全政策不可分割的一部分。②该主张引发了对"紧急情况"界定的广泛争议。

GATT 1994 第 21(b)(iii)条的解释涉及"战争或其他国际关系中的紧急情况"。就目前而言,"战争"(war)术语仍不明确,③针对"战争"定义,21 世纪所面临的战争与 1947 年条约缔结时的战争形式、规模与本质已然发生显著性变化。第一,当前,愈来愈多的武装战争体现为非对称的战争或游击战,其中,非国家行为者(non - state actors)是主要的参与者;第二,虽然传统观点只将国家间的武装战争视为"战争",但是目前的战争规则已经完全不同于 20 世纪 40 年代,而且也涉及非军事目的(non - military means)的打击行为。例如,戈尔巴乔夫原则(Gerasimov Doctrine)是使用政治的、经济的、信息的、人道的或者其他非军事等冲突实现既定目标;同时,只有

---

① 由于"国际关系中的紧急情况"概念居于 GATT 1994 第 21 条第(b)(iii)条下,关于该概念是否适用自裁决的问题曾引发争议。例如,汉斯与史蒂凡认为专家组和上诉机构能够对"战争或其他紧急情况"的认定进行善意审查。如前文所述,不管是自裁决属性或是非自裁决属性,由于条约解释适用共同的解释规则,因此,根据善意原则,对其理解与适用应是无差别的。See Hannes L. Schloemann, Stefan Ohlhoff, "'Constitutionalization' and Dispute Settlement In the WTO: National Security As an Issue Of Competence", American Journal of International Law, vol. 93, no. 2, 1999, pp. 446 - 447.

② Council of Representatives, Report on Work Since the Thirtieth Session, L/4254 (Nov. 25, 1975), pp. 17 - 18; Sweden - Import Restrictions on Certain Footwear, L/4250 (Nov. 17, 1975), p. 2.

③ See Eric Pickett, Michael Lux, "Embargo as a Trade Defense against an Embargo: The WTO Compatibility of the Russian Ban on Imports from the EU", Global Trade and Customs Journal, vol. 10, 2015, p. 31.

在特定情况下，国家才能诉诸武力。①同时，GATT 1994 第 21（b）条序言规定，其阻止任何缔约方采取其认为对保护基本安全利益所必要的任何行动。该序言也反映了安全例外条款的国际关系紧急情况并不需要实际的入侵行为作为援引条款的前提。由此，对"战争"的解释仍以诉诸武力为核心。

对"紧急情况"（emergency）的解释并不需要以武力使用（the use of force）为前提。② 由此，以网络战、网络安全威胁为代表的现代新军事行为可能落入到"国际关系的其他紧急情况"概念中。"国际关系的其他紧急情况"术语具有更灵活的解释弹性。由于"其他"（other）术语联系了战争和紧急情况，因此，依据条约解释中的同类原则（ejusdem generis），③对其解释也应该是体现出紧急情况的重要程度，该紧急情况已超过国家间的一般政治紧张情形。

更为重要的是，对"战时"与"国际关系中的紧急情况"概念的解释并不需要区分实体空间与网络空间。在 WTO 争端解决实践中，专家组和上诉机构将贸易规则一视同仁地适用于现实与网络世界。在"中国试听服务案"中，专家组和上诉机构表明若无明显排除，所有的成员方承诺都可适用于所有类型的交付方式，其包括将互联网作为交付媒介。④"美国博彩案"裁决也对"体育"（sporting）术语做出相似概念，该案专家组指出，该术语的市场

---

① Mark Galeatti, The "Gerasimov Doctrine" and Russian Non – Linear War, In Moscow' Shadows, available at https：//inmoscowsshadows. wordpress. com/2014/07/06/the – gerasimov – doctrine – and – russian – non – linear – war/, last visited on 20 May 2016.

② Michael J. Hahn, "Vital Interests and the Law of GATT：An Analysis of GATT's Security Exception," Michigan Journal of International Law, vol. 12, 1991, p. 589. 当然，使用武力或武力威胁涉及《联合国宪章》等公约义务，其包括合法与不合法的使用武力的情形。

③ 条约解释的同类原则表现为：当一般性词汇（general words）跟在特定性词汇（special words）之后，那么一般性词汇的理解受特定性词汇所表示的一般类型（genus class）所限制。See Anthony Aust, Modern Treaty Law and Practice, 2nd edition, Cambridge：Cambridge University Press, 2007, p. 249.

④ Robert Howse, Joanna Langille, "Permitting Pluralism：The Seal Products Dispute and Why the WTO Should Accept Trade Restrictions Justified by Noninstrumental Moral Values", Yale Journal of International Law, vol. 37, 2012, p. 368.

准入承诺表明其他成员方服务提供者具有可通过任何分销形式提供服务的权利，包括通过信函、电话、互联网等，除非成员方的承诺表明有明确的相反规定。①换言之，成员方关于 WTO 协定的权利与义务自动拓展至互联网领域。

如上，根据争端解决专家组和上诉机构的观点，网络本身是中性的媒介，那么现实世界的战争与虚拟世界的战争也就无异。换言之，网络战是战争，或至少构成可援引安全例外条款的国家紧急状态的一种形式。②

（二）"国际关系中的紧急情况"的拓展

WTO 各成员方在乌拉圭回合谈判阶段并未修改 GATT 1994 第 21 条，这变相表明，缔约方认为国家安全例外条款可适用于新的情况。究其缘由，在解释上，"战时"与"国际关系的紧急情况"等概念能够拓展适用于新的客观情势。

在实践中，战时与国际关系中的紧急情况在诸多场合被广泛使用。美国政府倾向于在国内外场合中使用战争术语，从"第二次世界大战"之后，美国先后经历了冷战、朝鲜战争、伊朗危机、尼加拉瓜危机等。同时也还制定一系列国内政策，例如针对贫困的战争、对毒品的战争、对犯罪的战争等。③在多边层面上，联合国与联合国安全理事会也越发关注非军事的安全威胁，例如联合国安全理事会曾将 HIV、埃博拉病毒的扩散视为是国际关系中的紧急情况。④

"战时"与"国际关系中的紧急情况"也拓展至网络空间中。特别是，

---

①　Panel Report, US – Gambling, WT/DS285/R, para. 6. 285.

②　Claire Oakes Finkelstein, Kevin H. Govern, "Introduction: Cyber and the Changing Face of War", Pennsylvania Legal Scholarship Repository Paper, No. 1566, 2015, pp. x – xx.

③　Eric Pickett, Michael Lux, "Embargo as a Trade Defense against an Embargo: The WTO Compatibility of the Russian Ban on Imports from the EU", Global Trade and Customs Journal , vol. 10, 2015, p. 31.

④　UN Security Council, Resolution 1983 (2011), S/RES/1983; UN Security Council, Resolution 2177 (2014), S/RES/2177.

如今我们生活在一个计算机化的世界中。在所有商业活动、公共社会和私人生活中，计算机及其相关设备都发挥基础性的作用。同时，我们不仅生活在计算机化的世界中，我们还生活在互联网时代，其特征表现为几乎所有的事项都能通过互联网或其他网络类型进行远程控制。①

2010 年 12 月，被称为是蠕虫的计算机病毒感染了全球众多工业自动化仪器。虽然该病毒对系统并不会造成过多影响，但是其能通过网络对系统的运作发布指令。据报道，蠕虫病毒入侵了位于布什尔和纳坦兹的伊朗设施的处理系统，并且进行了控制并蓄意造成自我毁灭。②毫无疑问，该网络攻击实例表明了网络行为体通过互联网造成国家安全威胁的可能性。

随着互联网战略地位的加强，通过网络的方式，非国家行为能影响信息安全、网络安全与国家安全。布莱恩甚至主张网络攻击愈演愈烈，其已成为一种新型的技术武器。③实践中，网络战被视为是战争的新形态。例如，2007年，由于互联网攻击，爱沙尼亚政党、政府、银行和媒体网站遭遇了长达三周的瘫痪时间。俄罗斯黑客被认为是该互联网攻击的主体，爱沙尼亚政府为此花费巨大。④由此，网络安全也是国家安全的应有之义。

综合而言，"重要安全利益"和"国际关系中的紧急情况"概念是相互关联的，网络安全构成国家的重要安全利益，那么国际关系中的紧急情况也适用于网络攻击与网络威胁的行为。

---

① Georg Kerschischnig, Cyberthreats and International Law, Netherlands: Eleven International Publishing, 2012, p. 5.

② Ron Rosenbaum, The Triumph of Hacker Culture, available at http://www.slate.com/articles/life/the_ spectator/2011/01/the_ triumph_ of_ hacker_ culture.htm, last visited on 20 May 2016; Fredrik Erixon, Hosuk Lee – Makiyama, "Digital Authoritarianism: Human Rights, Geopolitics and Commerce", ECIPE Occasional Paper , No. 5/2011, p. 10.

③ Brian M. Mazanec, "Why International Order in Cyberspace Is Not Inevitable", Strategic Studies Quarterly, 2015, pp. 78 – 80.

④ Brian M. Mazanec, "Why International Order in Cyberspace Is Not Inevitable", Strategic Studies Quarterly, 2015, pp. 78 – 80.

五、结　语

虽然国家安全例外条款被视为是君子条款，然而近期其愈发得到 WTO 成员方的关注。在"中国原材料案"和"中国稀土案"中，虽然最终并没有援引国家安全例外条款，中国仍提及其贸易措施的目的之一是保障国家安全。在具体争议中，中国政府重复强调中国对稀土的限制涉及重要的国家安全关注。由于稀土矿物质被用在导弹和航空系统，中国军事供应链对国外提供者的依赖将会引发国家安全危险。①

更进一步，网络空间正处于无秩序状态。远程控制、网络间谍、产品后门等对网络安全形成巨大的挑战，也引发了贸易与安全之间的争议。如前所述，网络安全可构成重要安全利益，而中性的网络空间也可形成战时或国际关系的紧急情况的状态。由此，网络安全可作为背离自由贸易的合法理由，然而，该条款的解释和适用仍受制于措施必要性与善意原则的约束。

作为网络大国，我国应从以下三个层面认识贸易与网络安全之间的关系。

第一，我国应依据安全例外条款合法地、合理地保障我国的网络安全。联合国安全理事会曾反复强调：任何国家都不能以使用或鼓励使用经济性的、政治性的或其他类型的措施对其他国家进行胁迫的方式行使其主权权利。②基

---

① Panel Report, China – Measures Related to the Exportation of Rare Earths, Tungsten, And Molybdenum, WT/DS431/R, 26 March 2014, paras. 7. 398, 7. 404, 7. 712. 虽然在专家组报告中并没有阐述，但是有学者披露如上信息。See Shin – yi Peng, "Cybersecurity Threats and the WTO National Security Exceptions", Journal of International Economic Law, vol. 18, 2015, p. 461.

② Declaration on the Inadmissibility of Intervention in the Domestic Affairs of States and the Protection of Their Independence and Sovereignty, G. A. Res. 2131 (XX) para. 2. U. N. GAOR, 20 Sess. , Supp. No. 14, U. N. Doc. A16014 (1965); See Charter of Economic Rights and Duties of States, G. A. Res. 3281 (XXIX) art. 32, U. N. GAOR, 29th Sess. , Supp. No. 31, at 50, 55, U. N. Doc. A/9631 (1974); Declaration on Principles of International Law concerning Friendly Relations and Co – operation among States in accordance with the Charter of the United Nations, G. A. Res. 2625 (XXV), U. N. GAOR, 25ᵗʰ Sess. , Supp. No. 28, at 121, U. N. Doc. A/8082 (1970) .

于国家主权，安全例外成为保障国家主权的必然要求。没有网络安全就没有国家安全。由此，我国应坚定地主张网络主权，并以国家安全例外为基础，建构中国的互联网贸易安全。

第二，我国应善意地利用安全例外的自裁决性。虽然国家安全例外赋予成员方对措施的必要性和重要安全利益的解释权，然而根据善意原则，我国在界定必要性和基本概念时，应满足惯常的条约解释方式。特别是在措施的必要性上，我国应借鉴 GATT 1994 第 20 条建立的必要性标准，降低互联网安全措施对贸易的限制性，并仅在"紧急情况"下才使用国家安全例外。

第三，在自由贸易协定中，我国可适时主张限制滥用国家安全例外的规则。在信息技术产品、互联网基础设施等贸易与投资上，我国已经初具贸易的比较优势。我国的产品与企业时常被美国为首的西方国家视为重要的安全威胁，进而限制正常的贸易往来。有鉴于此，在自由贸易协定中，我国可增加国家安全例外审查的客观性以及措施实施的非歧视性要求，从而对抗以国家安全为幌子的贸易保护主义。

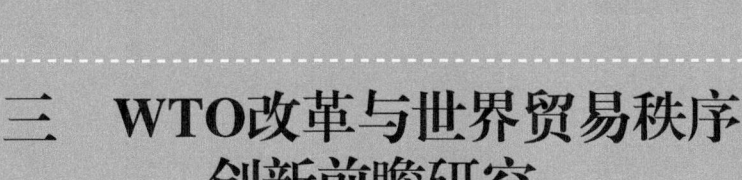

三　WTO改革与世界贸易秩序创新前瞻研究

竞争中立的不同版本比较
及中国因应[*]

应品广^{**}

摘　要： 竞争中立要求国家在市场竞争问题上保持中立，不对特定的企业（特别是国有企业）存在优待或偏袒。当前，竞争中立已经成为发达经济体（特别是美国）对抗发展中经济体（特别是中国）通过国有资本参与国际竞争的基本理论立足点。但是，竞争中立存在多个"版本"，且版本之间存在竞争的可能性。竞争中立也不仅仅是一种"国际约束规则"，更可以成为"国内改革措施"。中国可以基于自身实践构筑符合自身需求的竞争中立政策体系，并在国际层面倡导回归多边主义，避免区域主义的滥用。

关键词： 竞争中立；国有企业；指定垄断；投诉机制

---

 * 基金项目：国家社会科学基金项目"中国竞争政策研究"（13CFX085）；中国法学会部级课题"国有企业的竞争中立法律问题研究"　（CLS（2015）D096）。Commonwealth of Australia, Commonwealth Competitive Neutrality Guidelines for Managers, Printing division of CanPrint Communications Pty Ltd, 1998.

 ** 应品广，上海对外经贸大学WTO研究教育学院副院长。

一、"竞争中立"概念的提出及其对中国的影响

（一）竞争中立的提出和演变

"竞争中立"是指国家在市场竞争问题上保持中立，不对特定的企业（特别是国有企业）存在优待或偏袒。竞争中立的概念最早出现在 20 世纪 90 年代的澳大利亚。澳大利亚将竞争中立界定为"政府商业活动在与私营部门竞争时不得仅仅因为政府所有制而享有优势"。可见，澳大利亚的竞争中立理念和制度从一开始就主要是针对本国的国有企业的，目的是在国家内部化解国有企业享有的不公平竞争优势。

进入 21 世纪以后，随着全球化竞争的加剧，国有企业与私营企业之间竞争的"公平性"问题开始进入国际视野，许多国际组织开始研究如何将推广"竞争中立"的理念，倡导全球范围内不同形式的企业之间的公平竞争。比如，经济和发展组织（OECD）是这方面最有利的推动者，其将竞争中立界定为"经济市场中没有任何一个实体享有不正当的竞争优势或劣势"。[1] 相比于澳大利亚，OECD 将竞争中立的概念更加范化了。在其看来，任何享有不公平竞争优势或劣势的情形（不论是否是国有企业），都违背竞争中立的理念。

在美国主导的"跨太平洋战略经济伙伴关系协定"（TPP）中，则将"国有企业"和"指定垄断"都纳入竞争中立的约束范畴。[2] 也就是说，美国

---

① OECD, Competitive neutrality: national practices in partner and accession countries, 2014, http://www. trademarksa. org/news/competitive – neutrality – national – practices – partner – and – accession – countries.

② See Amadeo Kimberly, What Is the Trans – Pacific Partnership? Advantages, Disadvantages, Obstacles and Next Steps, 2013, http://useconomy. about. com/od/Trade – Agreements/fl/What – Is – the – Trans – Pacific – Partnership. htm; and Singham, Shanker &Abbott, Alden, On Behalf of the Roundtable on Trade and Competition, Comments on the Proposed Transatlantic Trade and Investment Partnership （"TTIP"）by The Roundtable on Trade and Competition, 2013, http://www. strtrade. com/news – publications – TTIP – USTR – objectives – 031314. html.

不仅试图约束传统意义上的"国有企业",即"政府享有所有权或控制权"的企业,也试图约束所谓的"指定垄断",即除了国有企业以外,任何政府授予垄断权的私人垄断或政府垄断形式。相比于 OECD 倡导的市场主体之间的公平竞争,美国倡导的竞争中立还含有"要求政府逐渐减少对国有企业的持股甚至最终实现终止控股"的内容。① 这种对国有企业的天然"仇视",隐含了最终消除国有企业的目标。

可见,竞争中立已经从单纯的国内改革措施演变为西方发达经济体(主要是美国)诘难发展中经济体(特别是中国)利用国有资本参与国际竞争从而享受不公平竞争优势的基本理论立足点,试图通过在国际层面架构一套具有约束力的竞争中立规则,对抗被他们称之为"国家资本主义"的政府支持的竞争模式。竞争中立理念和形式的这一演变,将对中国产生深远的影响。

(二)竞争中立给中国带来的挑战

虽然对于绝大多数国家而言,竞争中立在当前还主要体现为一种公平竞争的理念,但是一旦在国际层面达成以此理念架构的一整套规则,对于拥有大量国有经济的国家而言,冲击将是巨大的。

中国本质上实施的是公有制为主体的经济发展方式,国有企业在市场经济中占据主导地位。根据 OECD 的报告,在全球最大的 10 家国有企业中,就有 7 家是中国的国有企业(参见表1)。因此,竞争中立对于中国国有企业的冲击肯定是最大的。中国的国有企业不仅是市场主体,而且行使着诸多政府职能。与此同时,作为一个发展中经济体,政府在推动新兴产业发展、扶持民族产业以及引导产业布局等方面发挥着重要功能,很可能会出现补贴、信贷支持、担保支持等有违竞争中立的情况。如果政府或授权行使政府职能的企业的上述行为都要受到竞争中立规则的约束,那么中国参与国际竞争的

---

① 毛志远:"美国 TPP 国企条款提案对投资国民待遇的减损",载《国际经贸探索》2014 年第 1 期。

能力无疑会受到极大削弱。

表1　全球最大的10家国有企业（时间：2012～2013年，单位：10亿美元）

全球排名 *	公司	行业	住所地	市场价值	销售额	资产
1	中国工商银行	银行业	中国	237.3	134.8	2813.5
2	中国建设银行	银行业	中国	202.0	113.1	2241
8	中国农业银行	银行业	中国	150.8	103.0	2124.2
10	中石油	油气业	中国	261.2	308.9	347.8
11	中国银行	银行业	中国	131.7	98.1	2033.8
17	Gazprom	油气业	俄罗斯	111.4	144	339.3
20	Petrobras	油气业	巴西	120.7	144.1	331.6
26	中石化	油气业	中国	106.9	411.7	200.0
29	中国移动	电信业	中国	213.8	88.8	168.7
30	ENI	油气业	意大利	86.3	163.7	185.2

更为重要的是，包括 TPP 在内的国际层面的竞争中立规则是"超 WTO"的机制设计，如果其成为事实上的国际标准，中国将面临"二次入世"的风险，陷入十分被动的局面。

二、竞争中立的四大"版本"

目前来看，世界范围内至少存在四个版本的竞争中立：（1）作为国内改革措施的澳大利亚版竞争中立；（2）为国际倡导性规则的国际组织版竞争中立；（3）作为国际约束规则的美欧版竞争中立；（4）作为规则接受方的其他版本竞争中立。以下对这四个版本开展比较分析。

（一）作为国内改革措施的澳大利亚版竞争中立

澳大利亚是通过国内立法实现竞争中立的典型代表，也是世界上最早提出竞争中立理念并付诸实施的国家。竞争中立政策是澳大利亚于 1995 年发起的"全国竞争政策"（National Competition Policy）的一部分。根据该政策，澳大利亚联邦政府与六个州和两个领地签署了三项政府间协议：《竞争原则协议》《行为规范协议》和《执行全国竞争政策和相关改革协议》。根据这三项协议，各地方政府必须实施包括税收中立、信贷中立、监管中立等在内的竞争中立政策，即国有企业不得在税收、信贷和政府监管等各方面享受政府给予的优惠，联邦政府则通过财政转移支付的方式对实施效果好的地方政府支付"对价"。

澳大利亚的竞争中立政策要求"政府商业行为不因所有制而相比于竞争者享有净竞争优势"。[1] 其政策体系可以概括为实施机构、适用范围和实施机制等方面。

第一，澳大利亚在联邦层面形成了金融与行政部、财政部和竞争中立投诉办公室相互分工实施竞争中立的体系。其中，金融与行政部主要负责确保维持一个有效的竞争中立支付系统，并享有实施相关竞争中立制度安排的建议权。[2] 财政部主要负责编制《澳大利亚政府国家竞争政策年度报告》，其中也包括竞争中立的内容。竞争中立投诉办公室的主要职责则包括受理竞争中立投诉、开展竞争中立调查以及向财政部提供针对澳大利亚政府商业行为适用竞争中立政策的独立建议等。此外，澳大利亚各个州和地区也建立了独立于政府部门的竞争中立投诉机构，或者直接由财政部门处理竞争中立投诉。

第二，澳大利亚的竞争中立政策仅适用于"重要的政府商业行为"，且只有在实施的收益大于成本的情况下才能够实施。因此，政府的非商业行为或者被认为不重要的政府商业行为，都不适用竞争中立政策。判断是否属于

---

[1] Commonwealth of Australia, Australian Government Competitive Neutrality – Guidelines for Managers, Canberra, 2004.

[2] Competitive Neutrality and State – owned Enterprises: Challenges and Policy Options, OECD Corporate Governance Working Papers, No. 1, OECD（2011）, available at: www. oecd. org/daf/corporateaffairs/wp.

重要的政府商业行为的方式主要有两种：一是若干实体实施的行为被自动视为"重要的政府商业行为"；① 二是不在以上列举范围的，则由竞争中立投诉办公室负责评估是否属于重要的商业行为。

第三，澳大利亚竞争中立政策的实施机制主要体现为投诉机制，即任何个人、企业、政府或非政府组织机构均可以借助"投诉机制"对享有不合理竞争优势的"重要的政府商业行为"向澳大利亚政府竞争中立投诉办公室（或地方投诉机构）提出违反竞争中立政策的投诉。同时，根据《1998年生产力委员会法》的规定，澳大利亚的政府机构也可以因为政府政策而在与私人企业竞争时处于劣势向投诉机构提起投诉。但是，竞争中立投诉办公室并没有"救济权"，只有向相关部门及其主管人员提供政策建议的"建议权"。

（二）作为国际倡导性规则的国际组织版竞争中立

目前，国际组织主要是通过发布研究报告、"指南"和"最佳实践"等形式，为国际竞争政策的交流和"趋同"作努力。其中在竞争中立问题上，尤以经济合作与发展组织（OECD）和联合国贸易和发展会议（UNCTAD）的成果最为突出。

OECD是最早开展竞争中立研究并在该领域最具有国际影响力的国际组织。早在2005年，OECD就发布了《OECD国有企业公司治理指南》，提出了开展国有企业公司化改革及其治理的一整套框架。从2009年起，OECD启动了竞争中立的研究，并且进展迅速。目前，OECD已经陆续发布了直接针对竞争中立的一系列研究报告。② 这些报告总结了国有企业在世界范围内存在的"竞争优势"以及OECD成员（特别是澳大利亚）在竞争中立问题上的态度和实践，提出了实现竞争中立面临的困难、需要解决的主要问题以及相

---

① Commonwealth of Australia, Australian Government Competitive Neutrality – Guidelines for Managers, Canberra, 2004.

② OECD 有关竞争中立的一系列报告，可参见 OECD 网页：http://www.oecd.org/competition/.

关建议方案，呼吁国际社会全面采纳《OECD 国有企业公司治理指南》，并积极引入竞争中立理念和制度。

针对政府商业活动可能在市场上获得的竞争优势，并综合多国在处理竞争中立问题时的不同侧重点和已有做法，OECD 总结了有关"竞争中立"的八个方面的政策目标：政府商业活动经营模式合理化、识别直接成本、获得商业回报率、合理考量公共服务义务、税收中立监管中立、债务中立和政府采购中立。①

在适用范围上，OECD 与澳大利亚的主张类似，认为竞争中立主要适用于参与经济活动或从事商业活动的"国有企业"，并需要进行成本收益分析。② 在实施机制上，OECD 也主张建立监督机制和执行机制，包括设立专门的监督机构，赋予其开展调查和发布监督报告的权力，以及建立正式的投诉机制，并充分利用各个国家已有的相应机制等。③

尽管 OECD 最初开展竞争中立研究主要是受到美国的影响，但是其提出的竞争中立"最佳实践"或"指南"仍主要是基于澳大利亚的经验和架构。比如，OECD 仍然建议通过成本收益分析来确定是否实施竞争中立。④ OECD 也明确提出，应该区分国有企业的商业活动和非商业活动，竞争中立只应对非商业活动予以规制。⑤ 当然，为了便于在国际上推广，OECD 还是建议对

---

① OECD, "Competitive Neutrality: A Compendium of OECD Recommendations, Guidelines and Best Practices", 2012, http://www.oecd.org/daf/ca/50250955.pdf；唐宜红、姚曦："竞争中立：国际市场新规则"，载《国际贸易》2013 年第 3 期。

② OECD GUIDELINES ON CORPORATE GOVERNANCE OF STATE – OWNED ENTERPRISES, DRAFT FOR PUBLIC COMMENT – MAY 2014.

③ Antonio Capobianco and Hans Christiansen, Competitive Neutrality and State – Owned Enterprises – Challenges and Policy Options, 01 May 2011, http://www.oecd – ilibrary.org/governance/competitive – neutrality – and – state – owned – enterprises_ 5kg9xfgjdhg6 – en.

④ OECD, "Competitive Neutrality: Maintaining a Level Playing Field Between Public and Private Business", 2012, http://www.oecd.org/daf/ca/corporategovernanceofstate – ownedenterprises/ 50302961.pdf.

⑤ OECD, "Competitive Neutrality: Maintaining a Level Playing Field Between Public and Private Business", 2012, http://www.oecd.org/daf/ca/corporategovernanceofstate – ownedenterprises/ 50302961.pdf.

澳大利亚的方案进行适当改造。比如，OECD 特别强调了政府应该分离"市场监管"与"国企管理"的职能，确保监管中立。OECD 还建议，由于有些国有企业必须执行公共政策，因此应该得到"适当补偿"。此外，OECD 还承认，国有企业的分类中，"政治考虑有时会在国有企业的分类中起到关键作用"。① 换言之，竞争中立的实施不可避免地会受到政治因素的制约。

由于澳大利亚的竞争中立是在一个主权国家内部实施的一套监管制度，将其推广到国际层面必然会遭遇"水土不服"的问题，并隐含澳大利亚制度本身可能存在的缺陷。因此，很多人认为，OECD 给出的药方过于空泛，不适用于大多数国家。② 由于国家之间的差异化很大，即使所有国家都愿意并且有能力像 OECD 一样行动，竞争中立的国际化仍然是一个巨大挑战。更不用说对于中国、马来西亚和越南等这样具有广泛的国有经济的国家而言。

总之，OECD 版竞争中立承认国有企业存在的必要性，只是希望能够建立一套制度对国有企业的不公平竞争行为予以制约。OECD 也认可不同国家和地区根据自身情况设计竞争中立制度的合理性，重点关注的是国有企业的限制竞争"行为"而不是国有企业这个"身份"本身。这是与美国版竞争中立的最本质区别。

除了 OECD 之外，联合国贸易和发展会议（UNCTAD）也在 2011 年以来启动了若干关于竞争中立的研究项目。其中一个项目是"竞争中立政策的实施比较研究"，来自中国、澳大利亚、印度、马来西亚和巴拉圭的专家学者参与其中。③

相比于 OECD，UNCTAD 的关注点更多的在于发展中国家和转型经济国

---

① OECD, "Competitive Neutrality: A Compendium of OECD Recommendations, Guidelines and Best Practices", 2012, http://www.oecd.org/daf/ca/50250955.pdf.

② Derek Scissors, Why the Trans – Pacific Partnership Must Enhance Competitive Neutrality, http://www.heritage.org/research/reports/2013/06/why – the – trans – pacific – partnership – must – enhance – competitive – neutrality.

③ 笔者参与了中国部分的研究。

家。比如印度竞争委员会（Competition Commission of India）与 UNCTAD 已经于 2012 年 5 月在新德里成立了工作组，推进一项名为"竞争中立在印度"的研究项目，探讨印度国有企业的市场竞争问题、现有司法体系以及更好的做法。此外，马来西亚、乌拉圭等国也向 UNCTAD 出具了竞争中立研究报告。可见，竞争中立已经被越来越多的国家所关注。对于这些国家而言，研究和制定竞争中立政策既是融入全球化并参与国际竞争的需要，也是推动国内制度改革的内在需求。遗憾的是，迄今为止 UNCTAD 的研究主要还在探索和总结发展中国家国有企业改革现状和经验的阶段，尚未形成能够普遍适用于发展中国家的竞争中立建议。

（三）作为国际约束规则的美欧版竞争中立

目前，在国际层面具有实际拘束力和影响力的竞争中立规则主要体现为美国和欧盟主导的竞争中立规则。其中，美国版的竞争中立规则主要体现在其主导签署的双边及区域贸易协定之中（典型如 TPP）；欧盟版的竞争中立规则则主要体现在《欧盟运行条约》之中（主要包括竞争法规则和国家援助控制规则）。

1. 美国版的竞争中立规则：以 TPP 为例

第一，在适用范围上，TPP 竞争中立规则不仅约束"国有企业"，也约束"指定垄断"。但是，TPP 对竞争中立规则的适用做出了两类例外规定：一类是针对所有成员的一般例外；二是针对特定成员的特殊例外。凡属于例外规定的，TPP 竞争中立规则不适用。一般例外包括：（1）不适用于没有达到适用门槛的国有企业和指定垄断。[①]（2）不适用于公共服务型国有企业。（3）不妨碍缔约方的相关机构行使国家政策或监管职能。（4）在特定情况下不适

---

① TPP 竞争中立规则仅适用于在前 3 个连续的财务年度中的任何一年的年收入超过 2 亿特别提款权（约 1.44 亿美元）的国有企业或"指定垄断"。根据规定，该门槛金额将每三年调整一次。参见 TPP 附件 17 - A。

用于缔约方的主权财富基金。（5）在特定情况下不适用于缔约方的独立养老基金，或缔约方的独立养老基金拥有或控制的企业。（6）不适用于政府采购。（7）不适用于投资者－东道国的争端解决机制。（8）特定条款不适用于在行使政府职权时提供的任何服务。（9）特定条款不适用于与不符措施相关的购买和销售货物或服务。（10）特定条款不适用于经济危机或根据政府授权提供特定金融服务的情况。特殊例外包括：（1）对"次中央政府"（sub－central governments）①国有企业和指定垄断的适用做出了例外规定。（2）针对特定成员（比如新加坡和马来西亚），专门制定了附件。（3）成员对不符措施的安排。（4）特殊附件中的其他灵活性，如 GIC，Temasek，Pemodalan Nasional，Khazanah 公司享受的为期两年的有关争端解决条款的优惠。

第二，TPP 竞争中立实施机制可以概括为以下几个方面：一是确立若干"行为规则"，包括确保国有企业和指定垄断完全基于"商业考虑"和"非歧视原则"开展行为、确保任何缔约方不向国有企业和指定垄断提供非商业援助并对其他缔约方造成不利影响和损害等。二是透明度规则，包括公布并定期更新国有企业和指定垄断名单、应缔约方要求对相关问题做出解释和提供相关信息等。三是设立专门机构"国有企业和指定垄断委员会"，负责审议和考虑竞争中立章节的实施以及对相关事项进行协商。四是建立有限的争端解决机制。尽管 TPP 竞争中立章不适用投资者－东道国争端解决机制，但是却适用一般性的争端解决机制（缔约国—缔约国争端解决机制），缔约方可以基于非歧视待遇、商业考虑和非商业援助等条款发起诉讼。

第三，在竞争中立规则的实施机制方面，美国提出了相比于澳大利亚和 OECD 更加激进的主张：TPP 竞争中立规则的实施并没有要求进行成本－收益分析。在美国看来，澳大利亚版和 OECD 版竞争中立都属于"旧版"竞争中立，美国意欲建立的是能够对所有政府支持的垄断形式予以全面打击的

---

① "次中央政府"指一缔约方的地区和地方层级的政府。

"新版"竞争中立。① 新版竞争中立的短期目标是建立一套竞争中立体系约束政府支持下的垄断企业的竞争行为，长期目标则是在尽可能多的领域禁止国有企业，并最终消除国有企业的存在。

第四，TPP 的竞争中立章是目前国际上标准最高、影响范围最广的国际竞争中立规则。而且，它是一个"活协议"，存在进一步改进的巨大空间。比如，根据规定，TPP 生效后 5 年内，缔约方应举行进一步谈判，以扩大竞争中立规则的适用。可以预见，TPP 竞争中立规则在将来只会更加"严格"，而不会降低标准。

2. 欧盟版的竞争中立规则：以国家援助控制规则为例

由于欧盟是一个"超国家"机构，其立法相当于对欧盟成员方适用的"国际条约"。尽管欧盟的相关立法中并没有出现"竞争中立"的字眼，但是以实现欧盟经济一体化为主要目标的《欧盟运行条约》中的相关规则（特别是竞争规则和国家援助控制规则），在实际上具有竞争中立的内涵和效果。此外，在"跨大西洋贸易和投资伙伴协议"（TTIP）谈判中，在涉及国有企业和竞争中立条款时，欧盟的主张也基本上是建立在《欧盟运行条约》已有规则的基础之上。因此，可以说欧盟也具有"事实上"的竞争中立政策。

欧盟竞争中立规则主要由竞争法规则和国家援助控制规则组成。《欧盟运行条约》第 106 条明确规定公共企业（public undertaking）受竞争规则约束，各成员方无权违反这一规定；同时，条约赋予了欧盟委员会相应的执行权，向国有企业或成员方政府发出指令要求其停止违反竞争规则的行为。除此之外，国有企业同样适用条约有关国家援助的规则。因此，OECD 认为，欧盟在竞争法中确认竞争中立的做法，形成了通过竞争立法和执法的事后调

---

① Derek Scissors, "Why the Trans - Pacific Partnership Must Enhance Competitive Neutrality", 2013, ttp: //www. heritage. org/research/reports/2013/06/why - the - trans - pacific - partnership - must - enhance - competitive - neutrality.

节机制解决竞争中立问题的"欧盟模式"。①

首先，根据《欧盟运行条约》第 106 条的规定，对于公共企业及成员方授予专有权利（exclusive rights）或特别权利（special rights）的企业，成员方不得指定也不得保留与条约的竞争规则相抵触的任何措施。

其次，《欧盟运行条约》第 107 条将国家援助分为了三类：与共同体市场相抵触的国家援助、可能与共同体市场相抵触的国家援助和与共同体市场相协调的国家援助三大类。对于与共同体市场相抵触的国家援助一律禁止，对于可能与共同体市场相抵触的国家援助则需由欧盟理事会或欧盟委员会来认定是否可以享受豁免，对于与共同体市场相协调的国家援助，则直接予以放行。

最后，《欧盟运行条约》第 108 条和第 109 条确立了欧盟国家援助的程序框架。一是事先申报机制：任何欧盟成员方给予企业提供新的国家援助或对现有的援助措施进行更改，都必须事先向欧盟委员会进行申报。二是事中审查机制：在收到申报后，欧盟委员会要对国家援助开展审查；对于已经存在的国家援助，欧盟委员会也可以主动开展调查措施。三是事后救济机制：欧盟委员会有权做出附条件批准或者不予批准的决定，并且可以要求成员方政府修改、停止实施或收回援助，并监督执行。② 四是司法审查机制：相关实体对欧盟委员会的决定不服，均可在欧盟委员会决议公布之日起两个月之内提起诉讼。

此外，欧盟委员会还通过强化国有企业公司治理的方式确保国有企业的公平竞争。比如，欧盟委员会要求国有企业对其公共项目和商业行为承担独立的责任。对于那些承担了部分非商业活动的国有企业来说，该措施要求设

---

① Discussion on Corporate Governance and the principle of Competitive Neutrality for State – owned Enterprises – European Commission，OECD Working Party No. 3 on Co = operation and Enforcement，20 October 2009，pp. 2 – 3.

② Jones, Alison and Brenda Sufrin. EC Competition Law 3nd Oxford UP, 2008, p. 101.

立不同的账户以说明其预算如何在商业活动与非商业项目进行区分。① 该措施被广泛地适用于欧盟的各项领域，例如能源、交通、邮政等。

（四）作为规则接受方的其他版本竞争中立

除了以上发达经济体和国际组织推广的竞争中立，实际上，许多发展中经济体也在开展着竞争中立的实践，只不过这种探索是不完全的、不成体系的，且通常与这些国家的体制改革相联系。

2014 年，在来自澳大利亚、中国、印度、马来西亚和巴拉圭的专家学者的共同努力下，UNCTAD 发布了第一份完整的关于发展中经济体竞争中立的研究报告。② 报告表明，大多数司法管辖区在其市场发展过程中都体现了竞争中立。然而，他们却是以不同的方式实现它。比如，中国、印度和马来西亚都采取了一些机制来处理市场改革中的政府问题。相比之下，越南似乎比其他国家进展的更慢一些。

在 OECD 的最佳实践和指南中，也承认国有企业的公司化改造是实现竞争中立的基础。因此，许多发展中国家的公司化改革和市场化改革本身，实际上可以视为竞争中立政策的一部分。包括我国正在开展的国有企业改革，也与竞争中立政策的确立和实施密切相关。比如，国有企业分类改革就是竞争中立规则实施的前提。这是因为，竞争中立规则只适用于主要参与商业活动的国有企业，而不适用于主要提供公共服务的国有企业。

但是，也要认识到，大多数发展中国家的竞争中立探索是不完整的，或者说仍然处于初期阶段，尚未形成体系。甚至，很多国家尚未认识到竞争中立制度本身的重要性，对其内涵和体系也没有认识。这是与不同国家所处的

---

① Commission Directive 80 /723 / EEC of 25 June 1980 on the transparency of financial relations between Member States and public undertakings, OJ L 195, 29. 7, 1980, p. 35.

② UNCTAD Research Partnership Platform publiction Series, Competitive neutrality and its application in selected developingcountries, http: //unctad. org/en/Pages/DITC/CompetitionLaw/ResearchPartnership/Competitive - Neutrality. aspx.

经济发展阶段密切相关的。

通过比较竞争中立的不同立场和制度，可以发现，不同国家在不同的发展阶段具有不同的诉求。尽管竞争中立的理念具有共性，但是竞争中立的制度及其实施具有个性。认识中国在实施竞争中立政策方面的经验和特殊性，是中国进一步构建符合自身特色的竞争中立政策的前提。

三、竞争中立的中国立场和因应措施

（一）中国在竞争中立问题上的基本立场

目前为止，中国没有任何官方文件对"竞争中立"予以正式表态。我国现有法律法规中，也没有直接规定竞争中立制度，只是在一些法律法规的条款中，体现了"营造公平竞争环境，维护市场主体的公平竞争"的理念。中国对竞争中立的研究和讨论，更多地集中在国际经贸领域，特别是聚焦在如何应对美欧以 TPP 和 TTIP 为代表的大型区域贸易协定可能对中国带来的冲击。绝大多数人还没有竞争中立的意识，更别说依靠竞争中立规范国有企业的行为。

在这种情况下，笔者认为，中国可以以社会公共利益为基本出发点，以"公平竞争"理念为指导，围绕中国经济体制改革（特别是国有企业改革）的方针和实践，构建符合中国特色、满足中国自身需求、与国际接轨的竞争中立政策体系。这个体系可以不叫"竞争中立"，但是应体现竞争中立的基本内涵。该立场的具体内涵如下：

第一，竞争中立的理念与我国的体制改革目标是一致的。一方面，中国正积极推进 RCEP 谈判、中日韩自由贸易区谈判以及升级版的中国-东盟自由贸易区。支持开放的贸易体系，包括多边和双边的贸易安排，这是十八届三中全会文件里明确的政策。因此，在这方面，竞争中立是中国不得不面对的领域。另一方面，竞争中立有助于进一步深化体制改革，为市场公平竞争提供有力的政策支撑。放宽市场准入、发展混合所有制经济、积极引入民间资本和战略投资者、全面推进国有企业公司制股份制改革、分类监管国有企业等，已经成为本轮国有企业改革的核心内容。随着私人资本的进入、混合所有制的发展、国有企业分类监管的实施，竞争中立的政策势在必行。

第二，竞争中立的制度设计要与一个国家的发展阶段相符合。发展中国家和转型经济国家不仅需要通过实施竞争中立政策建立并完善本国公平竞争的市场环境，从而由竞争机制培育出代表高生产率的真正具有国际竞争力的企业，也有必要通过实施产业政策促进和推动企业（尤其是国有企业）生产率的提高，从而在国际贸易中获得最大利益。因此，如何对接产业政策、贸易政策和竞争政策，是竞争中立与国家的发展阶段实现协同的关键要素。出于"实质公平"和公共利益的考虑，发展中国家有必要在制定竞争中立政策时考虑符合自身发展阶段需求的"豁免"因素。

第三，竞争中立制度的实施要与一个国家的法制背景相适应。比如，《宪法》中关于"社会主义公有制"和"国有经济"的基本规定是关系到竞争中立政策是否能够在中国实施的决定性因素。如果单纯将公有制理解为"国有制"，并将国有企业的优先发展作为一项宪法原则，那么竞争中立就没有发展空间；相反，如果从"社会所有"角度来看国有，并将《宪法》第15条"国家实行社会主义市场经济"的条款作为优先于"公有制条款"和"国有经济条款"的条款，那么竞争中立就具有发展空间。此外，竞争中立制度的实施还需要与《反垄断法》等竞争法的实施相配套，共同形成规制合力。比如，即将付诸实践的公平竞争审查制度，可以作为竞争中立制度的参考。

第四，需要明确的是，竞争中立不是要让所有国有和私营企业均站在完全一样的起点（不同的企业因其规模、技术水平、管理能力均会享有相对其他竞争者一定的优势）。竞争中立制度也不是以缩减国有企业规模、出售国有资产和私有化为目标。竞争中立制度更不意味着国有企业无须再承担社会义务或者将社会义务和责任完全交由自由竞争的市场提供。竞争中立并不打击国有企业在自由竞争市场中无法通过其自身能力取胜的机会。①

（二）中国在竞争中立问题上的因应措施

基于上述立场，中国可以从国内、国际两个层面开展竞争中立的探索。

首先，在国内层面，中国可以在既有政策体系中（特别是竞争政策）挖掘竞争中立内涵，比如反垄断法、公平竞争审查制度、国企改革等，都为竞争中立的实施提供了可能性，它们都是"竞争中立政策"的一部分。同时，可以将竞争中立理念纳入国有企业改革的议程，并通过国有企业改革推动竞争中立理念的传播。可以在特定区域开展竞争中立试点，继而在分类改革已经相对成熟、公平竞争审查制度已经实施并积累一定经验的基础上，建立适用于全国的竞争中立制度框架。

中国的竞争中立体系可以涵盖以下内容：

（1）事前合规机制。凡是可能影响公平竞争的政策或制度，比如涉及国有资产或国有企业、税收、政府补贴、融资以及监管等内容的制度或措施，在出台之前都应该开展竞争合规。实际上，我国在贸易政策领域已经建立类似的合规机制。根据《国务院办公厅关于进一步加强贸易政策合规工作的通知》（国办发〔2014〕29 号），各级政府及其所属部门制定的贸易政策都应当符合世界贸易组织规则。在竞争中立领域，也可以借鉴贸易政策合规机制建立竞争政策合规机制。此外，2016 年 4 月中央全面深化改革领导小组通过的《关于建立公平竞争审查制度的意见》，也为开展事前合规机制提供了制度依据。

（2）事中监督机制。当相关制度或政策在执行过程中损害了公平竞争时，允许受到损害的市场主体向有关部门投诉和举报。举证责任应由投诉者

---

① 蒋哲人："澳大利亚国企竞争中立制度的启示"，载《中国经济社会论坛》2015 第 5 期。

承担，在能够证明确实存在违反竞争中立的情况时，有关部门应当采取措施开展调查。根据我国《反垄断法》第 9 条的规定，国务院设立反垄断委员会，其首要职责是"研究拟定有关竞争政策"。作为维持和发展竞争性市场机制所采取的公共措施，竞争政策本身即具有竞争中立的内涵。若能将竞争中立相关事宜及相关的投诉监督机制赋予反垄断委员会来实施，则不仅能发挥其协调竞争机关和管制机关之间关系的功能，还能有力地推动国有企业与私营企业之间展开公平竞争。

（3）事后矫正机制。由专门的投诉机构（如国务院反垄断委员会）对被投诉对象是否有违"干预中立"进行分析，赋予其向违反竞争中立的有关部门提出建议，必要时也可赋予其向由于享受特别优待而取得竞争优势的企业采取一定的"矫正措施"的权力。

为建立上述制度体系，具体而言，还应明确以下方面的制度内容：一是确定竞争中立的适用范围。可借鉴澳大利亚经验，强调竞争中立仅适用于从事"重大商业活动"的国有企业，而不适用履行公共职能或从事公益性活动的国有企业。并且，只有在收益大于成本的情况下才能付诸实施。二是建立竞争中立的投诉机制，由专门的投诉机构对被投诉的国有企业是否具有"净竞争优势"进行分析，对有违竞争中立的国有企业采取一定的"矫正措施"。三是确立竞争中立的判断标准，包括商业化运作、税收中立、补贴中立、信贷中立、监管中立等。四是构建竞争中立的配套机制，包括透明度规则、政策评估工具等。

其次，在国际层面，中国可以秉持"全球价值链"理论，寻求全球竞争的"实质公平"，坚持竞争中立应该与一个国家的发展阶段和法制背景相符合，主张竞争中立作为"国内改革措施"和"国际约束规则"的不同。同时，在参与自贸协定谈判时，中国也可以提出符合自身需求的竞争中立主张。

根据"全球价值链"理论，由于历史、文化、经济基础以及国际政治影响力的差异，在国际经济交往的全球价值链中，发达经济体始终占据价值链的高端，掌握更多的资源并拥有更强的谈判能力。当国际竞争规则也向他们倾斜时，发展中经济体将在国际竞争中更加失去话语权，从而导致另一种实质性的不公平竞争。按照美国的说法，美国主导竞争中立规则的核心是对现有国际经济规则进行更新和调整，以"弥补现有的国际经济规则无法保证国有企业和私营企业公平竞争的缺陷"。那么，是否有一种国际经济规则，可以保证发达经济体与发展中经济体之间的公平竞争呢？实际上，按照美国意志建立的竞争中立规则无疑只会加剧已经存在的不公平，更加强化发达经济体控制全球经济资源的能力，弱化发展中经济体参与公平竞争的能力。

再次，根据"制度非中性"理论，同样的制度给不同群体——强势群体和弱势群体——带来的效果是不一样的。要求处于不同发展阶段的所有经济体都接受同样的规则，不仅是不公平的，也是不正当的。在制度非中性的情况下，弱势群体若要在全球经济治理规则的转型中受益，需要在两个方面做出努力：一是提高弱势群体的能力，二是提高弱势群体的组织化程度。前者可以通过"单边开放"和国内改革措施予以实现，后者则需要加强形成参与国际规则竞争的同盟，共同与可能对同盟利益构成损害的集团博弈。美国版的竞争中立规则会在实际上破坏以上两个目标的实现。

因此，作为"国内措施"与"国际规则"的竞争中立具有截然不同的目的和效果。如果说，以澳大利亚和欧盟为代表的发达经济体采纳竞争中立，在很大程度上是基于推动国有企业改革和维护统一市场的考虑；那么，相比之下，美国不像澳大利亚有那么多国有企业，也不像欧盟需要建立"超国家"的统一市场，其在国际上推行竞争中立更多的具有主导国际经贸规则治理和变相实施"贸易保护主义"的诉求。美国在 TPP 和 TTIP 中引入包括竞争中立在内的"高标准政策"，要求参与谈判的国家遵循符合美国国家利益的竞争中立规则，实际上是将一种原本属于国内改革措施的规则"替换"为具有约束力的国际准则，在削弱其他国家参与国际竞争的能力的同时增加美国企业的竞争力。

中国还可以通过倡导回归多边体系以防止区域主义的滥用。实践证明，只有多边主义才能给全世界带来公平的利益。特别是对于拥有较小实力的国家而言，多边主义意味着更多的话语权和更多的权利。如果全球经济规则受区域主义裹挟，公平这一国际经贸治理体系最重要的价值追求将会丧失。这一结果对于全球经济的可持续和包容性发展都是有害的。任何一个负责任的大国，都有义务采取措施消除"去多边主义"或"去 WTO 化"的浪潮。当然，回归多边体系应建立在改革多边体系议程和程序的基础上。比如，中国可以推动新的多哈谈判议程，或者尽快启动新的 WTO 谈判。新的谈判应当对 TPP 和 TTIP 等美欧主导的区域贸易协定中没有涉及的方面（包括竞争中立）进行深入讨论，并对 TPP 和 TTIP 涉及的领域在 WTO 谈判中提出相应的措施。

同时，在参与自贸协定谈判时，中国也可以提出符合自身需求的竞争中立主张。比如，在 TPP 和 TTIP 中，美欧除了将传统的国有企业（政府享有所有权的企业）纳入规制范畴，还提出要对指定的政府垄断和私人垄断进行规范。应当警惕将"竞争中立"的概念扩大化，将外企和民企贴上"政府经营活动"的标签，将其纳入竞争中立的范畴。此前，华为等中国民营企业在美国受到调查的事实就充分说明，美国为提升本国经济的竞争力，可以给任何企业贴上"政府经营活动"的标签。① 因此，中国在确定竞争中立的适用范围时，应当将其明确限定在传统"国有企业"的范畴内。中国可以在国际谈判中坚持狭义的国有企业概念，坚持只有政府享有"控制权"的国有企业应当受到竞争中立规则的约束，减少国际经济受冲击的范围。与此同时，尽快通过分类管理确定非竞争性国企（业务）和竞争性国企（业务）的范围。由于竞争中立仅适用于从事"商业活动"的国有企业，不适用履行公共职能或从事公益性活动的国有企业。分类管理能够在最大程度上减少竞争中立的冲击。

---

① 王婷："竞争中立：国际贸易与投资规则的新焦点"，载《国际经济合作》2012 年第 9 期。

四、结　语

在竞争中立问题上，中国目前不论是在国际还是国内层面都还无法形成有针对性的应对规则。中国的国企改革一直是围绕着国有资产的资本化和市场化进行的，这符合竞争中立的基本要求。但是，中国竞争中立理念的普及和竞争中立体系的建立，还有待于进一步的国企改革。当前最紧要的应是实现国企"分类管理"，将国有企业准确划分为非竞争性国企（业务）和竞争性国企（业务），并明确只有后者适用"竞争中立"。在国际层面，在参与自贸协定谈判时，中国可以提出符合自身需求的竞争中立主张。在国内层面，短期内中国可以借助于国内自贸区的"试验"探索国有企业的竞争中立，长期内需要构建符合自身需求的竞争中立体系。

论 TFA "授权经营者计划"
适用中的 "国际标准"[*]

刘 瑛 杜 蕾[**]

摘 要:《贸易便利化协定》规定应给予授权经营者额外的贸易便利化措施,并鼓励根据"国际标准"制定前述授权经营者计划。现行 WTO 体系中并不存在对"国际标准"的统一定义,但本文通过梳理所有协定和相关决议,还是发现 WTO 体系内对国际标准的界定几乎都集中于对"国际标准"制定主体的规定,即有关"国际标准"的制定主体应具备成员资格且向所有 WTO 成员开放的国际标准化机构,同时该国际标准化机构的工作之一是处理有关事项的标准事务。由此本文认为世界海关组织符合前述主体要求,而且 WCO 的"经认证的经营者"项目可以作为《贸易便利化协定》的授权经营者计划所根据的国际标准。中国已经执行了 WCO 的"经认证的经营者"项目,但具体的海关制度安排与 WCO 的项目要求还存在差距,中国宜参照 WCO 的"经认证的经营者"项目进一步完善制度,以期未来更好地执行《贸易便利化协定》的"授权经营者计划"并推进与其他成员,特别是"一带一路"国家成员间的便利化制度互认。

---

[*] 本文受 2014 国家社科一般项目"国际商法统一实体规则适用问题研究"(14BFX134)资助。
[**] 刘瑛,武汉大学国际法研究所教授、博士研究生导师。杜蕾,武汉大学国际教育学院硕士研究生。

关键词：贸易便利化协定；授权经营者计划；国际标准；经认证的经营者项目

2014 年 11 月 27 日，WTO 总理事会通过了《修正马拉喀什建立世界贸易组织协定议定书》（以下简称《修正议定书》），将《贸易便利化协定》（Trade Facilitation Agreement，以下简称 TFA）纳入《马拉喀什建立世界贸易组织协定》附件 1A 中，赋予 TFA 作为一项多边货物贸易协定的法律地位。在接受《修正议定书》的 WTO 成员数达到成员总数的 2/3 后，TFA 将生效，而截至 2016 年 5 月 2 日，在 WTO 现有 162 个成员中，已有美国、欧盟及成员方、中国、日本、澳大利亚、韩国、瑞士等 77 个成员接受了《修正议定书》①，TFA 的生效为期不远。本文则主要探析 TFA 中的"授权经营者计划"这一国际贸易新设制度。

一、TFA 第 7.7 条解读

TFA 第 7.7 条规定了对授权经营者的贸易便利化措施，此制度不仅在多边 WTO 的体制下是一个全新的制度，而且在所有已通知到 WTO 的与货物贸易有关的区域贸易协定中也没有出现过②，即使被誉为自由贸易协定 2.0 版的《跨太平洋战略经济伙伴协定》（简称 TPP）在贸易便利化部分也没有规定这一制度。本文首先尝试参考上下文解析第 7.7 条。

（一）授权经营者

TFA 第 7.7.1 条规定，每一成员应根据第 7.7.3 条"对满足特定标准的

---

① 详见 WTO 官网：https：//www. wto. org/english/tratop_ e/tradfa_ e/tradfa_ agreeacc_ e. htm.

② Neufeld N. 2014. Trade Facilitation Provisions in Regional Trade Agreements：Traits and Trends [J]. Journal of International Commerce Economics & Policy，05（5）：1 – 28.

经营者，提供额外贸易便利化措施，或者一成员可通过所有经营者均可获得的海关程序提供此类便利措施，而无须制订单独计划"。由此，"授权经营者"（Authorized Operators，本文以下简称 AO）指的是因满足"特定标准"而被提供进口、出口、过境手续方面额外的贸易便利化措施的经营者。

TFA 第 7.7.2 条进而规定，授权经营者所应满足的"特定标准（specified criteria）与遵守一成员的法律、法规或程序所列要求或未遵守的风险相关应一并公布，可包括（may include）：

a. 遵守海关和其他相关法律、法规的适当记录；

b. 允许进行必要内部控制的记录管理系统；

c. 财政偿付能力，在适当时，包括提供足够的担保/保证；

d. 供应链安全。

同时，授予经营者资格的特定标准不得（shall not）：

a. 设计或实施在适用相同条件的经营者之间给予或造成任意或不合理的歧视；

b. 在可能的限度内，限制中小企业的参与。"

可见 TFA 是从正反两个方面来界定"特定标准"。

正面使用描述加列举。"特定标准"首先应当是 WTO 成员已公布的与遵守该成员的法律、法规或程序所列要求相关或与未遵守的风险相关的事项。第 7.7.2 条建议了"特定标准"可能包括的四类事项，但由于列举时所用的术语是"可"包括，则一成员在规定 AO 的标准时可能选取上述四个标准的一个、几个或者全部，甚至可能都不选取，因为理论上说，成员可以确定其他标准，只要此标准与遵守一成员的法律、法规或程序所列要求相关或与未遵守的风险相关并公布。

反面列举则明确排除任意或者不合理的歧视以及对中小企业参与的限制。本文认为这里的排除歧视应该是最惠国待遇和国民待遇双重意义上的，对这两项待遇条款 DSB 成案已经多有涉及，认定起来有前例可循，相对而言，

"中小企业"则有待澄清，而"可能的限度内"这样的模糊用语未来则更需要 TFA 委员会和争端解决机构的具体解释。

（二）给与授权经营者的额外贸易便利化措施

根据 TFA 第 7.7.3 条，WTO 成员要在以下 7 项贸易便利措施中至少选择 3 项使满足了特定标准的 AO 获益：（1）酌情降低单证和数据要求；（2）酌情降低实体检查和审查的比例；（3）酌情加快放行时间；（4）延迟支付关税、国内税、规费和费用；（5）使用总担保或减少担保；（6）在特定时间内对所有进口或出口进行一次性海关申报；（7）在授权经营者的场所或经海关批准的另外地点办理货物结关。

本文认为，"额外的（additional）"这一术语，在语境上是相对于基准而言的，其相对的基准线应指除第 7.7 条之外，TFA 中规定的其他所有关于在进出口和过境手续方面的贸易便利化措施。由此，WTO 成员一方面要给予 AO 所有 TFA 所规定的贸易便利化措施，另一方面还要给予 AO 前述专门的特定贸易便利化措施，即在进出口和过境手续方面的贸易便利化措施方面，AO 享受 WTO 成员给予的 VIP 待遇。

（三）"授权经营者计划"

TFA 第 7.7. 条要求 WTO 成员制订"授权经营者计划"（ AO schemes），但并未明确规定该计划需要包括哪些制度要素。结合整个 TFA 第 7.7 条的规定，本文认为，AO schemes 至少要包括两个方面，一是获得 AO 资格的条件是什么，即上文所指的"特定标准"，二是给予这些 AO 哪些额外的贸易便利化措施。此外，TFA 第 7.7.5 条和第 7.7.6 条还要求各成员应向其他成员提供通过谈判互认经营者计划的可能性，以及在贸易便利化委员会范围内就有效授权经营者计划交流信息。因此，广义的 AO schemes 可能还包括对授权经营者计划互认的考量和规定，以及与其他成员交流信息的内容。

　　然而，TFA 中的 AO schemes 是不统一的。制定 AO schemes 是 TFA 规定的约束义务，但 TFA 本身并未以有拘束力的方式使"授权经营者计划"标准化，"特定标准"和"额外的贸易便利化措施"都由各 WTO 成员自行选定并实施。诚如前文所述，确定 AO 的"特定标准"取决于每一 WTO 成员各自的法律、法规、程序，TFA 只是列举了特定标准可能涉及的事项，各成员可以选择其中的一个、几个方面规定标准，甚至在这些事项之外规定标准，而即使成员选择了同样方面的事项，也可能在标准的内容上不同。同理，各成员对于满足其所规定的"特定标准"的 AO 所给予的额外贸易便利化措施内容也是非标准化的。WTO 成员可能在 TFA 第 7.7.3 条所列的 7 项贸易便利措施中选择 3～6 项甚至全部，项数相同可能项目内容不同，而即使选择同一项目内容，TFA 使用的"酌情""特定时间""经海关批准"等术语也给予了成员方极大自由裁量空间。因此，WTO 成员即使善意履行义务，为实施 TFA 而制定 AO schemes，也可能因为标准的模糊性和实际操作的差异而使成员之间实际的 AO schemes 大相径庭，而这正是 TFA 第 7.7.4 条鼓励各成员根据国际标准制订授权经营者计划的原因所在。

二、TFA "授权经营者计划" 条款中的 "国际标准" 解析

　　为促进 AO schemes 的统一适用，TFA 第 7.7.4 条规定："鼓励各成员根据国际标准制定授权经营者计划，如存在此类标准，除非此类标准对实现所追求的合法目标不适当或无效果。"但是第 7.7.4 条中的"鼓励（encourage）"用语意味着"根据（on the basis of）"国际标准制定 AO schemes 并非 TFA 施与成员的有拘束力的强制性要求而只是倡导性规范。值得注意的是，在 TFA 的谈判进程中，自 2009 年 12 月 14 日贸易便利化谈判组形成第一份"合并谈判案文草案"以来，谈判组曾先后形成过 18 个案文草案，早先的 17 个草案对于 AO schemes 规定的都是成员"应当（shall）"

根据国际标准制定 AO schemes。直到 2013 年 10 月 31 号公布的第 18 个草案才将"应当（shall）"变为"鼓励（encourage）"。[①] 虽然最终文本选择使用了一个效果较弱的术语，但谈判中的文本变迁还是在一定程度上表现了 WTO 的价值倾向，即以国际标准协调各国的 AO schemes。

然而 TFA 第 7. 7. 4 条并未规定何为"国际标准"，本文尝试探求这里的"国际标准"的含义。

（一） TFA 第 10. 3 条中"国际标准"的规定

TFA 第 10. 3 条也涉及"国际标准"，规定了在与进口、出口和过境相关的手续中国际标准的使用。由于 TFA 协定第 7. 7 条的标题就是货物的放行与通关，AO schemes 本质上也就属于进出口及过境的手续和程序，因此第 10. 3 条关于"国际标准"的规定有助于对 AO schemes 国际标准的探讨，可以构成澄清第 7. 7 条规定的制定 AO schemes 的"国际标准"之含义的上下文。

TFA 第 10. 3 条首先规定，除非 TFA 另有规定，"鼓励"各成员使用或部分使用相关国际标准作为其进口、出口或过境的手续和程序的依据（as a basis），并"鼓励"各成员在其资源限度内参加适当国际组织对相关国际标准的制定和定期审议，在 WTO 分享实施国际标准的相关信息和最佳实践。贸易便利化委员会"酌情制定"有关分享涉及的程序，可以邀请相关的国际组织讨论其关于国际标准的工作，还可以酌情确定对成员具有特殊价值的特定标准。

可见，与第 7. 7. 4 条一致，TFA 第 10. 3 条也鼓励成员采用国际标准，但第 10. 3 条进一步规定了鼓励 WTO 成员参与国际标准制定审议和分享实施国际标准实践的内容，也对贸易便利化委员会推动成员采纳国际标准的具体举

---

① 此 18 个案文草案规定被 WTO 公布在官网上，详见 https：//docs. wto. org/dol2fe/Pages/FE_ Search/FE_ S_ S006. aspx？Query ＝（ ＋％40Symbol％3d ＋ tn％2ftf％2fw％2f165 ＊ ＋）&Language ＝ ENGLISH&Context ＝ FomerScriptedSearch&languageUIChanged ＝ true，访问日期：2016 年 5 月 20 日。

措作了规定，这些进一步规定可以作为解释第 7.7.4 条的上下文。

（二）WTO 协定对"国际标准"的界定

TFA 以外，提及"国际标准"的 WTO 协定有《服务贸易总协定》（GATS）及《关于电信服务的附件》《政府采购协定》（以下简称《GPA 协定》）、《装船前检验协定》（以下简称《PSA 协定》）、《技术性贸易壁垒协定》（以下简称《TBT 协定》）、《实施卫生与植物卫生措施协定》（以下简称《SPS 协定》），这些协定对各该协定下的"国际标准"分别作了规定，大致可以分为以下五种情形：

1. 仅提及"国际标准"而并无任何有关界定

这种情况存在于《GPA 协定》中。《GPA 协定》第 6.2 条提出采购实体规定的技术规格的要求之一就是"在适当时，如存在国际标准，应根据国际标准"，但除此之外《GPA 协定》再无对国际标准的提及，争端解决机构也没有对此做出过澄清或解释。

2. 只界定与"国际标准"有关的概念

虽然使用国际标准与非歧视、透明度、对发展中国家的特殊和区别待遇一起构成《TBT 协定》主要的实质性纪律，但《TBT 协定》正文及附件均未界定"国际标准"这一复合术语，只在附件 1 的第 2 条和第 4 条分别定义了《TBT 协定》中的"标准""国际机构或体系"这两个与"国际标准"有关的概念的含义。

3. 直接定义协定下的"国际标准"

《PSA 协定》是唯一定义了"国际标准"的协定。根据《PSA 协定》脚注 2，国际标准"是某一政府或非政府机构所采用的标准，该机构的成员资格向各成员开放，该机构的工作之一就是处理标准事务。"但这一规定虽然定位在国际标准定义上，内容却是在描述标准采用机构的特征，且并未列举任何《PSA》协定所指的机构或标准。这些问题在《PSA 协定》中没有规定，迄今也没有涉及对这些问题解释的争端解决案例。

4. 限定制定"国际标准"的主体

GATS 第 6.5（b）条规定，在确定成员方国内法规是否符合 GATS 规定的有关义务时，应考虑该成员所实施的"有关国际组织"的国际标准。该条的脚注将制定"国际标准"的"有关国际组织"限定为"其成员资格至少向所有 WTO 成员的有关机构开放的国际组织"，而并未界定国际标准本身。在电信网络和服务的国际标准方面，GATS《关于电信服务的附件》第 7 条虽提及国际电信联盟（ITU）和国际标准化组织（ISO）的工作可以促进此类标准，但未直接指明电信和服务的国际标准就是由 ITU 和 ISO 制定的标准。

5. 不完全列举有关国际组织制定的相关国际标准作为协定项下的国际标准

《SPS 协定》附件 A 定义 3（a）（b）（c）中明确列举了《SPS 协定》下可适用的国际标准，包括食品法典委员会（CAC）有关食品安全的国际标准、国际动物卫生组织（IOE）有关动物健康和寄生虫病的国际标准、《国际植物保护公约》（IPPC）秘书处和在《国际植物保护公约》范围内允许的区域组织制定的有关植物健康的国际标准。

同时根据 SPS 协定附件 A 定义 3（d），除 CAC，IOE、IPPC 之外，其他国际组织的有关标准也可以成为 SPS 协定下的"国际标准"，但需同时满足以下条件：（1）成员资格向所有 WTO 成员开放；（2）管理事项在 CAC、IOE、IPPC 管理事项之外；（3）经 SPS 委员会确认。但迄今，SPS 委员会仍未对其他国际组织制定的有关标准能够成为 SPS 协定下的"国际标准"做出确认。

可见，WTO 诸协定在界定"国际标准"上大多语焉不详，而且对国际标准的界定更多着眼于对发布标准的国际组织的描述和界定，即便是在国际标准界定上相对详细的《SPS 协定》，其所列举的国际标准还是以制定标准的国际组织为出发点和落脚点，指定的是特定国际组织的标准、指南、建议、守则等。

（三）TBT 委员会提出的"国际标准"制定的六项原则

2000 年 11 月 13 日，TBT 委员会通过一项决定，① 提出对《TBT 协定》第 2 条、第 5 条和附件 3 所提及的国际标准、指南和建议的制定应符合的要求，即国际标准制定的六项原则。

（1）透明：至少所有 WTO 成员境内的利害关系方较易获取包括当前工作项目、被考虑中的对标准、指南和建议的提案以及最终结果在内的实质信息。

（2）开放：制定标准的国际机构的成员资格应当无歧视地对至少所有 WTO 成员的有关机构开放，包括参与机构的政策制定，以及在标准制定的每一个阶段的开放。

（3）公正性与协商一致：在国际标准制定过程中，不会给予任何标准的提供者、国家或地区以特权或者偏向其利益。

（4）有效性与相关性：国际标准应当切合并能有效回应监管和市场的需要以及不同国家科学和技术发展的不同现状，不得扰乱全球市场、危害公平竞争、阻碍科技创新与发展。

（5）一致性：避免国际标准的相互冲突，制定标准的国际机构间、制定标准的国际机构与其他有关的国际机构间要相互合作和协调以避免重复制定或者遗漏。

（6）发展尺度：在国际标准的制定过程中应当考虑发展中国家所受的限制，须寻求便利发展中国家参与国际标准制定的有效形式。

关于这六项原则的性质，"欧共体 - 沙丁鱼案"（DS231）的专家组认为，此六项原则是 TBT 委员会会议的决定，属于 WTO 机构对政策的陈述，

---

① Decision of the Committee on Principles for the Development of International Standards, Guides and Recommendations with relation to Articles 2, 5 and Annex 3 of the Agreement（G/TBT/9, 13 November 2000）.

而不能直接用来解释《TBT 协定》第 2.4 条中的"国际标准"。① 但在"美国－金枪鱼 II 案（墨西哥）"（DS381）中，上诉机构认为这项 TBT 委员会的会议决定有资格成为《维也纳条约法公约》第 31（3）（a）条意义上的"当事国所订关于条约解释或适用的嗣后协定"，因为该决定是 TBT 委员会 2000 年在对《TBT 协定》的运行和实施进行第二次"三年期审议"时做出的，而 TBT 委员会在成员组成上包括了所有 WTO 成员，该决定也是由 TBT 委员会协商一致的方式通过。②

本文认为，无论此决定在性质上是 WTO 机构的政策陈述还是 WTO 成员间关于《TBT 协定》解释和适用的嗣后协定，六原则本身只是对国际标准的制定提出要求，并没有明确、直接的界定国际标准，加之这些要求均是原则性的规定，缺乏可操作性，因此该决定并未有效解决"国际标准"的界定问题。不过，六原则至少代表了 WTO 成员对"国际标准"的一些共识，可以帮助确定制定标准的国际标准化机构，给采用国际标准的 WTO 成员相当程度上的指引。

综上所述，现行 WTO 体系中并不存在对"国际标准"的统一定义，而 WTO 协定对"国际标准"的模糊界定可能给协定的统一实施带来困难。TBT 委员会提出的"国际标准"制定的六项原则，本身只是对国际标准化机构制定国际标准提出的要求，并不是对《TBT 协定》下"国际标准"明确、直接的界定，争端解决案件中做出的解释也是针对个案，并不能反映"国际标准"的全部。但本文发现上述 WTO 协定对国际标准的界定有共同之处，几乎都集中于对"国际标准"制定主体的规定，即有关"国际标准"的制定主体应为成员资格向所有 WTO 成员开放的国际标准化机构，同时该国际标准化机构的工作之一是处理有关事项的标准事务。这些共性特征对我们探讨 TFA 第

---

① Report of the Panel, European Communities – Trade Description of Sardines, WT/DS231/R, 23 October 2002, para. 7.91.

② Report of the Appellate Body, United States – Measures Concerning the Importation, Marketing and Sale of Una and Tuna Products, WT/DS381/R, adopted 13 June 2012, para. 371.

7.7.4 条所规定的各成员 AO schemes 所根据的国际标准提供了基本的指引。

三、WCO 可以为"授权经营者计划"提供国际标准

虽然 TFA 第 7 条标题所指货物的放行与通关（Release and Clear of Goods）应指包括海关相关制度、进出口的禁止与限制制度、配额与许可证制度、商品检验制度以及动植物检疫制度等在内的广义通关，但 TFA 第 7.7 条规定的是海关程序中给特定经营者额外的通关便利措施，仅涉及海关业务，指的是狭义通关。①

对 TFA 中与海关有关的贸易便利措施进行统计，不难发现其中的绝大部分都根植于已有的体系和制度，包括：（1）世界海关组织（WCO）为贸易便利化采取的行动；（2）联合国贸易便利化与电子业务中心（UN/CEFACT）发布的建议书；（3）国际海事组织下的《国际便利海上运输公约》（1998 年修正）；（4）作为国际民航组织《芝加哥公约》附件 9 的《国际民用航空公约简化手续》（2002 年修正）。② 然而，（3）（4）并不涉及货物的海关通关制度，UN/CEFACT 的 35 个建议书中有 10 个涉及贸易便利措施，但也都未涉及在海关程序中给予特定经营者额外的通关便利措施。既然其他国际体系都不涉及给予特定经营者特别的通关便利措施，也就不存在对 TFA 第 7.7 条中的 AO schemes 提供国际标准的可能性，WCO 体系于是成为涉及给予特定经营者特别的通关便利措施的国际体系。本文认为，WCO 可以为 AO schemes 提供国际标准。

（一）WCO 具有向所有 WTO 成员开放的国际标准化机构的成员资格

WCO 与 WTO 一样，都是普遍性的政府间国际组织，WCO 的成员资格

---

① 邵铁民、陈晖主编：《海关法学》，中国海关出版社 2010 年版。

② Grainger A, The WTO Trade Facilitation Agreement：Consulting the Private Sector, 48（6）Journal of World Trade 1170（2014）.

对所有 WTO 成员开放，是世界范围内唯一的海关事务专门性政府间国际组织，迄今共有 180 个成员，管理着超过 98% 的世界贸易量。[①]

与国家和单独关税区加入 WTO 需要经历谈判、加入申请需要 WTO 既有成员通过不同，国家和单独关税区只用根据《建立海关合作理事会的公约》第 18 条向比利时外交部交存加入书即可加入 WCO，而自交存加入书之日起，《建立海关合作理事会的公约》就对其生效，除此之外并无实质性"门槛"的限制。事实上，绝大多数 WTO 成员都是 WCO 的成员。截至 2016 年 5 月 2 日，WTO 成员中有 9 个不是 WCO 成员，它们是中国台北（CHINESE TAIPEI）、英联邦 6 国（安提瓜和巴布达、多米尼加、格林纳达、圣文森特和格林纳丁斯、圣基茨和尼维斯、所罗门群岛）、瑞士托管下的列士敦士登公国（人口约 3.4 万）和南美洲最小的国家苏里兰（人口约 56 万）。这些非 WCO 成员的 WTO 成员未加入 WCO 都是出于自身的选择：中国台北 1983 年被中华人民共和国取代在 WCO 前身海关合作理事会的代表席位后，并未以单独关税区的名义再申请加入；列士敦士登公国人口非常少，且被瑞士托管；英联邦 6 国中的所罗门群岛被联合国贸易与发展会议《2014 年最不发达国家报告》列为全球 48 个最不发达国家之一，其余 5 个国家都属于国际货币基金组织定义的加勒比小国（ECCU）之列，国家债务问题突出；苏里南作为南美洲最小的国家，人口少，经济不发达。因此，本文认为，除中国台北外，其他的国家和地区未加入 WCO，更大的原因可能是人力和财力所限，而自己选择不加入。在成员资格上，WCO 已经满足 WTO 所要求的作为制定国际标准的国际标准化组织的条件。

（二）WCO 与 WTO 共同对 WTO 成员的海关制度施加影响

海关是人类历史发展到一定阶段的产物，早期的海关制度主要是对国际

[①] WCO 官网：http://www.wcoomd.org/en/about‐us/wco‐members/membership.aspx，访问日期：2016 年 5 月 20 日。

贸易实行监督管理并为获取财政收入而形成的一种行政管理制度。近代西方法制建立起来以后，海关制度逐渐法制化，但早期的海关法律制度的建设和实施基本上都是以本国为本位，规定本国海关的组织和涉海关事务的行为，很少涉及与他国之间的关系。第二次世界大战以后，随着多边贸易体制的建立和发展，海关制度无论是技术规范还是关税规范都受到该国参加的与海关有关的国际条约以及国际组织的制约，目前这些国际条约和国际组织主要是WCO 体制和 WTO 体制。

　　WTO 体制和 WCO 体制涉及的海关事务大致有关税制度、知识产权的海关保护、通关制度三个方面，成员的前述海关制度都受到 WTO 体制与 WCO体制的共同影响。

　　在关税制度方面，WTO 首先规定了成员减让关税的义务，WTO 成员进而通过谈判达成关税减让表并依据各自的关税减让表承担减让关税的法定义务。理论上 WTO 对成员的海关商品归类本身未施加限制，WTO 成员可以自行选择、自由修改自己的海关商品归类，但事实上 WTO 成员的海关商品归类制度受《商品名称及编码协调制度公约》的约束。即使该 WTO 成员没有参加该公约，WTO 成员在关税谈判及参与关税有关事项时还是会以 WCO 的《商品名称及编码协调制度》（以下简称《协调制度》）下的商品归类方法为基本依据制定关税减让表中每项商品减让前和减让承诺的关税税率。DSB 在多个案件中申明《协调制度》是 WTO 减让表的基础，是解释减让表中关税承诺的上下文[1]，是与商品分类问题最相关的上下文。[2]

　　WTO 的原产地规则和海关估价规则分别吸收和改进了 WCO《海关估价公约》和《京都公约》部分规则和制度。例如，《海关估价公约》中采取实际、应付价格作为优先估价价格的做法被 WTO《海关估价协定》所采纳。

---

　　① Report of the Appellate Body, European Communities － Customs Classification of Frozen Boneless Chicken Cuts, WT/DS269/AB/R, WT/DS286/AB/R, adopted 27 September 2005, paras. 198 – 199.

　　② Report of the Appellate Body, China － Measures Affecting Imports of Automobile Parts, WT/DS339/AB/R, WT/DS340/AB/R, WT/DS342/AB/R, adopted 12 January 2008, para. 164.

由于《京东公约》中包含的有关原产地规则的标准条款成为 WCO 成员制定各自原产地规则的参照，作为 WCO 前身的海关合作理事会也发布了总结各国不同原产地规则的目录，故而在乌拉圭回合谈判中，该目录与这些标准条款一起，为 GATT 缔约方对原产地规则的协调奠定了很好的基础。

在 WTO 有关规则实施上，WCO 根据 WTO 的协定在 WCO 创制机构中从事与实施 WTO 协定有关的技术工作。根据 WTO《原产地规则协定》第4.2 条和《海关估价协定》第 18.2 条，WTO 指示在 WCO 的主持下设立两个技术性委员会分别在 WTO 原产地规则委员会、海关估价委员会的指导下从事与 WTO 原产地规则和海关估价规则有关的技术性工作。

在国际知识产权海关保护方面，由于 TRIPS 第 3 部分包括了成员海关实施知识产权边境保护的义务，WCO 在 1995 年通过了《海关实施 TRIPS 的国内立法样本》，对成员方海关发出《关于有效制止侵犯版权和商标权货物进出境的建议书》。

（三）WCO 致力于推动 TFA 的统一实施

在 WTO 贸易便利化制度方面，WCO 的立场经历了从担心到支持的转变。起初 WCO 担心 WTO 在贸易便利方面的强势会削弱 WCO 在海关技术方面的影响，随着贸易便利化国际进程的发展，WCO 认识到其与 WTO 具有不同的组织宗旨和性质，竞争关系不明显，因此，自 WTO 启动贸易便利化谈判时起，在促进贸易便利化的职能方面，WCO 就将与 WTO 的关系定位于在促进贸易便利化目标上的一致和在各自规则上的协调和互补。WCO 认为，WTO 着重制定较高原则和规则，而 WCO 作为海关技术领域的专业组织，通过制定标准和工具为 WTO 贸易便利化规则的具体实施提供技术支持。

在 2013 年 12 月多哈第九届部长会议达成了包括 TFA 在内的多哈一揽子文件后，WCO 政策委员会立即通过了《都柏林决议》（Dublin Resolution），承诺通过帮助 WCO 成员确定它们的需求和优先事项，与其他国际组织一起

为成员提供技术援助或能力建设方面的支持。WCO 于 2014 年 7 月开始实施
"墨卡托计划（Mercator Programme）"，该计划涉及执行 TFA 的技术援助或
能力建设项目，旨在帮助各成员为实施 TFA 做准备。

2015 年，WCO 还出台了落实 TFA 的政策框架体系，就 TFA 第一部分前
12 条所规定的 WTO 成员负有实质义务的贸易便利措施中与海关有关的事项，
逐条列出可以用到的 WCO 标准或工具以及 WCO 成员的成功实践。其中对
TFA 第 7.7 条列出的标准和工具就有《SAFE 标准框架》及其安全包。

（四）WCO 提供了一系列与 AO schemes 相关的法律文件与工具

传统上 WCO 法律文件有公约（Convention）、建议书（Recommendation）、
决议或决定（Decision or Resolution）、指令（Directive）和意见书（Advice）
五种形式。近年来 WCO 为推动成员海关规则的灵活性并且便于成员广泛采
纳和实施海关规则，不断地开发出相应的工具（tools），比如世界海关组织
数据模型（WCO Data Model），此类工具不能归为上述五种类型。WCO 自
身将其体系中的制度和规则统称为"法律文件和工具（instrument and
tools）"，本文也使用这一表述统称 WCO 体系中所有的制度和规则。这些制
度和规则虽然在效力上，可分为公约、决定或决议、实施工具三个层次，但
WCO 近年来统一将它们按议题（topic）进行分类，并将每一项议题涉及的
法律文件和工具整理成一揽子文件，解决 WCO 以往制定的各类法律文件和
工具零散孤立的问题，这样的整理符合海关管理的内在逻辑。因此，在本文
中，若无特别必要，也不对 WCO 文件的效力进行区分，而是统称为 WCO 法
律文件和工具。

在这些 WCO 的法律文件和工具中，WCO 倾向于提倡由世界海关组织制
定作为实施《贸易安全与便利标准框架》指南的《SAFE 标准框架》及其指
南中的有关规定和标准为 WTO 成员提供依照 TFA 的要求制定 AO schemes 的
国际标准。本文则认为，WCO 下的"经认证的经营者"（Authorized

Economic Operator，以下简称 AEO）项目"符合 AO schemes 的内容，可以为 TFA 中的 AO schemes 提供国际标准。

1. AEO 企业标准可以作为 AO schemes 中"授权经营者"的标准

美国"9.11 事件"之后，各国普遍认为有必要通过便利贸易和保护贸易安全的方式来促进世界经济的发展，包括通过加强海关管理实现对国际供应链的保护，为此 WCO 成员制定了旨在加强国际贸易安全与便利的制度，即《SAFE 标准框架》，并在 2005 年 6 月的理事会年会上首次获得通过。2010 年 6 月，WCO 首次发布了支持《SAFE 标准框架》的一系列文件和指南。迄今，这些文件和指南都被 WCO 列入了"SAFE 安全包（SAFE package）"中并不断更新。"SAFE 安全包"的内容包括历次版本的《SAFE 标准框架》[①] 和截至 2015 年 10 月签署执行《SAFE 标准框架》议定书的成员关于《SAFE 标准框架》第一支柱（海关与海关）、第二支柱（海关与商界以及 AEO）、2015 年新增的第三支柱（海关与其他政府机构以及政府间机构之间的协作）的文件和指南。

"AEO 项目"是《SAFE 标准框架》第二支柱之下的制度，指导 WCO 成员实施 AEO 项目的标准则规定在"SAFE 安全包"第二支柱的文件和指南中，其中关于企业成为 AEO 所应达到的条件和要求、AEO 可以享有的贸易便利措施都规定在《SAFE 标准框架》关于海关与商界伙伴关系的技术细则的附件中。根据现行 2015 年版的《SAFE 标准框架》附件四，AEO 企业应达到下列 13 个条件和要求。[②]

（1）可证明对海关法规的遵守：在考虑授予企业 AEO 资格时，应当首

---

① 《SAFE 标准框架》历经四次增补更新（2007 版、2010 版、2012 版和 2015 版），最新版本于 2015 年 6 月推出。

② World Customs Organization：SAFE Framework of Standards：To Secure and Facilitate Global Trade，Annex IV, adopted on June 2015, available at：http：//www. wcoomd. org/en/topics/facilitation/instrument – and – tools/tools/~/media/2B9F7D493314432BA42BC8498D3B73CB. Ashx, visited on 20 May 2016.

先证明该企业无违反海关法规的记录。

（2）对商业纪录进行管理维护的相应能力：AEO 企业应当及时、准确、真实地对其进出口活动进行记录，对真实商业数据的管理维护是国际贸易供应链安全的基本保障。

（3）经济可靠性：要求 AEO 企业拥有可靠的经济能力，从而能够在与其经营性质相适应的各项商业活动中承担责任。

（4）磋商、合作与沟通：海关、其他有权机关和 AEO 企业应当在国际、国内、地方等各层面，在不影响执法的前提下，就诸如供应链安全和便利措施等涉及共同利益的问题定期进行磋商，在海关发展和风险管理战略的实施中应将磋商的结果考虑在内。

（5）教育、培训及增强意识：海关和 AEO 企业必须对工作人员就安全政策、安全问题的发现、针对安全漏洞的措施等方面建立培训机制。

（6）信息的交换、取得及保密：作为保护信息安全总体战略的一部分，海关和 AEO 企业必须制定和加强相应的安全保护措施，以保证信息不被用于非法用途或避免非授权的修改。

（7）货物安全：海关和 AEO 企业必须建立和支持保障货物安全及较高级别的准入控制的措施，并指定保护货物安全的日常制度。

（8）运输工具的安全：海关和 AEO 企业必须共同制定其他国内和国际规章未能予以规定的监管制度，以保证装运工具被有效维护和保护。

（9）经营场所的安全：在征求 AEO 企业意见以及考虑企业遵守其他国际标准的前提下，海关必须根据自身情况，要求企业实施安全保障协议以保护办公建筑的安全，对其内外部及周边的安全环境进行监控。

（10）人员安全：海关和 AEO 企业，应在法律允许的范围内，调查相关员工的背景情况。此外，还应采取措施，防止它们未经授权进入相关设施、交通工具、卸货码头和货物存放地点等有可能影响到供应链安全的场所。

（11）贸易伙伴安全：海关应当建立一套 AEO 企业的标准和机制，这样全球供应链安全就可以通过企业自愿提高它们的安全措施从而得到加强，国家标准可以作补充规定。

（12）为了降低灾难和恐怖袭击的影响，海关和 AEO 共同制定的风险管理和灾后重建程序应该包括针对特殊情况的预先计划和应急工作机制。

（13）测评、分析和提高：AEO 企业和海关应采取相应的跟踪、测评、分析措施，以达到评估指南的连贯性，以确保安全管理制度的完整性和充分性，并能发现安全管理系统有待提高的方面，从而提高供应链的安全。

上述 13 个条件和要求中，第（1）～（3）条是只针对 AEO 企业的要求，且能与前述 TFA 第 7.7.2 条正面列举的"授权经营者"应满足的"遵守海关和其他相关法律、法规的适当记录""允许进行必要内部控制的记录管理系统""财政偿付能力"这三个"特定标准"相对应。而后 10 条都是对 AEO 企业和海关关于供应链安全标准的要求，不仅针对企业，还针对海关，也都与 TFA 第 7.7.2 条正面列举的第四个特定标准"供应链安全"相符合。由此可见，这 13 项 AEO 企业应满足的条件和要求覆盖了 TFA 第 7.7.2 条正面列举的"授权经营者"应满足的所有四个"特定标准"，只是限于 WCO 的工作领域，前述 13 项内容不包括"遵守海关和其他海关之外的法律和法规"标准中对遵守海关之外的法律和法规的要求。然而前文已论及 TFA 并不强制要求 WTO 成员必须选择 TFA 第 7.7.2 条所列的所有四个标准，因而，WTO 成员可以选择将《SAFE 标准框架》下对 AEO 企业认证标准作为 AO schemes 的"授权经营者"应满足的"特定标准"。

2. "AEO 项目"为 AO schemes 的额外便利化措施提供了标准

"SAFE 安全包"对实施 AEO 制度标准还不限于上述内容，在其第二支柱下有关 AEO 的制度文件和指南还有《AEO 实施指南》《AEO 制度纲要》《AEO 上诉程序示范》《AEO 与中小企业》和《AEO 样板》等，为 WCO 成员建立 AEO 制度提供了更广泛的标准。其中见于 2015 年版的《SAFE 标准框架》附件四的《AEO 的益处：WCO 私营部门协商小组的贡献》，规定了减少货物放行的数据项、加快货物放行、货物安全查验的最小化、边境或口岸关闭或重新开放后的优先通关措施、采用以账户为基础的集中通关而非逐票通关等措施，至少与 TFA 第 7.7.3 中酌情降低单证和数据要求、酌情降低实体查验和审查的比例、酌情加快放行时间此 3 条通关贸易便利措施相对应，在理论上也满足 TFA 第 7.7.3 条 WTO 成员应给予 AO 的额外贸易便利措施的要求。

至此，AEO 制度就已满足 TFAAO schemes 的国际标准供给需求。根据 WCO 统计，截至 2015 年 10 月 1 日，WCO 的 180 个成员中已有 169 个签署了实施《SAFE 标准框架》意向书，其中包括中国在内的 64 个成员已实施 AEO 项目，有 16 个正在建设并将要实施中，同时有 13 个已实施海关守法便利项目。[①] 有一系列配套文件和指南的"AEO 项目"以其体系完备、具备国际认知和与时俱进的特点适合作为 WTO 成员执行 AO schemes 的国际标准基础。

尽管 169 个签署了实施《SAFE 标准框架》意向书的成员并无严格的国际法的义务，但基于国家信守承诺的要求，也会着手建立 AEO 制度。诚然，《SAFE 标准框架》属于国际软法，WCO 成员在实施时并无义务完全照搬其中的所有标准，而是根据各自国情对《SAFE 标准框架》中的 AEO 要求进行了不同程度的改造，但成员的国内 AEO 制度毕竟都是建立在《SAFE 标准框架》中普遍的制度和标准之上的 AEO 制度构建，而且为了在国家或地区之间实现国际互认，不同成员的域内 AEO 制度会朝着更加接近《SAFE 标准框架》中的规则和标准的方向发展。而 WCO 的最终目标也是通过 AEO 的双边、区域乃至全球国际互认实现 AEO 制度的协调并最终实现标准的统一。

---

① 对经营者特定标准的规定含有供应链安全的标准，是"AEO 制度"的本质要求，但也有少许 WCO 成员，如俄罗斯、哈萨克斯坦、莫桑比克、阿尔及利亚虽然将制度命名为 AEO，但由于未含有供应链安全的标准的要求，就被归类于海关守法便利项目，WCO, Compendium of Authorized Economic Operator Programmes, Compliance and Facilitation Directorate, 2015.

3. AEO 互认的成功开展有助于 AO schemes 的互认

TFA 第 7.7.5 条规定:"为加强向经营者提供的便利措施,各成员应向其他成员提供通过谈判互认授权经营者计划的可能性。"第 7.7.6 条则要求各成员在 TFA 委员会范围内就有效的 AO schemes 交流相关信息。对此,"AEO 项目"已有规则和实践。

《SAFE 标准框架》第二支柱第 7 部分规定了不同国家的海关之间须达成关于 AEO 的相互承认安排/协定(Mutual Recognition Arrangement/Agreement:MRA),对于如何达成 AEO 的 MRA,"SAFE 安全包"第二支柱下的《相互承认安排/协定指南》(Mutual Recognition Arrangement/Agreement Guidelines)作了具体规定,界定了 AEO 相互承认安排/协定的内涵,指出了 AEO 相互承认的益处,列出了实现互认的步骤过程以及 MAR 执行中可预见到确定的挑战,提出了 AEO 相互承认所使用的路线图和工作计划,并以 WCO 成员海关间已缔结的相互承认安排/协议文本为样本,列出了一个 MRA 通常包含的责任主体(通常都是两成员的海关部门而不是成员政府)、兼容性、相互承认、信息交换和参与者的沟通、对未来的努力、修改和咨询、MRA 的法律效力、关于 MRA 开始以及中止/终止的规定这 8 个方面的要素。① 《相互承认安排/协定指南》是 WCO 对 AEO 互认标准的指南。

以"AEO 项目"的普遍接受为基础,各 WCO 成员互认已经取得了实质进展。目前 WCO 成员间已经达成的 AEO 互认安排有 33 个,还有 19 个正在谈判中。

四、对中国执行 AO schemes 和推进 AEO 互认的建议

中国已经批准加入了 TFA,承担了执行 AO schemes 的义务,同时中国

---

① World Customs Organization: Mutual Recognition Arrangement/Agreement Guidelines, available at http://www.wcoomd.org/en/topics/facilitation/instrument – and – tools/tools/~/media/93162547322F462A97F8767D0987A901.Ashx, 2011, visited on 20 May 2016.

也已经采用"AEO 项目"。基于前面的分析，本文认为中国应以"AEO 项目"为基础执行 TFA 第 7.7.4 条的 AO schemes，同时 AEO 制度也是中国在"一带一路"战略下推进标准互认的依托。

（一）中国现行的 AEO 制度分析及其完善

2005 年 6 月，在 WCO 第 105/106 届理事会年会上，WCO 通过了《SAFE 标准框架》。中国海关积极响应 WCO 的倡议，在会上就签署了实施《SAFE 标准框架》的意向书。经过 3 年的研究和准备，海关总署第 170 号令发布《海关企业分类管理办法》（以下简称《分类办法》）并于 2008 年开始实施，标志着中国初步建立和实施了海关 AEO 制度。《分类办法》将进出口收发货人和报关企业分成五类，其中 AA 类企业是中国海关的 AEO 企业。2011 年，海关总署第 197 号令对《分类办法》进行了修订，完善了对贸易安全的要求，使其更符合 AEO 要求。随后，海关总署第 225 号令颁布的《海关企业信用管理暂行办法》（以下简称《信用管理暂行办法》）替代了《分类办法》，并于 2014 年 12 月 1 日起正式实施。因此目前中国现行 AEO 制度的法律依据是《信用管理暂行办法》以及与之配套执行的《海关认证企业标准》，在法律效力位阶上属于部门规章和其他规范性文件。

1. 中国现行 AEO 制度的主要内容

（1）海关 AEO 的定义和范围

《信用管理暂行办法》第 22 条定义了"经认证的经营者（AEO）"，要求是参加国际货物流通、符合法定条件、通过海关认证。由于规定的是"依任何一种方式参与货物国际流通"，因此中国的 AEO 在企业类型上不仅包括进口商、出口商，还包括制造商、海关代理人、仓库、货运人、货运代理人、承运人等。在环节上则包括了进口和出口。在程序上，《信用管理暂行办法》下的认证企业就是中国的 AEO。

（2）AEO 认证标准

《海关企业认证标准》分为高级认证企业标准（5 大类 18 条 32 项）、一般认证企业标准（5 大类 18 条 29 项）。两种认证标准的大类和条目基本一致，都分为内部控制标准（组织机构控制、进出口业务控制、内部审计控制、信息系统控制）、财务状况标准、守法规范标准（遵守法律法规、进出口业务规范、符合海关管理要求、未有不良外部信用）、贸易安全标准（场所安全控制措施、进入安全控制措施、人员安全控制措施、商业伙伴安全控制措施、货物安全控制措施、集装箱安全控制措施、运输工具安全控制措施、危机管理控制措施）和可以获得加分的附加标准。但二类企业认证在一些具体项目上有区别，例如高级认证企业在内部审计控制这一条中加入了内审制度这一项标准，在信息系统控制中加入了信息系统和数据管理这两项标准，在各项标准的具体要求上也略有不同，高级认证企业的标准和要求更高。

（3）AEO 的分类

基于《海关认证企业标准》区分一般认证企业标准和高级认证企业标准，认证企业也被分为高级认证企业和一般认证企业。而对高级认证企业适用的管理措施优于一般认证企业，参与 AEO 国际互认的是高级认证企业。

（4）AEO 企业享有的贸易便利措施

根据《信用管理暂行办法》第 16 条，一般认证企业享有较低货物查验率、简化货物单证审核、优先办理通关手续等贸易便利措施，并可享有中国海关总署规定的其他便利管理原则和措施。对于高级认证企业，根据《信用管理暂行办法》第 17 条，除了给予上述通关便利外，还享有在办结其他手续前先行验放、设立协调员、对其中从事加工贸易的企业不实行银行保证金台账制度等特殊便利和 AEO 国际互认区域海关提供的通关便利措施。

2. 中国现行 AEO 制度可满足 AO schemes 的要求

在经营者须满足的特定标准上，中国的 AEO 所应满足的标准涵盖了 TFA 第 7.7.2 条所规定的四个标准，只是受限于海关的管理权限，而将遵守的法律法规限于海关监管方面的规定，以及法定代表人（负责人）、负责关务的高管、财务负责人连续 2 年无犯罪记录、连续 2 年无走私犯罪行为。

在对满足特定标准的经营者给予的通关便利措施方面，上述给予一般认证企业享有的较低货物查验率、简化货物单证审核、优先办理通关手续的贸易便利措施，有可能不构成贸易便利措施 TFA 第 7.7.3 条规定的 3 项，因为仅仅是优先办理通关手续并不必然导致放行时间的加快，优先办理是相对其他经营者而言，是一个次序的问题，而放行时间的快慢是一个绝对的时间段。本文认为，在 TFA 生效前，中国海关总署应当在上述便利措施之外再规定其他的便利措施，以稳妥计则可以参照 TFA 第 7.7.3 条的后 5 项贸易措施选择制定新的便利措施。

3. 中国现行 AEO 制度与《SAFE 标准框架》及其指南规定标准的差距

应该说，中国现行的 AEO 制定正逐步完善和向 "SAFE 安全包" 第二支柱下的规定和标准靠拢，比如，将 AEO 的适用范围从《分类办法》时规定的进出口收发货人和报关企业，扩展至《信用管理暂行办法》下参加国际货物流通的整个贸易链上的经营者。然而，中国现行 AEO 制度与《SAFE 标准框架》极其指南规定的标准仍存在较大的差距，主要表现在以下几个方面：

首先，现行的《海关认证企业标准》几乎将 2015 年《SAFE 标准框架》附件四所列的所有 AEO 企业标准都做了纳入整合，但是上文中《SAFE 标准框架》附件四的后 10 个标准都是同时对 AEO 企业和海关做出要求，这体现了《SAFE 标准框架》致力于建立海关与商界之间的合作伙伴关系，而在中国，海关依然仅仅处于积极的立法者和执法者的地位，而商界还单纯是消极的被管理地位，要在商界和海关之间建立其真正的协商和合作，还需要更多的努力。

其次，在便利措施的种类上，《SAFE 标准框架》作为具有开放性的国际法律文书，为达到贸易安全与便利的目标，对实际实施的贸易便利措施的种类不做限制，任何可以起到这一作用的手段都是被允许的，相比之下，中国目前给予的便利措施仅仅是法定列举的有限几条。

最后，也是最为关键的是关于中小企业成为 AEO 的问题。中小型企业与大型进出口企业在国际贸易舞台中扮演着不同的角色，前者数量庞大，但是单个企业的进出口频率和额度都明显少于后者。然而，如果在 AEO 机制中不能充分的考虑中小型企业的问题，就可能使机制显失公平，不再是海关与商界之间的合作，仅仅成为海关与大型企业之间的对话。为了防止机制对中小企业造成歧视性待遇，《SAFE 标准框架》中对中小型企业的 AEO 认证给予了特别的关注，然而我国现行的 AEO 制度过于"一视同仁"，并未十分关注中小企业的发展问题，对中小企业纳入 AEO 制度发展缺乏适当的制度安排。

这些差异都是中国未来在推行 AEO 制度和 AO schemes 时所应该着力完善的。

（二）中国的 AEO 国际互认及其推进

中国迄今已签署并实施中新、中韩、内港和中欧 4 个 AEO 互认安排。

表1　中国对外签订的既有 AEO 互认协定/安排

国家/地区	互认安排名称	签署时间	生效时间	给予的通关便利措施
中国—新加坡	《中华人民共和国海关总署和新加坡关税局关于〈中华人民共和国海关企业分类管理办法〉和〈新加坡安全贸易伙伴计划〉互认的安排》	2012 年 6 月	2013 年 3 月 15 日	1. 实施较低比例查验，予以快速通关 2. 对需要进行查验的货物优先予以查验，在通关过程中给予优先处理待遇 3. 如果国际贸易发生中断，尽力提供快速通关

续表

国家/地区	互认安排名称	签署时间	生效时间	给予的通关便利措施
中国—韩国	《中华人民共和国海关总署和大韩民国关税厅关于中华人民共和国海关企业分类管理制度与大韩民国进出口安全管理优秀认证企业制度的互认安排》	2013 年 6 月	2014 年 4 月 1 日	1. 降低进口货物查验率 2. 简化进口货物单证审核；进口货物优先通关 3. 设立海关联络员，协调解决企业通关中的问题 4. 非常时期的优先处置
中国—香港	《海关总署与香港海关关于〈中华人民共和国海关企业分类管理办法〉与〈香港认可经济营运商计划〉的互认安排》	2013 年 10 月	前期：2014 年 5 月 18 日（皇岗、文锦渡、沙头角、深圳湾四个陆路口岸实施互认安排） 扩大范围：2014 年 9 月 1 日（增加空运和海运口岸）	1. 降低进口货物查验率 2. 简化进口货物单证审核；进口货物优先通关 3. 设立海关联络员，协调解决企业通关中的问题 4. 非常时期优先处置
中国—欧盟	《中国—欧盟 AEO 互认联合声明》	2015 年 6 月	2005 年 11 月 1 日	1. 减少查验或与监管有关的风险评估等手续 2. 安全贸易伙伴身份的承认 3. 货物优先通关 4. 贸易连续运行保障机制

同时，中国海关正在加紧与美国、东盟、印度、日本、瑞士等主要贸易国家或地区海关开展 AEO 互认磋商。

2016 年 3 月中国海关总署已制定出台了《2016 年海关落实"一带一路"建设战略规划重点工作》，在其中部署的 14 项重点工作中，就有"加强与沿线国家和地区在自贸协定项下的制度对接，打造 AEO 互认合作升级版"这一项工作。①

（三）"一带一路"战略下中国执行"授权经营者计划"的建议

"一带一路"战略是目前中国最高的国家级顶层战略。中国国家发展改革委、外交部、商务部于 2015 年 3 月 20 日联合发布的《推动共建丝绸之路经济带和 21 世纪海上丝绸之路的愿景与行动》（以下简称《愿景与行动》），其中的共建原则、合作重点与合作机制部分都与国内法和国际法规则和制度息息相关。在《愿景与行动》划定的"一带一路"合作重点就包括贸易畅通，倡导沿线国家"推动世界贸易组织 TFA 生效和实施。……加强供应链安全与便利化合作，……开展"经认证的经营者"（Authorized Economic Operator，AEO）互认"，就涵盖了中国在 TFA 生效后实施 AO schemes 和推动在 AEO 制度国内建构之上的 AEO 互认。依照《愿景与行动》，中国一方面要努力实施并推动或帮助沿线国实施 TFA 下的 AO schemes，另一方面也要完善 AEO 制度的国内构建，并继续同沿线的国家的海关开展 AEO 互认。

《愿景与行动》勾画出的"一带一路"战略覆盖范围从地理上约涉及 65个国家，而其中多个国家已建立或者正在建立 AEO 制度。根据 WCO 的统计资料，截至 2016 年 3 月，"一带一路"沿线已建立起 AEO 制度的有 24 个国家，分别是新加坡、马来西亚、印度尼西亚、泰国、越南、土耳其、约旦、

---

① 海关总署官网：http://www.customs.gov.cn/publish/portal0/tab49564/info792806.htm，访问日期：2016 年 5 月 20 日。

希腊、塞浦路斯、埃及、印度、摩尔多瓦、波兰、立陶宛、爱沙尼亚、拉脱维亚、捷克、斯洛伐克、匈牙利、斯洛文尼亚、克罗地亚、塞尔维亚、罗马尼亚、保加利亚。此外，马其顿、黑山、菲律宾、孟加拉国这 5 个国家正在建设 AEO 制度。

本文已证明，WCO 下的 AEO 制度的标准可能被作为 WTO 的 TFA 中的 AO schemes 的国际标准，而中国也是 WCO 成员，并且签署了《SAFE 标准框架》意向书。因此，为了协调中国的 AO schemes 和 AEO 制度，在未来对 AO schemes 制定和实施时可以尽可能地参照 WCO《SAFE 标准框架》下的 AEO 制度的标准。TFA 生效后，WTO 其他成员，尤其是那些已经或将要与中国签订 AEO 互认协议的成员可能会主张它们既有的 AEO 制度满足 AO schemes 的条件，用实施 AEO 制度来实施 AO schemes，则中国也可以做同样的主张。中国现有的 AEO 制度应尽可能地满足《SAFE 标准框架》支柱 2 的标准，中国应该根据 WCO 下 AEO 的有关指南和标准完善 AEO 的国内构建，在推动与一带一路沿线国家 AEO 的国际互认时，主张各自的 AEO 国内制度已经接近或达到《SAFE 标准框架》及其一揽子文件的中的相关标准，从而更便宜地获得互认。即使 AO schemes 和 AEO 制度需要分别实施，也可以借鉴 AEO 中的标准，将其规定为 AO 应满足的标准，毕竟《SAFE 标准框架》下的 AEO 制度体系已经趋于完备并仍在持续发展中，也已经得到了 WTO 成员的普遍接受，是 TFA 的 AO schemes 目前情况下最可倚赖的国际标准。

TRIPS 视域中我国海关
知识产权保护制度的问题与完善

刘刚仿[*]

摘　要： 以 WTO 之 TRIPS 中知识产权边境措施规范以及知识产权制度设计的价值目标为参照坐标，反思我国海关知识产权保护制度，我们应当理性地认识到，知识产权的保护和执法包括海关知识产权保护制度，应当有助于技术创新、转让和传播，平衡知识的创造者与使用者利益，增进社会和经济福利。因此，我国知识产权海关保护制度应尊崇效度和适度并举的原则，适当抑制海关公权主动介入的节奏，降解出口主动知识产权保护力道，多元化海关知识产权保护的担保范式，平衡主动与被动保护的担保模式及担保负担，从知识产权法、反不正当竞争法、反垄断法和海关法制的多元环节着手，为知识产权平行进口提供适合我国国情的周到而贴心的法律工具。

关键词： TRIPS；海关知识产权保护；问题与完善

TRIPS 中，关涉知识产权海关保护的内容，主要凸显在其第三部分第四节，有关边境措施的特殊要求（Special Requirement Relating to Border Measures）的第 50 条至第 60 条的规定中，在这 10 个条文中，规范了 WTO

---

  * 刘刚仿，对外经济贸易大学法学院副教授。

成员实施边境措施的门槛。有学者认为，该节规定是 TRIPS 中真正与贸易有关的条款。① 内容涉及海关当局的中止放行、申请、保证金或同等担保、中止通知、中止的持续期限、对商品进口商和货主的补偿、资料和调查权、依职权之行为、② 补救及少量进口等诸多方面。

我国有关海关知识产权保护制度主要体现在：2000 年《中华人民共和国海关法》（以下简称《海关法》）；法规层面，1995 年制定、2003 年修订的《中华人民共和国知识产权海关保护条例》（以下简称《海关保护条例》），《中华人民共和国海关行政处罚实施条例》（以下简称《海关行政处罚条例》），《海关行政处罚条例》赋予了海关对侵犯知识产权行为的行政处罚权力；部门规章层面，海关总署公布了《中华人民共和国海关关于〈中华人民共和国知识产权海关保护条例〉的实施办法》（以下简称《实施办法》）。本文尝试从 TRIPS 涉及知识产权海关保护内容与我国有关海关知识产权保护制度内容的比较视角，分析我国海关知识产权保护制度的存在的问题，并提出相应的完善建议。

一、中国海关知识产权保护存在的主要问题

（一）过于强调与国际接轨，未充分考量本国利益诉求

从 TRIPS 的构建历程看，该协议是以美国为首的发达国家，以本国利益为出发点制定的高标准知识产权管理体制，对发展中国家的利益并未充分考虑。经过反复争议，多数发展中国家基于一些政治因素和经济发展方面的考量，最终同意签订 TRIPS。1994 年，世界贸易组织通过 TRIPS，试图构建系统而有约束力的全球知识产权保护体制，并通过世界贸易组织的体制，使这

① 王火灿：《WTO 与知识产权争端》，上海人民出版社 2001 年版，第 184 页。转引自谢红霞："论我国知识产权边境保护法律制度"，载《政治与法律》2005 年第 2 期。

②

一协议在各成员方内推进。对于这一问题，有学者尖刻的指出：制定这一规则的主角其实是 12 名代表各制药业、软件工业和娱乐行业的首席执行官。这些胜利的私人部门运动家在 TRIPS 浪潮中，在知识产权槽里像猪一样大吃。①TRIPS 极大地扩展了知识产权所有者的权利。我国著名知识产权专家吴汉东教授也指出：TRIPS 对发展中国家利益的考虑不充分②。

中国知识产权海关保护制度是以 TRIPS 为蓝本制定的，就具体的保护内容而言，我国制定知识产权海关保护的力度在一些领域，远远超过了 TRIPS 所设定的义务。例如，在海关保护模式的问题上，尽管 TRIPS 的第 52 条和第 58 条的规定涵盖了知识产权人申请保护和海关依职权主动保护两种模式，但第 58 条规定的依职权保护模式对成员方并没有强制性的要求。而我国在依权利人申请的保护模式之上，又设定了海关依职权启动的主动保护模式。同时，虽然 TRIPS 规定各成员方应对进口环节实施海关知识产权保护的强制性要求，但对出口环节则使用了选择性的"可以"但不是必须履行中止放行的职责，即对出口环节的知识产权保护海关管理措施，由各成员方自行决定。但我国海关知识产权保护制度则不仅规定了在进口环节实施中止放行的措施，还在出口环节也规定了实施保护的措施，这一措施实施会对正处于发展阶段的国内产业带来一定的打击和伤害。

有学者认为当前，中国主要是使用知识产权而非创造知识产权，进口知识产权而非输出知识产权。这样的制度下可能产生的效果是，从政治上展示了我国负责任大国的形象，但在知识产权方面占垄断地位的发达国家看来，我国的知识产权海关保护措施对本国利益的保护作用没有考虑充分。

由于我国还处于社会主义初级阶段、科技文化水平相对比较落后，知识

---

① ［美］苏珊·K. 塞尔：《私权、公法——知识产权的全球化》，董刚、周超译，中国人民大学出版社 2008 年版，第 1 页。

② 吴汉东等著：《知识产权基本问题研究》，中国人民大学出版社 2005 年版，第 161 页。

产权制度应当首要考虑的是如何促进经济的发展，如何提升本国竞争力；知识产权的发展是一个从模仿到创造的过程，中国作为发展中国家，不可能一蹴而就地超越这一过程而实施与发达国家和地区同等的知识产权制度。因此在中国国情下，知识产权制度设计必须满足中国内在发展的需要，符合我国知识产权发展历史进程的规律。因此，我们的知识产权海关保护制度也同样需要因地制宜，建立起既符合 TRIPS 要求，又切合我国国家利益与自身发展实际需要的知识产权海关保护体系。

（二）海关行政公权介入超越了 TRIPS 设定的限度

我国知识产权海关保护制度的设定，以海关行政权为代表的公权力色彩过于浓厚，对知识产权权利人的私权处分没有给予足够尊重。

根据我国海关总署公布的统计数据，2015 年，中国海关共采取知识产权保护措施 2.5 万余次，实际扣留进出口侵权嫌疑货物 2.3 万余批，涉及货物 7000 余万件。其中海关依职权主动查扣的侵权嫌疑货物批次约占全年扣留批次总数的 99%，涉及货物 4500 余万件，约占扣留货物总量的 65%；海关依申请扣留侵权嫌疑货物 68 批次，但涉及货物较多，合计 2400 余万件，占扣留货物总量的 35%。在进口环节共查扣侵权嫌疑货物 753 批次，较 2014 年增长约 10%。在出口环节查扣的侵权嫌疑货物 2.2 万批次，占查扣批次总量的 96.76%，涉及货物 6944 万件，占侵权嫌疑货物总量的 99.53%。[①] 这样一边倒的统计数据，说明海关行政权力在出口环节的主动干预明显过度，海关行政权的介入在环节和模式方面都存在超越 TRIPS 规定的问题。

比如：（1）对进口环节的、依申请保护的、商标专用权以外的知识产权保护会因执法资源的过度消耗而弱化；（2）根据知识产权的地域性特点，商品是用于出口至境外的，并不在出口国内销售，不可能引起出口国的相关公

---

① "2015 年中国海关知识产权保护状况"，http：//www. customs. gov. cn/publish/portal0/ tab65602/info795 840. htm，访问日期：2016 年 5 月 24 日。

众混淆，是否侵权应由进口国根据本国法律进行判断，完全没有必要也不应当由出口国来判断。鉴于 TRIPS 并没有强制性的规定要求各国对出口环节的侵权行为进行查处，因此，发达国家知识产权边境执法中的出口环节少之又少，而日本则很少提及出口环节的执法；（3）海关在实施主动保护的过程中，应该充分考虑保护措施的适当性与合理性。我国海关应该建立以被动保护为主体的执法模式。事实上，发达国家如美国和日本的知识产权海关保护措施中，主动保护远远少于被动保护；（4）海关行政权强势介入带来的行政成本增加，会给权利人、贸易秩序的维护、社会发展带来更大的成本。事实上，知识产权的基本属性是私权，公权力介入实施知识产权的保护必须要关注到这一点。

（三）担保制度未彰显利益平衡原则

在 TRIPS 第 53 条的规定中，遵循知识产权海关保护措施对申请人和被申请人双方权利的平衡原则，就担保制度作了如下规定：知识产权权利人提出要求海关保护申请时，海关有权要求其提供担保，海关从保护被申请人和海关利益的需要出发可以要求权利人提供相当的保证金或与之相当的担保作为海关中止货物放行的条件。与之相协调，TRIPS 还规定：在一定条件下进出口货物的收货方和发货方，也可在提供一定数额保证金的条件下，要求海关放行被中止通关的货物。但 TRIPS 并没有就担保的方式和数额做出明确具体的规定。仅提出了确定担保金数额的基本原则，及足以保护被告和该主管当局、防止申请人滥用权利、足够保护知识产权权利持有人受到任何侵犯的数额，以及不得不合理地妨碍海关中止程序的采用等原则。[①]

我国知识产权海关保护担保制度的内容显见在《海关法》《海关保护条例》《实施办法》之中。《海关法》的第六章，对担保的种类、适用条件、可

---

① Trips 中文版，第 53 条规定。

作为担保的财产和权利作了总体性的规定。《海关保护条例》和《实施办法》则按照现行的知识产权边境执法中依申请保护和依职权保护两种模式就担保的具体适用作了规定。在依申请保护模式下，《实施办法》第 15 条规定：知识产权权利人请求海关扣留侵权嫌疑货物，应在海关规定的期限内向海关提供相当于货物价值的担保。而在依职权保护模式下，依据《实施办法》第 23 条的规定，权利人应当按照以下情形向海关提供担保：（1）货物价值不足人民币 2 万元的，提供相当于货物价值的担保；（2）货物价值为人民币 2 万至 20 万元的，提供相当于货物价值 50% 的担保，但担保金额不得少于人民币 2 万元；（3）货物价值超过人民币 20 万元的，提供人民币 10 万元的担保。知识产权权利人根据本办法第 22 条第 1 款第（1）项的规定请求海关扣留涉嫌侵犯商标专用权货物的，可以依据本办法第 24 条的规定向海关总署提供总担保。此外，还规定了反担保的情形，即对于进口商，涉嫌侵权货物的收货人和发货人认为其进出口货物未侵权的，可以向海关提供货物等值的担保金后，请求海关放行货物。

有学者指出，我国海关知识产权担保制度存在着担保形式不丰富、反担保适用范围过窄、总担保制度需要进一步细化等问题。[①] 比如，担保的形式除担保金外，还可以采用银行或非银行金融机构保函等方式。同时我国海关知识产权保护制度中的反担保制度仅限于涉嫌侵犯专利权等技术含量较高的知识产权货物，对于涉嫌侵犯商标专用权、著作权等货物不适用反担保。笔者认为对海关知识产权担保制度操作性影响比较大的问题主要是担保成本问题。要求知识产权权利人提供担保，主要用于赔偿可能因权利人申请不当给收货人、发货人造成的损失，以及支付货物由海关扣留后产生的仓储、保管和处置等费用。问题在于，我国海关知识产权担保制度，在依职权模式下，

---

① 余翔、李新江："强化执法力度——中国海关知识产权保护问题探析"，载《国际贸易》2003 年第 12 期；张红："我国知识产权海关保护制度与 Trips 协议"，载《中国发明与专利》2004 年第 9 期；辛炳辰："我国知识产权边境保护的担保制度"，载《江苏警官学院学报》2009 年第 2 期。

规定的不同限额充分考虑了担保设立的目的。而在依申请模式下，规定收取与货物等值的担保，则明显使知识产权权利人实现权利的成本过高。事实上，对于企业而言，资金周转是一个非常重要的问题，我国海关在实际执法中，严格要求收取足额担保金而导致知识产权权利人放弃权利的情况频频出现，严重抑制了知识产权权利人的维权积极性，也影响了海关依权利人申请保护模式的效率。因而，综合考量依职权和依申请两种模式下的担保制度，我国应该注重两种模式下对权利人承担义务的平衡。

（四）平行进口问题的法律规制缺位

在 TRIPS 第 6 条和第 28 条的规定中，对知识产权的平行进口和权利穷竭的问题做出了规定。从 TRIPS 第 6 条规定看，总体上首肯知识产权平行进口问题，同时将知识产权平行进口问题作为一个规范，交由各成员方根据自身的国情确定规制的具体规则。从 TRIPS 第 28 条看，TRIPS 要求知识产权之专利权的进口包括平行进口应受到第 6 条规定的限制，TRIPS 对专利的平行进口整体上持有否定的态度。① 但从 2001 年的多哈回合通过的《TRIPS 与公共健康宣言》第 5 条 d 款②的规定看，TRIPS 更倾向与支持平行进口，包括允许成员方在公共健康问题上利用平行进口，包括专利的平行进口来解决公共健康危机。

世界各国对平行进口行为是否适应海关保护采取的态度并不一致，美国海关条例则明确规定，对商标产品的平行进口，适用边境保护；而对版权商品的平行进口，不适用边境保护。③ 关于商标产品的平行进口适用海关保护

---

① 谭启平："论平行进口中的知识产权问题"，载《现代法学》2003 年第 8 期。

② 《TRIPS 与公共健康宣言》第 5 条 d 款明确规定："TRIPS 中与知识产权权利用尽"有关的条款的效力允许每一个成员自由地确立自己的权利用尽制度，只要不违背 TRIPS 所规定的最惠国待遇原则和国民待遇原则。

③ 董潇丽："TRIPS 下我国知识产权边境措施的完善"，载《南方论刊》2010 年第 10 期。

措施，从美国关税法第 526 条（国会后来将该条纳入了 1930 年关税法①）的规定看，若未经美国商标所有人的书面许可，禁止任何带有该商标的货物输入美国。若海关没有扣押，或者拒绝扣押，商标所有人还可以向法院提起诉讼，获得相应的法律救济，如销毁有关商品、除去有关商标、获得损害赔偿等。美国海关在海关规则中也具体规定相应的条款，以实施关税法第 526 条的规定。按照海关规则，未经美国商标所有人的同意，不得进口带有该商标的物品。同时，根据美国海关对关税法第 526 条的解释和美国最高法院对海关解释的判决，美国对商标产品存在适用海关允许商标产品平行进口的两个例外。一是外国的和美国的商标或商号为同一个个人或企业所有；二是外国的和本国的商标或商号的所有人是母子公司，或者从属于某一共同的所有人或控制者，即同一控制的例外。② 美国海关在实施同一控制的例外平行进口标准时，如共同所属或控制下使用标志的产品与在美国得到授权使用商标的产品无实质性差别允许进口，存在实质性差别则禁止进口。目前，一些细微差别也会被视为"实质性差别"而遭到禁止进口。但是美国海关在通关过程中对存在实质性差别的平行进口产品并不是采取绝对没收禁止进口货的执法方式，而是采取了一些能够消除对平行进口产品受美国海关法律保护的商标权的淡化或损害，以及消除消费者混淆的措施或标示。

在欧盟理事会 3295 /94 号条例（修订后的 241/99 号）中，欧盟将商标产品和版权产品的平行进口均明确排除在边境保护之外，这就意味着欧盟海关保护制度不适用于平行进口。③

在我国知识产权海关保护工作中也遇到了平行进口问题。但目前我国法

---

① 19 U. S. Code, section 1526.

② 李明德："美国商标法中的平行进口"，载《中华商标》2002 年第 7 期；李娟："美国商标平行进口法律评述及对我国的启示"，载《学术界》2011 年第 12 期。

③ 黄潇丽："TRIPS 下我国知识产权边境措施的完善"，载《南方论刊》2010 年第 10 期；余翔、李新江："强化执法力度——中国海关知识产权保护问题探析"，载《国际贸易》2003 年第 12 期。

律对知识产权的进出口环节平行进口问题没有做出明确的规定。使得海关在处理平行进口问题上相对比较被动。从法院判例上看，虽有个别此类判例认定商标侵权，但判决中亦未明确定性行为的性质，也不能认定是对平行进口行为的禁止。[①] 我国知识产权海关保护制度中，只对侵犯知识产权的行为提供保护，但对平行进口行为未作任何明确规定。同样，由于我国相关知识产权立法也未直接涉及平行进口问题，致使海关在知识产权保护工作中，对于认定商品平行进口是否侵犯了商标权显得于法无据。

二、我国知识产权海关保护制度完善

（一）降低海关主动实施出口保护的强度

从 TRIPS 对成员方知识产权边境保护的规定看，进口保护采用了强制性的"应该"，而对出口保护则采取的是选择性的"可以"。由此可见，成员方是否对出口进行保护可以自主选择，出于对本国国家利益的考量，美国、欧盟、日本等发达国家（区域）都只是对进口设置了严格的保护制度，而我国则采取了进出口都保护的高水平保护制度，并且从执法的结果来看，对出口保护的强度远远高于进口。2010 年我国海关查获的进出口侵权货物中出口货物占了 99.86%，而进口货物仅仅占到 0.14%。[②] 如前所述，到 2015 年，我国海关在出口环节查扣的侵权嫌疑货物 2.2 万批次，占查扣批次总量的

---

① 1999 年上海利华有限公司（原告）诉广州经济技术开发区商业进出口贸易公司（被告）侵犯"LUX"以及"LUX力士"商标独占使用权一案中，广州中院最终虽判被告败诉，但并非基于平行进口违法之理由，而是以被告无法证明其进口的"LUX"香皂来源于上述注册商标人（荷兰利华）或其为合法被许可人为由，将这些产品视为冒牌货，而判决被告败诉。

② 海关总署政策法规司："2010 年中国海关知识产权保护状况"，http：//www. customs. gov. cn/publish/ portal0/tab2559，访问日期：2011 年 11 月 12 日。

96.76%，而进口环节共查扣侵权嫌疑货物 753 批次，进口货物仅占 3.26%。^①可以看出，如此高强度的出口保护展示了中国负责任大国的形象，但是却在一定程度上影响和制约了本国企业的发展，挤占了大量海关行政资源，不利于保护本国的利益。

鉴于当前中国俨然已经成为"世界工厂"，无论是从政治上还是经济上，对出口进行保护有一定的必要性，但是在保护的强度上应该有所降低，可以对出口环节进行有选择性的保护。一方面在知识产权海关保护的制度中关于保护范围的表述上对进口保护采取强制性的"应该"而对出口加以区别采取选择性的"可以"；另一方面，对哪些出口产品需要进行保护应该根据目前我国经济发展的水平和出口现状在相关的制度规定中进行比如列举式的规定。这样做不但可以履行 TRIPS 规定的义务，展示我国负责任的大国形象，还可以维护我国出口企业的利益，明确海关执法的重点，减少不必要的执法资源浪费。

我国应当适度降低出口保护的强度，在知识产权海关执法实践中，突出依申请的保护，弱化依职权的保护；并在出口保护中，注意突出重点，将有限的海关监管资源放在查控社会危害性更为明显、主观恶意更为突出的侵权上；同时加强理论研究，对法律规定尚不明确的，如定牌加工、平行出口问题，适当放宽查缉力度。

（二）遵循公权有限介入原则

TRIPS、《专利合作条约》《商标国际注册马德里协定》等国际条约都对公权介入原则作了一定的规定，值得我们关注。如 TRIPS 规定了公权介入的原则：即为了减少国际贸易的扭曲和阻碍，促进对知识产权的有效和充分保护，并使这些措施和程序本身不成为合法贸易的障碍，明确了公权介入必须

---

① "2015 年中国海关知识产权保护状况"，http：//www. customs. gov. cn/publish/portal0/tab65602/info795840. htm，访问日期：2016 年 5 月 28 日。

是有限制的。知识产权作为私权利，海关使用公权力予以保护，其法理的来源是侵权产品对社会公共利益的损害。在世界海关组织《知识产权边境保护示范法》中也对边境保护制度的作用和角色作了更明确的规定，即知识产权的持有人对采取措施保护其权利负有主要责任，也就是说公权的介入应当是一种协助的作用，即知识产权海关保护这一公权介入应遵循公权有限介入原则。

对作为公权的海关知识产权保护措施，发达国家的做法基本一致，如美国的知识产权海关保护制度始终坚持"救济"理念，注重发挥权利人的主导作用；如日本绝大多数海关中止放行申请放行都是基于本国权利人的申请启动。①

笔者认为，我国知识产权海关保护中公权力的介入，应该体现为一种补充性的介入，即知识产权的海关保护，主要基于权利人的申请而发起，对于确有必要的，再实施依职权的保护。对于出口环节依职权保护过于集中的问题，可以考虑修订《海关保护条例》和《实施办法》的规定，回归 TRIPS 第58 条规定的原则，即若成员方要求主管当局主动采取行动，中止放行其已获得无可争辩的证据证明知识产权正在受到侵犯的货物……之规定，将依职权保护模式的启动条件，限定在无可争辩的证据证明上。当然，世界贸易组织各成员方对这一规定的理解并不一致，欧盟的知识产权海关保护制度中只要求"有侵权的嫌疑"，而欧盟中的德国就更为严格，扣留的前提是"有明显的侵权"。鉴于我国依职权保护带来公权力的极度倾斜，因此，应对我国海关依职权保护的门槛再行提高。有学者建议，应首先取消海关在专利权边境保护中依职权主动扣留权，对于专利权边境保护，应只赋予海关依申请被动扣留权。②

---

① 何力：《日本海关法原理与制度》，法律出版社 2010 年版，第 219 页。
② 余翔、李新江："强化执法力度——中国海关知识产权保护问题探析"，载《国际贸易》2003 年第 12 期。

在知识产权海关保护的执法实践中，鉴于知识产权的私权属性，我国海关知识产权法律制度，应立足于引导知识产权权利人申请主张权利，进而采用知识产权海关保护制止侵权。明确海关行政权力的介入应该主要针对有无可争辩的证据证明知识产权正在受到侵犯的行为，以及严重侵害社会公共利益和威胁国家利益的行为，对一般的货物贸易知识产权海关保护则应为一种补充性的介入。修订《实施办法》第 21 条的规定，将"海关有理由认为货物涉嫌侵犯在海关总署备案的知识产权的规定"进一步细化，确定适当的、细密的证据标准，明确证据规范的要求，使得海关知识产权保护措施这一公权介入的目标与知识产权制度的品性相匹配，体现海关知识产权保护度设定的价值目标。

（三）合理确定海关知识产权担保金额，平衡两种保护模式下权利人的利益

海关在依权利人申请采取知识产权保护措施，要求当事人通过担保时，应注重知识产权权利人与义务人利益平衡原则，不应加重知识产权权利人的义务。日本的知识产权海关保护制度中，对于担保制度的规定比较详细，制度设计中充分考虑到了不同种类商品的特性，如鲜活商品因为海关扣留而造成的损失；但总体来看，日本对于担保的费用总体是比较低的，只有货值的20%。[①] 在美国，申请有关商标的海关知识产权保护，申请人无须提供担保，便利了商标权权利人主动申请知识产权的海关保护。这种规定相对较低担保金额的措施，合理地降低了知识产权权利人实现权利的成本。

在我国，知识产权边境保护担保的主要目的在于，赔偿可能因知识产权权利人申请不当给收货人、发货人造成的损失，以及支付货物由海关扣留后产生的仓储、保管和处置等费用。

---

① 何力：《日本海关法原理与制度》，法律出版社 2010 年版，第 219 页。

对担保金额的设定应该充分考虑上述目的，具体建议如下：

（1）取消依职权保护和依申请保护模式担保金额的差别。在依申请保护模式下，收取的担保金额也应设置合理的限额，便于权利人充分行使权利，也实现与依职权保护模式的对等和利益平衡。因为这两种模式只是启动海关知识产权保护的起因不同，二者海关知识产权保护的本质的一样的。因此，依申请进行保护时，不应让权利人承担过重的义务。

（2）应按照拥有知识产权产品的市场价值来确定担保金额。我国海关根据《实施办法》规定，计算担保额度，实际上是按照涉嫌侵权的货物申报价值，往往偏低。如海关进行估价，权利人又会因数额太高根本无法提交担保金而放弃保护。因此，应当考虑将担保金额的计算按照真品（及拥有知识产权的商品）的市场价值或成交价格进行认定，同时应设定一个合理限额，既不能过低，也不至于让知识产权权利人因无法承担担保金而放弃对权利的保护。

可以考虑的方案是，在我国知识产权海关保护的担保制度中，实行依职权保护模式与依申请保护模式的统一，即统一采用《实施办法》第 23 条之规定，以期平衡依职权保护模式与依申请保护模式中，各方当事人的利益，以确保知识产权权利人主张权利的可行性和现实性。

（四）从知识产权法和海关知识产权保护两个界面完善有关平行进口法律制度

我国《商标法》和《著作权法》没有对平行进口问题做出规定，而《专利法》第 11 条及第 69 条第 1 款尽管涉及了专利权人的进口权和权利穷竭问题，但并未明确我国是遵循国内穷竭抑或国际穷竭原则。笔者认为，可以考虑修订相关知识产权立法，允许知识产权领域平行进口。比如，可以考虑在我国《商标法》中规定，商标权国际用尽原则和"对等互惠原则"。即在商标法中明确允许商标平行进口，但对那些不允许我国商标产品平行进口的国家，我国也采取对等原则，不允许其商标产品进口到我国。随着贸易自由化的进一步发展，实施商标权国际用尽原则，对于促进我国国际贸易发展利大于弊，也有利于市场资源的优化配置，促进经济要素的自由流动，推动经济的发展。

同时借鉴美国的做法，对平行进口进行合理的限制。引入"实质性差异原则"，即使平行进口商品与授权商品在质量、包装上有实质改变，从而影响了商标权人及其被许可人的商誉和消费者利益，并很可能引起消费者混淆的；同时结合反不正当竞争法和反垄断法对平行进口中"搭便车"行为，虚假宣传和混淆行为和垄断行为进行限制和规制，通过知识产权法、反不正当竞争法和反垄断法，综合措施，灵活务实地解决知识产权产品平行进口问题。

在相关法律完善前，有学者建议，为解决海关知识产权边境保护中平行进口执法真空，在当前我国有关知识产权法对平行进口的合法性仍未有明确规定的情况下，应参照欧盟海关的做法，在《保护条例》中明确规定边境保护制度不适用于平行进口，以免给海关违法行政和知识产权人滥用权利留下隐患。①

笔者以为，结合当前国家利益与我国经济发展水平，对平行进口问题可以分类处理。对自主品牌的商标权，从保护民族品牌，充分利用内需的视角看，应当要禁止平行进口；而对专利权，从国家保护、利用发明创造，鼓励创新的角度看，应当从严控制；对于著作权领域，从丰富人民文化精神生活，引进更多国外优秀文化成果的角度看，可以允许平行进口。诚如有学者指出的，为适应国际立法新趋势，并避免与有关国家的贸易摩擦，我国有必要赋予版权人以进口权。②

---

① 余翔、李新江："强化执法力度——中国海关知识产权保护问题探析"，载《国际贸易》2003 年第 12 期。

② 谭启平："论平行进口中的知识产权问题"，载《现代法学》2003 年第 8 期。

三、结　论

从我国的知识产权海关保护制度的发展历程看，我国始终因受到外界压力的影响而过于强调保护。从 1992 年中美次知识产权谈判中签署的《中美关于保护知识产权的谅解备忘录》到 TRIPS 协定后，我国知识产权海关保护法律制度的构建始终关注保护的全面性和有效性，相应的从执法层面看，我国海关将知识产权保护的着力点放在打击侵权之上，这种海关知识产权保护措施的价值取向的失衡，映射出我国海关知识产权保护存在着保护模式与保护的环节都出现了与 TRIPS 中相同的基本义务向过于严厉方向倾斜的问题，忽视了海关知识产权保护制度构建的适当性，和对本国知识产权利益考量不够充分的问题。相应的，海关行政公权介入作为私权的知识产权领域存在干预过度的弊端，海关知识产权措施的担保未能合理平衡依职权保护和依知识产权权利人申请保护两种模式，当事人的权利和义务、知识产权的平行进口在我国缺乏必要的法律制度进行规制。

TRIPS 第 7 条已然明确，知识产权的保护和执法应当有助于技术创新以及技术转让和传播，有助于技术知识的创造者与使用者以增进社会和经济福利的方式相互收益，以及有助于权利和义务平衡。因此，我国海关知识产权保护制度的构建目标应是，在激励知识的生产、利用、传播，合理平衡知识产权人的利益和社会公众的整体利益的同时，实现促进我国科技创新能力和知识产权发展的目标。基于上述价值目标，我国海关知识产权保护制度可以尝试从以下几方面进一步完善：（1）降低海关主动实施出口保护的强度；（2）遵循公权有限介入原则；（3）合理确定海关知识产权担保金额，平衡两种保护模式下权利人的利益；（4）从知识产权法和海关知识产权保护两个界面，完善有关平行进口法律制度。

重新认识"超 TRIPS"义务与中国利益：以中国自由贸易协定晚近动态为视角[*]

刘 彬[**]

摘 要： 后 TRIPS 时代美欧强势推行"超 TRIPS"知识产权规则，国内外学界一直多持批判态度。然而，中国新近越来越呈现出对超 TRIPS 义务的逐步接受趋势，突出体现于与若干较发达国家间缔结的自由贸易协定的知识产权专章中，在所纳入的知识产权公约、权利保护类型、邻接权保护标准、电子和数字技术应用、执行措施等方面尤为显著。全球技术进步和中国实力的崛起等一系列动因导致了中国态度的上述嬗变，同时中国现阶段接受超 TRIPS 义务仍应警惕上限。总体而论，在当今国内重视创新驱动、对外推行一带一路战略的新形势下，中国对超 TRIPS 规则不宜简单排斥，而应具体鉴别，为我所用，以加强国际经贸规则的中国话语权。

关键词： "超 TRIPS"义务；自由贸易协定；技术进步；发展中大国；规则话语权

自中国加入世界贸易组织（WTO）以来，随着对《与贸易有关的知识产

---

* 本文为作者主持的国家社科基金项目"中国 FTA 范式研究"（13CFX117）的阶段性成果。
** 刘彬，西南政法大学国际法学院副教授，法学博士。

权协定》（以下简称 TRIPS）的接受，通过由外至内的途径使国内知识产权保护水平实现了一大飞跃。"入世" 15 年来，中国面临着美国等发达成员的持续压力，在履行 TRIPS 义务方面遭遇了若干重大挑战。[①] 更严峻的现实是，后 TRIPS 时代美欧等又通过双边、诸边谈判，在全球不断推行超出 TRIPS 水平的更高保护标准（TRIPS‑plus，以下简称"超 TRIPS"），给众多发展中国家继续施压，招致广泛质疑。然而，近年若干动态表明，随着中国国家实力的崛起及其国际经贸活动的实际需要，对于超 TRIPS 义务与中国利益的关系有必要摆脱观念桎梏，作一番重新审视。

一、"超 TRIPS 义务"的兴起及学界批判

（一）美欧在后 TRIPS 时代对"超 TRIPS 义务"的强势推动

众所周知，TRIPS 本身即是美欧等大力推动的产物，其制度框架、保护水准等各方面都带有强烈的发达成员利益和意志的烙印。许多发展中国家在被动接受 TRIPS 后发现其诸多不切实际之处，引发了该协定是否有利于自身经济社会发展[②]，以及如何弹性履行协定义务的热烈讨论。[③] 然而，TRIPS 在美欧眼中不过是一个最低标准，仅停留在这个水平上并不能满足它们全球经贸利益的维护需要，因此在后 TRIPS 时代美欧通过种种手段进一步推行超

---

① 典型者是中国被美国贸易代表办公室"特别301报告"持续列入重点观察名单，以及2007～2009 年 WTO 中美知识产权纠纷案。

② William Pretorius, TRIPS and the Developing Countries – How Level is the Playing Field? International Intellectual Property Law & Policy, Vol. 7, 2002, pp. 80‑1‑80‑10; John E. Giust, Noncompliance with TRIPS by Developed and Developing Countries: Is TRIPS Working? Indiana International & Comparative Law Review, Vol. 8, 1997, pp. 69‑98.

③ Ruth L. Okediji, TRIPS and its Methods: the Resilience of Developing Country Implementation of Intellectual Property Norms, in Daniel J Gervais eds. , Intellectual Property, Trade and Development : Strategies to optimize Economic Development in a TRIPS – Plus Era, Oxford University Press, 2014, pp. 241‑255.

TRIPS 标准。

由于 WTO 迄今成员已达 163 个，其中绝大多数为发展中成员，美欧欲通过 WTO 多边途径实现超 TRIPS 义务突破已经十分困难，从而区域性或诸边谈判成为它们的主要手段，便于对其他国家分而治之。其中，双边自由贸易协定（FTA）成为最主流的工具。例如，美国自北美自由贸易协定首先纳入高水准知识产权章以来，近年又与智利、摩洛哥、韩国、新加坡、澳大利亚、中美洲诸国分别缔结了 FTA，其中均包含全方位超越 TRIPS 标准的知识产权章。对于美国，其重要动机之一在于维护国内医药产业的利益，达到原本打算通过 TRIPS 达到但并未如愿的保护目的①；欧盟近年来与韩国、新加坡、智利、秘鲁、哥伦比亚缔结了 FTA，与加勒比诸国、南部非洲发展共同体（SADC）等缔结了类似于 FTA 的联系协定，均在不同程度上涉及知识产权保护，其中亦不乏超 TRIPS 规则，对于地理标志保护尤其关注。

总体来看，美国比欧盟更加强势，在各个 FTA 中不但都纳入知识产权专章，且该章的具体结构安排都呈现定型化、范本化趋向，各部分的保护标准几乎全方位超越 TRIPS。② 有学者分析了美国 FTA 超 TRIPS 规则的立法动力，指出尽管美国 FTA 知识产权规则并非一成不变，保护水平也非简单线性增长，但其追求超 TRIPS 的大方向和本质不会改变。③ 在诸边层面，美国引导了《反假冒贸易协定》（ACTA）的谈判。虽然近年来因欧盟在部分问题上的阻力，ACTA 渐渐偃旗息鼓，但仍然不失为超 TRIPS 立法的一次显著实

---

① Matthew E. Silverman, Case for Flexible Intellectual Property Protections in the Trans - Pacific Partnership, Journal of Law and Health, Vol. 27, Iss. 2, 2014, p. 218.

② 欧盟有个别 FTA，例如与约旦的联系协定，只包含了温和的知识产权条款。Mohammed El Said, Morning after TRIPS - Plus, FTAs, and Wikileaks Fresh Insights on the Implementation and Enforcement of IP Protection in Developing Countries, American University International Law Review, Vol. 28, Iss. 1, 2012, p. 100.

③ 杨静：《自由贸易协定知识产权条款研究》，法律出版社 2013 年版，第 47～58 页。

践，一度引起学界大量关注。① 在区域层面，美国带领其他 11 个亚太国家出台了《跨太平洋伙伴关系协议》（TPP），其知识产权章虽然因为成员众多，未能一贯体现美式规则的超稳定结构，但其中所包含的具体保护标准依然明显呈现出超 TRIPS 的本质。②

（二）国内外学界对"超 TRIPS 义务"的批判倾向

对于美欧所引领的超 TRIPS 造法态势，中国学者大多秉持质疑或批判态度，认为其系发达成员一己私利的强加产物，对于发展中国家的经贸利益、人权事业、文化多样性等方面均产生了明显消极影响，发展中国家必须慎重对待这一挑战，不应盲从发达国家。这方面的法学文献极其丰富。③ 在中东的约旦、阿曼等与美国已缔结 FTA 的中小国家，当地学者们也多有异议，④甚至美欧内部也有人持类似观点。⑤ 在国际关系理论界，也有学者指出：发

---

① 詹映："《反假冒贸易协定》（ACTA）的最新进展与未来走向"，载《国际经贸探索》2014年第 4 期；陈福利："《反假冒贸易协定》述评"，载《知识产权》2010 年第 5 期；杨鸿："《反假冒贸易协定》的知识产权执法规则研究"，载《法商研究》2011 年第 6 期；Michael Blakeney, Covert International Intellectual Property Legislation: the Ignoble Origins of the Anti – Counterfeiting Trade Agreement (ACTA), Michigan State University Journal of International Law, Vol. 21, No. 1, 2013, pp. 87 – 114; D. Matthews and P. ? ikovská, The Rise and Fall of the Anti – Counterfeiting Trade Agreement (ACTA): Lessons for the European Union, International Review of Intellectual Property and Competition Law, Volume 44, Issue 6, 2013, pp. 626 – 655.

② The official website of the USTR: https://medium.com/the – trans – pacific – partnership/intellectual – property – 3479efdc7adf#.8boi9p814, last visited on Dec. 10, 2015.

③ 知识产权法学界典型文献例见吴汉东、郭寿康主编：《知识产权制度国际化问题研究》，北京大学出版社 2010 年版。国际经济法学界典型文献例见杨静著：《自由贸易协定知识产权条款研究》，法律出版社 2013 年版。

④ Ferris K. Nesheiwat, Adoption of Intellectual Property Standards beyond TRIPS – Is It a Misguided Legal and Economic Obsession by Developing Countries, Loyola of Los Angeles International and Comparative Law Review, Vol. 32, Iss. 3, 2010, pp. 361 – 394; Mohammed El Said, Surpassing Checks, Overriding Balances and Diminishing Flexibilities – FTA – IPRs Plus Bilateral Trade Agreements_ From Jordan to Oman, Journal of World Investment & Trade, Vol. 8, Iss. 2, 2007, pp. 243 – 268.

⑤ Christine Haight Farley, Trips – Plus Trade and Investment Agreements Why More May Be less for Economic Development, University of Pennsylvania Journal of International Law, Vol. 35, Iss. 4, 2014, pp. 1061 – 1072; Anselm Kamperman Sanders, Intellectual Property, Free Trade Agreements and Economic Development, Georgia State University Law Review, Vol. 23, Iss. 4, 2007, pp. 893 – 912.

展中国家并非刻意排斥开放、自由的国际经济秩序，相反持有相当程度的认同，但它们要求这种秩序不对其国内目标造成过度的负面影响，希望在利用开放自由的国际经济体系的同时，维持国内社会经济的稳定和良性发展。①

显然，传统学术批判从道义角度看均十分中肯，但都包含着一个重要立论前提：中国及其他发展中国家目前还比较落后，因此应选择与自身发展阶段相适应的知识产权保护水准。

二、"超 TRIPS 义务"在中国自由贸易协定中的晚近发展

显然，要选择与自身发展阶段相适应的知识产权保护水准，这一论断十分正确。但是，近年来国内外形势变化较快，中国的经济与社会正在发生巨大变化。从中国近年的国际经济法实践来看，对知识产权保护水准的观念认识也已经不同往昔，超 TRIPS 义务也同样水涨船高。典型领域也同样体现在中国 FTA 的知识产权条款。

（一）知识产权议题在中国 FTA 中的地位提升

中国在"入世"以后逐渐走上了多边与区域并行、推动区域经贸合作的道路，继与港澳特区之间的更紧密经贸伙伴关系安排（CEPA）之后，第一个对外 FTA 在 2005 年与智利达成，中智 FTA 仅包含了 3 条关于知识产权保护的简单内容，没有设置知识产权专章。其后，中国又相继与巴基斯坦、东盟 10 国、新加坡等达成 FTA，但这些 FTA 均不包含专门的知识产权条款，仅涉及贸易和投资等传统议题。这一时期的缔约伙伴几乎都是发展中国家。以上迹象表明，当时各个谈判对象国对中国施加的知识产权议题压力不大，该议题尚未在中国 FTA 谈判中引起重视，可视为第一阶段。

---

① 孙伊然："发展中国家对抗内嵌的自由主义？"载《外交评论》2012 年第 5 期，第 104 页。

第二阶段始于 2008 年中国与新西兰的 FTA，首次设置了知识产权专章，但内容多为泛泛的软性条款或宣示性声明，或重申双方在 TRIPS 等公约下的权利和义务，没有任何超越 TRIPS 的实质内容。之后数年，中国又与秘鲁、哥斯达黎加、冰岛缔结 FTA，对知识产权议题的处理方式与上述中新 FTA 几乎相同。这一阶段表明，中国 FTA 谈判对象国仍以发展中国家为主，但发达国家也逐渐出现。中国在 FTA 谈判中已经开始重视知识产权议题，但并不打算做出实质性的超 TRIPS 专门约定，知识产权章仅处于象征性层面上。

第三阶段是以 2013 年中国与瑞士的 FTA 为标志，不但设置知识产权专章，且该章体系极为完整，覆盖了目标与原则、与现有国际公约的关系、权利用尽问题、知识产权各领域实体制度、执行措施、机构设置等各个方面；内容上新增了大量明确、具体的保护条款，其中很多都是具有强制约束力的硬性条款，虽然有些条款跟 TRIPS 规定基本吻合，但也同时出现了数量颇多的超越 TRIPS 保护水平或其内容为 TRIPS 所空白的专门约定，即超 TRIPS 条款。之后，中国又与韩国、澳大利亚先后达成 FTA，对知识产权议题的处理呈现出与上述中瑞 FTA 相同的特征。显然，这三个谈判对象国都是发展程度较高的发达国家或至少是新兴工业化国家，对知识产权保护的要求相当高。这一阶段表明，中国对外 FTA 谈判逐渐接触到了越来越多的高水平发展阶段的对象国，其磋商过程不可避免要涉及高水平的知识产权保护，该议题在谈判中的地位空前提升，并且仅停留在 TRIPS 水平上的保护标准已不能适应形势发展的需要。这是非常引人注目的重大变化。

另外值得一提的是，除知识产权章之外，中国各个 FTA 的投资章也部分涉及知识产权保护。因为中国 FTA 投资章往往是对中国双边投资协定的文本移植，其投资定义的范围通常包含了知识产权。例如，中韩 FTA 投资章对投资的定义中包含了"知识产权"，并指出其包括著作权及相关权利、专利权，以及与实用新型、商标、工业设计、集成电路布图设计、植物新品种、商号、产地标志、地理标志及未披露信息相关的权利。① 其中，实用新型、植物新品种、商号、产地标志就是 TRIPS 没有强制要求保护的权利类型，这也是超 TRIPS 标准的体现。且中国 FTA 投资章通常都设置了外国投资者与东道国之间法律争端的仲裁解决机制，这无疑为知识产权保护又额外加了一层强化。

（二）中国近年自由贸易协定知识产权章的超 TRIPS 义务分析

如前所述，中瑞、中澳、中韩 FTA 知识产权章确立了相当多的超 TRIPS 义务，对其进行系统分析，无疑有助于深化对中国目前处理这一挑战的认识。其中有不少条款在传统学术立场中是被批判的，不能不引起我们的高度关注。考察三大 FTA 知识产权章，超 TRIPS 条款主要可归纳为以下几方面：

1. 明确纳入超出 TRIPS 范围的知识产权国际公约

三大 FTA 所纳入的著名知识产权国际公约大体包括：TRIPS、《保护工业产权的巴黎公约》（即《巴黎公约》）《保护文学艺术作品伯尔尼公约》（即《伯尔尼公约》）《专利合作条约》《国际承认用于专利程序的微生物保存布达佩斯公约》《商标注册用商品和服务国际分类尼斯协定》《商标国际注册马德里协定议定书》《世界知识产权组织表演和录音制品条约》（WPPT）《世界知识产权组织版权条约》（WCT）《保护录音制品制作者防止未经许可复制其录音制品公约》《植物新品种保护国际公约》（即 UPOV 公约）《建立世界知识产权组织公约》等。中瑞 FTA 还专门提到双方应"尽所有合理努力"批准或加入最新的《视听表演北京条约》。其中，WPPT、WCT 是典型的数字时代产物，明显超越 TRIPS；UPOV 虽然出台时间早于 TRIPS，但 TRIPS 并没有对植物新品种保护形式作强制要求；《视听表演北京条约》纳入了视听制品载体、信息网络传播权和民间文艺权利等内容，更是体现新时代数字条件和发展中国家利益的晚近立法成果，同样为 TRIPS 所不及。

① 参见中韩 FTA 投资章第12.1条。

2. 知识产权保护类型有一定扩大

中韩 FTA 将实用新型纳入保护的权利类型，这与 TRIPS 明显不同。因为 TRIPS 保护的权利类型中只有专利和工业品外观设计，没有实用新型，这是由于世界上许多国家并没有专门的实用新型保护制度。[①] 但中国专利法确立的专利权范围囊括了发明、外观设计和实用新型。中韩 FTA 之所以这样规定是由于两国国内法均建立了有效的实用新型保护制度。中瑞 FTA 第 11.2 条基本继承了 TRIPS 关于知识产权保护类型的界定，但脚注 18 规定瑞士的原产地名称（appellations of origin）可被当作地理标志在中国得到保护，脚注 19 指出瑞士认为货源标记（indications of source）也属于这里的知识产权定义范围内。在中国一般认为，原产地名称、货源标记并不等同于地理标志的概念。[②] 这里的规定反映出地理标志资源丰富的欧洲国家之利益关切。

3. 邻接权保护水准有所提高

此点突出体现在中瑞 FTA 中，其第 11.3 条第 2 款规定双方应努力批准或加入《视听表演北京条约》。该公约于 2012 年在北京签署，已经为中国在 2014 年批准。中瑞 FTA 这一规定显然系针对瑞士而作。但即便瑞士尚未批准，中瑞 FTA 接下来在第 11.6 条中的大量条文中，业已明确将表演者的权利扩大到"视听表演"，即录音制品和录像制品（或音像制品）所固定的表演。过去 TRIPS 以及《罗马公约》、WPPT 虽然也对表演者权利提供保护，但其仅针对录音制品（音频形式的固定）提供保护，而不涉及录像制品（包含视频形式的固定）。[③] 且《北京条约》的"表演者"概念并不局限于普通作品的表演者，更扩大至民间文学艺术的表演者。[④] 这显然体现了中国等发

[①] 郑成思：《WTO 知识产权协议逐条讲解》，中国方正出版社 2001 年版，第 98 页。

[②] 张国华："地理标志等易混概念的比较研究"，载 http://www. lichangqi. net/wz/wz. asp? id＝637，访问日期：2016 年 1 月 2 日。

[③] 王迁："《视听表演北京条约》争议问题及对我国国际义务的影响"，载《法学》2012 年第 10 期。

[④] 参见《视听表演北京条约》第 2 条。

展中国家的利益诉求。

在广播组织邻接权的保护期限上，中韩 FTA15.6 条第 3 款规定广播节目的保护期不得少于其首次播出之日起 50 年，这明显属于超 TRIPS 义务。首先 TRIPS 第 14 条对广播组织权并没有作强制性保护要求，对于未专门保护广播组织邻接权的成员这就是超 TRIPS 义务，当然对于中国不是。即便国内法已经有保护，TRIPS 第 14 条第 5 款也只是规定了 20 年的保护期。中瑞 FTA 第 11.6 条第 10 款同样也规定了 50 年的保护期。

4. 电子技术、数字技术的发展得到明显体现

这一点是 TRIPS 的缺憾，中国 FTA 作了有效弥补。典型者主要有：

中韩 FTA 第 15.8 条旨在制止故意规避技术措施的行为，技术措施是指为禁止或限制未经国内法上版权和邻接权权利人授权的行为而设计的技术设备或零件，包括阻止或限制访问互联网上作品的访问控制措施。第 15.9 条旨在保护版权和邻接权的电子权利管理信息，权利管理信息是指权利人提供的任何识别作品、表演或录音制品、作者或任何其他权利人的信息，或有关作品、表演或录音制品使用条件的信息，以及代表此种信息的任何数字或代码。中韩 FTA 在第 15.2 条"总则"关于"知识产权保护"的概念界定中指出，除有关知识产权之可获得性、取得、范围、维护和实施、使用等事项外，根据第 15.8 条禁止规避有效技术措施、根据第 15.9 条保护电子权利管理信息也在"保护"的范围内。

中韩 FTA 第 15.14 条"商标注册和申请"规定，驳回当事人商标注册申请的书面通知可以是电子文本，商标异议或撤销程序的书面决定也可以是电子文本。缔约方应提供商标的电子申请、处理、注册及维持机制，以及向公众公开的有关商标申请和注册的电子数据库（包括在线数据库）。这一规定精神在中澳 FTA 知识产权章第 6 条、第 9 条中也有体现，且范围不限于商标权事项，扩大到协定所保护的各种知识产权。

另外，中韩 FTA 第 15.28 条专门提及反网络版权重复侵权的措施，第

15.29 条规定网络服务提供商有义务向版权人及相关机构迅速提供其所掌握的识别被控侵权人的信息。中澳 FTA 知识产权章第 20 条规定，网络服务提供商在已经采取措施防止用户访问侵犯版权的资料的前提下，在其用户仍因使用其服务或设施而发生版权侵权时，其侵权责任可以得到限制；其第 11 条则是关于发明专利申请应通过互联网"18 个月后公布"的要求。可以说，上述关于电子和数字技术应用的规定在中国 FTA 知识产权条款中已成为大势所趋。

5. 执行措施较 TRIPS 有所细化

执行措施（enforcement）是 TRIPS 一个重要部分，规定了实施知识产权保护的程序性条款。中国 FTA 知识产权条款效仿 TRIPS 的基本结构，在总则和基本原则、各种知识产权的效力和范围之外，同样设置了执行（或称"实施""执法"）条款。TRIPS 的执行措施分为一般义务、民事与行政程序及救济、临时措施、边境措施、刑事程序五个部分，中国 FTA 知识产权章在执行条款的结构上也基本按照这个编排，但具体规定有所细化。

中韩 FTA 知识产权章第 15.24 条系关于民事和行政程序，其第 5 款明确了在涉及版权及邻接权、商标权的侵权案件民事司法程序中，司法机关应享有对被控侵权货物和相关生产材料和工具的扣押权。这一款对应于 TRIPS 第三部分第 2 节，但 TRIPS 中的扣押权并没有明确体现出来。该条第 6 款还规定，经民事程序中权利人的请求，司法机关在适当情况下应当销毁已被认定侵权的货物。中瑞 FTA11.19 条在民事程序方面亦有关于司法机关"可在权利人的请求下"对侵权货物及侵权材料工具采取合理措施的规定。FTA 此一规定显然扩大了权利人的选择自由度。① 此外，中韩 FTA 该条第 8 款规定，若民事程序当事人或其代理人违反了关于保护诉讼中机密信息的司法命令，司法机关有权采取制裁措施；第 9 款还规定缔约方可以允许当事方采用替代

---

① TRIPS 第 46 条的原文既未明确司法机关的扣押权，亦无征求权利人意见的规定。

性争议解决程序（ADR）解决纠纷，这完全符合中国企业解决涉外知识产权纠纷的现实需要。① 上述规定均为 TRIPS 所无。

"边境措施"是执行程序的重要组成部分，中国 FTA 同样也较 TRIPS 有所发展。中韩第 15.26 条第 1~2 款在 TRIPS 于普通关境有关规定的基础上，增加了在自由贸易园区（free trade zone）进口、出口、转运、存放以及在保税仓库存放侵权货物亦可适用边境措施规定的新内容。这无疑与近年来中国正在积极推进上海等地自由贸易试验区的动态息息相关。而且更值得注意的是，该条脚注 11 专门界定了"侵权"的范围，指出这里的侵权货物不仅包括假冒商标货物和盗版货物，且根据缔约方法律法规，还可包括侵犯专利权、植物多样性、已注册的外观设计或地理标志权利的货物。② 相比之下，TRIPS 第 51 条只规定了对盗版或假冒商标的进口货物的强制性义务，而对于侵犯其他知识产权的货物以及意图从本国出口的货物，该条只规定了选择性义务。中瑞 FTA 知识产权章涉及边境措施的第 11.16 条第 1 款与中韩 FTA 类似，也规定了强制性义务要求，同样适用于出口行为。但这些对中国并无不利影响，因为中国知识产权边境措施制度本就对货物进出口实行双向保护。③ 中澳 FTA 关于边境措施的第 22 条第 4 款也有类似强制性要求。

中瑞 FTA 知识产权章第 11.16 条还有若干独特条款。其第 2 款规定，当主管部门有正当理由怀疑进出口货物侵权时，缔约方应当允许主管部门依职

① 刘晓红、李晓玲主编：《知识产权国际纠纷的非诉讼解决研究》，法律出版社 2010 年版，第 223 页。

② 须特别提及，这里扩大边境措施所保护的权利范围，与欧盟近年来有关立场十分相似，仅仅是具体权利类型有别而已。最近有国内学者明确提出批评，认为措施适用对象范围扩大是一种值得质疑的超 TRIPS 现象，以上参见杨鸿："贸易区域化中知识产权边境执法措施新问题及其应对"，载《环球法律评论》2016 年第 1 期。但是，既然中瑞 FTA 已作了这样的规定，那么中国为何接受这种与传统批判相反的实践，不能不引起我们的思考。

③ 毛金生等著：《国际知识产权执法新动态研究》，知识产权出版社 2013 年版，第 55 页。

权主动采取中止放行措施。^① 这对应于 TRIPS 第 58 条，但 TRIPS 原文没有规定强制性义务，中瑞 FTA 则明确为强制性。第 4 款规定，缔约双方没有义务将上述中止放行程序适用于因权利人同意而投放到他国市场的货物的自由流通中。对照 TRIPS 第 51 条，可看出两者规定有明显区别。第 5 款规定了采取中止放行措施的情况下主管机关应当赋予权利人关于侵权情况的"获得信息权"。但在 TRIPS 第 57 条中，采取这个行为的前提须是侵权已有定论，中瑞 FTA 显然保护要求更高。第 7 款规定，如果主管部门在边境措施中已经做出货物侵权裁定，则缔约方应提供程序使权利人能够追偿其行使权利已经产生的成本和开支以及本条规定的其他救济措施。这一款在 TRIPS 关于海关中止放行的规定中根本没有。TRIPS 仅仅是要求将涉嫌货物中止放行并扣押下来，而对于确定侵权之后对权利人的救济措施如何却语焉不详，对此中瑞 FTA 又加以明确了。

三例 FTA 在执行程序方面还有其他一些重要条款。例如，中韩 FTA 第 15.27 条第 3 款规定了司法机关在刑事程序中有权采取的制裁和救济，这些内容在 TRIPS 第 61 条中有，但中韩 FTA 更加详细独到，且为强制性义务。中瑞 FTA 知识产权章第 11.17 条系关于中止放行后权利人及相关人员的"货物检查权"，其第 2 款规定主管部门可对货物取样并提供给权利人供其分析，这也是超 TRIPS 条款。

6. 其他

三例 FTA 尚有其他一些超 TRIPS 条款。择要论之，三大 FTA 均根据 UPOV 公约增加了植物新品种保护的专门规定。^② 中瑞 FTA 关于版权的第 11.6 条第 5~7 款规定了作者的精神权利：署名权与保护作品完整权，这与

---

① 这也是体现欧盟近年来关于知识产权边境措施立场的典型规定。如前所述，最近有国内学者在同一文章中提出批评，认为这种规定赋予海关当局仅凭"怀疑"即可主动采取措施的权力，容易导致海关当局过大和随意的主观裁量权，对于中国国际贸易利益非常不利，以上参见杨鸿："贸易区域化中知识产权边境执法措施新问题及其应对"，载《环球法律评论》2016 年第 1 期。

② TRIPS 没有强制规定成员保护植物新品种应采取何种方式。

TRIPS 明显不同，体现了欧陆法系重视版权精神权利的主张①；关于未披露信息，规定了申请人为获取药品和农药上市审批而向主管部门提交的未披露实验数据及其他数据的排他权保护模式②；其 11.12 条第 2 款将伯尔尼公约第 7 条对摄影作品和实用艺术作品的特殊保护移植到工业品外观设计领域。中韩 FTA 对商标的注册与申请程序作了 TRIPS 所空白的专门规定，对工业品外观设计的权利人提供了阻止第三人未经授权而"许诺销售"的额外权利。中澳 FTA 增加了 TRIPS 未提到的证明商标与集体商标的规定。中瑞、中韩 FTA 还迎合世界潮流，明确承认了"声音商标"。③

（三）小结

可以看出，以 FTA 知识产权规则为典型代表，中国的晚近国际经济法实践已经表现出对超 TRIPS 义务的大量接受，而且在接受方式上已经超越发展中国家过去所热衷的"TRIPS 与某某问题"（例如 TRIPS 与公共健康、TRIPS 与人权维护等）的单一模式，转向在知识产权具体保护标准上接受超 TRIPS 标准，逐渐与发达国家趋同。这种客观态势的出现，意味着过去对超 TRIPS 规则的传统批判立场需要相应调整，个中的嬗变动因值得认真思考。

---

① 美国国内版权法并不重视作者的精神权利，因此 TRIPS 在纳入伯尔尼公约的同时又把作者精神权利条款排除在外，但欧陆国家的立场则不然。

② TRIPS 对这些数据划入未披露信息加以保护，但未规定对实验数据的排他权保护，也未设定最低保护期限，因为包括中国在内的许多成员对未披露信息是通过反不正当竞争法或合同法等来保护，而美国、欧盟 FTA 都将其纳入专利保护领域。值得一提的是，关于药品和农药研发的未披露实验数据及其他数据的排他权保护，也常常是传统学术立场所指责的美国引领的超 TRIPS 现象之一，例见 Beatrice Lindstrom, Scaling Back Trips - Plus: An Analysis of Intellectual Property Provisions in Trade Agreements and Implications for Asia and the Pacific, New York University Journal of International Law and Politics, Vol. 42, Iss. 3, 2010, pp. 950 - 951. 如上所述，中国既已接受的事实值得学术界重新探讨。

③ TRIPS 第 15 条规定，成员方可以要求注册商标在视觉上是可以感知的，这是非强制性要求。但 2013 年 8 月底全国人大常委会通过了商标法第三次修改的决定，对纯声音商标予以承认。这也佐证了超 TRIPS 条款对于中国并非必然都是洪水猛兽。

三、新时期中国对"超 TRIPS 义务"态度的嬗变动因

本文认为，在后 TRIPS 乃至当下的后金融危机时代，中国法律立场之所以发生上述重要变化，存在以下外部与内部两方面的动因。

（一）外部动因

一是 TRIPS 存在的固有缺陷。TRIPS 的功能定位从一开始就具有片面倒向权利人利益、忽略社会公共利益的倾向，由此催生了《多哈知识产权与公共健康宣言》的问世。另外受制于时代局限，TRIPS 缺乏对数字技术应用急剧增加下的相关制度安排，更因其标榜"与贸易有关"从而回避了发展中国家普遍关注的遗传资源、民间文艺和传统知识保护问题。中国是发展中大国，却自始就未能参与 TRIPS 的内容制定，入世后相比其他发展中国家自然更具有改进其规则的动力。然而，WTO 全体一致立法模式有明显局限，且发达成员立场相当僵硬，欲在 WTO 多边框架下对 TRIPS 作重大修改的难度极高，因此 FTA 等其他形式的国际知识产权造法活动必然兴起。TRIPS 第 1 条并不反对成员采取比 TRIPS 更高水平的保护标准，也为超 TRIPS 立法提供了法律依据。

二是谈判对象国家的外来压力。早期中国 FTA 缔约伙伴具有明显的重视周边国家和发展中国家的倾向，这些伙伴国的发展水平相对于中国并不占优，知识产权保护要求不高。由于这些国家的市场容量不大，中国为扩大全球市场利益，必须寻找更多更具潜力的伙伴国。中国自由贸易区战略也表明要将发达国家、新兴经济体等纳入谈判伙伴范围，[1] 这就意味着谈判对手的实力和诉求相比过去将会发生显著差异，如澳大利亚等国，其知识产权保护水平

---

[1] 中国自由贸易区服务网："国务院印发《关于加快实施自由贸易区战略的若干意见》"，http://fta.mofcom.gov.cn/article/zhengwugk/201512/29896_1.html，访问日期：2016 年 1 月 6 日。

在全球名列前茅。还有一些国家由于已经与美国、欧盟等成员缔结了包含高水平知识产权保护的 FTA，在与中国的 FTA 谈判中势必也会反过来提出相应要求，韩国就是典型例子。

三是国际知识产权议题的利益分野的复杂性。在多边贸易体制中，与纺织品和服装、农产品、信息技术产品等议题有所不同，国际知识产权议题虽然也存在南北利益分野，但并没有那么泾渭分明。例如在乌拉圭回合谈判后期，韩国与东南亚国家就从发展中成员阵营中分化出来，参与促成了 TRIPS 的出台。[①] 印度虽是发展中国家成员，但作为电影生产大国对版权保护极为关注。美国作为发达国家成员对地理标志制度不感兴趣，而欧盟却与中国一样重视地理标志保护。新西兰作为发达国家也同样强调遗传资源、民间文艺和传统知识保护。中国虽是发展中国家，但工业制成品、农产品和民间手工艺品的大量出口也促使其日渐关注海外知识产权利益。由此就引出中国接受超 TRIPS 义务的内部动因。

（二）内部动因

一是中国经济社会的迅速发展，推动了自身知识产权保护水平的不断提高。2015 年中国 GDP 总量已达 676708 亿元[②]，稳居世界第 2 位。量变必然引起质变，产业结构的升级与核心竞争力的培育势所必然。20 世纪 90 年代初至 21 世纪初期的十几年间，履行 TRIPS 等条约义务的原因与中国谋求自身发展的需要相交织，可视为调整性适用阶段。而 2006 年建设创新型国家战略目标的提出，标志着中国进入主动性决策阶段。[③] 继 2008 年国家知识产权战略纲要出台之后，2012 年创新驱动战略又提出要营造激励创新的公平竞争

① 张向晨：《发展中国家与 WTO 的政治经济关系》，法律出版社 2000 年版，第 85 页。

② 国家统计局公布数据：http://www.stats.gov.cn/tjsj/zxfb/201601/t20160120_1306759.html，访问日期：2016 年 1 月 20 日。

③ 吴汉东：《知识产权基本问题研究（总论）》，中国人民大学出版社 2009 年版，第 141~143 页。

环境，让严格的知识产权制度成为激励创新的基本保障。[1] 根据世界知识产权组织（WIPO）统计资料，2013 年全世界共提交了约 257 万件专利申请，其中中国 82 万多件居第一位，占全球总量的 32.1%。同时从商标注册申请量看，中国以 188 万件商标注册申请量位居全球第一。WIPO 总干事认为，这是由于中国已经开始从"中国制造"向"中国创造"转型，从制造业向知识密集型产业过渡。[2] WIPO《2015 世界知识产权指数报告》显示，2014 年中国在专利、商标、外观设计三个方面的海内外申请量均居世界首位。[3] 有国内学者指出，目前发展中国家中只有中国支持正在谈判中的《实体专利法条约》草案与《巴黎公约》的融合，而《实体专利法条约》草案对于发展中国家是超 TRIPS 标准，这可能与中国在 WIPO 的专利申请量逐年增加有关。[4] 还有国外学者指出，中国、巴西、印度等经济迅速发展的发展中大国，近年来本土发明创造者大量涌现，存在着从大量侵权走向强保护的转折点，一味坚持 TRIPS 所规定的最低限度执行标准可能会对自身发展制造阻碍。[5] 近年来，中国国内相关立法修法动态更清晰地描绘出知识产权保护水平不断提高的趋势。[6] 这种背景下，有些超 TRIPS 义务对于中国早已不再是难题，[7] 有些

---

[1] 国务院公报："中共中央、国务院关于深化体制机制改革加快实施创新驱动发展战略的若干意见"，http：//www. gov. cn/gongbao/content/2015/content_ 2843767. htm，访问日期：2016 年 1 月 20 日。

[2] 中国政府网："中国年专利申请量已占全球总量的 32.1%"，http：//www. gov. cn/xinwen/2014 – 12/19/content_ 2793965. htm，访问日期：2016 年 1 月 10 日。

[3] WIPO, World Intellectual Property Indicators 2015, available at http：//www. wipo. int/edocs/pubdocs/en/wipo_ pub_ 941_ 2015. pdf, p. 7.

[4] 张娜：《TRIPS – plus 造法问题研究》，中国政法大学出版社 2015 年版，第 46 页。

[5] Are Developing Countries Playing a Better Trips Game, Yu, Peter K. , p. 328.

[6] 近年来除了商标法第三次修改，仅 2015 年，中国涉及知识产权的法律法规修改动态就包括了广告法、种子法、促进科技成果转化法、国家安全法、科学技术保密规定等，新出台的草案或征求意见稿包括专利法修改草案、专利代理管理办法、专利行政执法操作指南、著作权行政处罚实施办法、高校与科研组织知识产权管理规范等。关于著作权法、专利权法等重要法律修改的学界讨论十分热烈，可参见中国社会科学院知识产权中心、中国知识产权培训中心编：《中国知识产权法律修订相关问题研究》，知识产权出版社 2014 年版。

[7] 例如 TRIPS 关于刑事救济实施条件的规定只是一个国际最低标准，包括中国在内的许多国家的刑法中关于知识产权罪名的规定都超出 TRIPS 要求，参见吴汉东：《知识产权基本问题研究（总论）》，中国人民大学出版社 2009 年版，第 65 页。另外，近年有学者认为《视听表演北京条约》并没有给中国带来太大的修法压力，参见王迁："《视听表演北京条约》视野下著作权法的修订"，载《法商研究》2012 年第 6 期。

则是中国的日渐需要。

二是发展中大国的国际地位提升和"一带一路"战略的推行。据 WTO
《2014 世界贸易报告》统计，中国进出口货物贸易总量在 2013 年已经跃居世
界第 1 位。① 作为世界上最大的发展中国家，中国的国际经贸战略已经变成
既要"引进来"，也要"走出去"。例如近年来，中国随着产业升级，机械、
电子、化工乃至高技术产品出口比重日益加大。另外，中国既是传统的资本
输入大国，也已成长为资本输出大国。2014 年实际使用外商直接投资 1196
亿美元，居世界首位；对外直接投资 1029 亿美元，与利用外资并驾齐驱。②
据联合国贸易与发展会议的《世界投资报告》，2013 年中国海外投资总额仅
次于美国和日本，居世界第 3 位。③ 新时期在"一带一路"战略指引下，中
国主导建立了亚投行与丝路基金，还要与沿线国家加强在新一代信息技术、
生物、新能源、新材料等新兴产业领域的深入合作，以及共建国际技术转移
中心，合作开展重大科技攻关，共同提升科技创新能力等。④ 在这种新形势
下，中国必然要高度重视知识产权保护以维护其海外贸易与投资利益。

三是中国对国际经贸规则的制度性话语权的需求水涨船高。近年来在
WTO 中，中国正式接受《贸易便利化协定》，参与促成《信息技术协定》产
品扩围，研究加入《政府采购协议》。在诸边层面，中国积极寻求加入《服
务贸易协议》（TISA）谈判，推动《环境产品协定》（EGA）谈判的完成。
随着中美、中欧投资协定谈判和上海等地自由贸易试验区的开展，中国已表
明要逐步接受准入前国民待遇和负面清单的开放方式。由于 WTO 多哈回合
持续停滞，FTA 已悄然崛起为国际经贸规则制定的主要舞台。在此背景下，

---

① WTO, World Trade Report 2014, Trade and development: recent trends and the role of the WTO,
available at https: //www. wto. org/english/res_ e/booksp_ e/world_ trade_ report14_ e. pdf, p. 24.

② 参见 2015 年国务院政府工作报告。

③ UNCTAD, World Investment Report 2015: Reforming International Investment Governance, p. 8.

④ 国家发改委、外交部、商务部经国务院授权发布："推动共建丝绸之路经济带和 21 世纪海上
丝绸之路的愿景与行动"，2015 年 3 月。

中国各个顶层设计文件都强调要加快实施自由贸易区战略。FTA 是我国积极参与国际经贸规则制定、争取全球经济治理制度性权力的重要平台，中国不当旁观者、跟随者，而是要做参与者、引领者，要在国际规则制定中发出更多中国声音。① 中国不仅要通过自由贸易区建设，为企业"走出去"营造更加公平的知识产权保护环境，提升企业在知识产权保护领域的适应和应对能力，而且还注重扩大服务业对外开放，加快推进环境保护、电子商务、竞争政策、政府采购等新议题谈判。② 显然，如果没有知识产权和创新驱动等国家战略的加快实施，这些新议题的有效推进是不可想象的。以上政策动态释放出中国要逐渐走出消极保守态势，展示主动性、进攻性利益的信号，从而中国对知识产权保护的制度需求必然要超越 20 世纪的 TRIPS 水平。

四、新时期中国接受"超 TRIPS 义务"的警戒线

但是，尽管存在以上大量分析，知识产权保护的巨大辐射力、高度敏感性依然决定了该问题的辩证性。中国毕竟还没有达到美国那样的发展阶段，在超 TRIPS 问题上中美依然存在本质区别。美国是"物极必反"，需要反思；而中国则是"龙跃于渊"，走出保守。即使中国未来更加发达，美国单方要求"一衣适众体"的做法也为中国一贯所不取。中国现阶段对超 TRIPS 义务的接受也不可能是无限度的，必须适合自己的发展，这方面的上限警戒线应如何定位？

（一）接受超 TRIPS 义务须是意志自由、有认知的行为

约旦有学者指出，约旦接受了美国所施加的超 TRIPS 义务，但对于如此

---

① 中国自由贸易区服务网："习近平：加快实施自由贸易区战略 加快构建开放型经济新体制"，http：//fta. mofcom. gov. cn/article/zhengwugk/201412/19394_ 1. html，访问日期：2016 年 1 月 6 日。

② 中国自由贸易区服务网："国务院印发《关于加快实施自由贸易区战略的若干意见》"，http：//fta. mofcom. gov. cn/article/zhengwugk/201512/29896_ 1. html，访问日期：2016 年 1 月 6 日。

高的保护标准究竟实效如何并没有清楚的认识，处于一种盲目状态。① 或许发展中国家接受知识产权超 TRIPS 义务是为了换取美国市场的准入利益，但在谈判时应谨慎评估此前景。TPP 谈判中，由于其他成员方（如墨西哥、澳大利亚、智利、新加坡、越南等国）之前多与美国已存在贸易优惠关系，美国能进一步提供的市场准入好处有限，因此强推固定的美式知识产权章模板十分困难。② TPP 知识产权章最终文本也证明了这一点。美国与泰国的 FTA谈判更在相当程度上由于泰国对超 TRIPS 条款的抵制而失败。③ 正如学者所言，当初乌拉圭回合谈判 TRIPS 的时候多数发展中成员处于一种受迫和无知的状态，而现在对双边超 TRIPS 义务则应是知晓的。对弱国与强国的知识产权谈判不应抱绝对的悲观态度，关键是弱国一方是否保持意志自由和掌握信息的状态。④ 中国在与其他较发达成员进行 FTA 谈判时，对于超 TRIPS 义务的后果应保持自由的有认知状态，而非不假思索欣然接受。

（二）接受超 TRIPS 义务不宜完全脱离 TRIPS

尽管 TRIPS 第 1 条规定成员可以采取比 TRIPS 更高水平的保护标准，然而该条还有后半句："……只要此种保护不违反（contravene）本协定的规定"。有德国学者指出，这个限定事实上为超 TRIPS 义务设定了上限，WTO成员接受的超 TRIPS 义务理应是在 TRIPS 条款允许范围内的，而不应违背

---

① Mohammed El Said, Morning after TRIPS – Plus, FTAs, and Wikileaks Fresh Insights on the Implementation and Enforcement of IP Protection in Developing Countries, American University International Law Review, Vol. 28, Iss. 1, 2012, pp. 92 – 93.

② Sean M. Flynn, Brook Baker, Margot Kaminski, Jimmy Koo, U. S. Proposal for an Intellectual Property Chapter in the Trans – Pacific Partnership Agreement, American University International Law Review, Vol. 28, Iss. 1, 2012, pp. 200 – 201.

③ Beatrice Lindstrom, Scaling Back Trips – Plus: An Analysis of Intellectual Property Provisions in Trade Agreements and Implications for Asia and the Pacific, New York University Journal of International Law and Politics, Vol. 42, Iss. 3, 2010, pp. 974 – 977.

④ Matthew Turk, Bargaining and Intellectual Property Treaties: The Case for A Pro – Development Interpretation of Trips but Not Trips Plus, New York University Journal of International Law and Politics, Vol. 42, Iss. 3, 2010, pp. 1028 – 1029.

TRIPS 的基本目标与宗旨条款，不应与 TRIPS 实体保护标准根本相左。[①] 有中国学者也持类似观点，指出 TRIPS 虽然规定最低限度保护标准只是起点，但并不等同于"不受限制的强保护"，TRIPS 的条约宗旨和目标仍应得到尊重。[②] 当下，中国可以考虑在 TRIPS 强调权利保护与社会公共政策相平衡的原则基础上，将接受超 TRIPS 义务的重心放在 TRIPS 不反对的选择性义务，以及地理标志等进攻性利益点上[③]；而对明显超越 TRIPS 实体保护标准的义务（例如欧盟针对过境货物的执行措施的严苛要求[④]），则应慎重对待。[⑤]

（三）接受超 TRIPS 义务应与国内立法动态保持同步

这是基于本国立法主权的重要性，而立法主权又是基于本国当下的自主需要。现阶段中国提高知识产权保护水平的根本目的，首先是立足于自身的创新驱动战略，而并非是屈从于外来压力或诱惑的结果。实证研究表明，以为不假思索地接受外来高标准的知识产权保护标准就能促进经济发展，这种想法过于简单，非洲南撒哈拉地区的国家就提供了例证。[⑥] 发展中国家要促进创新和投资，关键在于通过反腐败、透明度、市场准入、人力资源建设等

[①] Henning Grosse Ruse – Khan, Time for a Paradigm Shift – Exploring Maximum Standards in International Intellectual Property Protection, Trade, Law and Development, Vol. 1, Iss. 1, 2009, pp. 56 – 102.

[②] Guihong Zhang, Jiani Jiang, Can Wang, International Standards for Intellectual Property Rights Protection: A Reflection on Climate – Friendly Technology Transfer, Brazilian Journal of International Law, Vol. 11, Iss. 2, 2014, pp. 112 – 114.

[③] 例如，中国主张将 TRIPS 关于酒类产品地理标志的强保护延伸到其他产品上。See Qingjiang Kong, Enforcement of the TRIPS Agreement in the Post – Cancun Era and China's IPR Strategy, US – China Law Review, Vol. 2, Iss. 12, 2005, pp. 24 – 25.

[④] 这一点在国内学者的有关论述中确被重点批判，参见杨鸿："贸易区域化中知识产权边境执法措施新问题及其应对"，载《环球法律评论》2016 年第 1 期。笔者赞成这一观点。

[⑤] 2010 年 WTO 的 TRIPS 理事会会议上，中国与印度明确表示了对 ACTA 草案关于执行措施要求的反对。See WTO, Council for Trips, Minutes of Meeting, IP/C/M/63, Oct. 4, 2010, pp. 250, 264.

[⑥] Christine Haight Farley, Trips – Plus Trade and Investment Agreements: Why More May Be less for Economic Development, University of Pennsylvania Journal of International Law, Vol. 35, Iss. 4, 2014, pp. 1061 – 1062.

举措营造良好的市场条件，而不能单纯寄希望于知识产权强保护。① 即便对于美欧，也有学者指出，美欧急于在 TTIP（跨大西洋贸易与投资伙伴关系协议）谈判中加入知识产权章会产生"锁定"作用，反过来阻碍美国与欧盟内部呼声很高的知识产权制度改革。② 中国目前正处在经济和社会的改革与转型期，须认真对待知识产权私人利益与社会公共利益的关系平衡，在知识产权保护事务上理应立足于自身需要，而不宜一味强调"倒逼"。

（四）接受超 TRIPS 义务须慎重对待义务的最惠国多边化

中国目前仍属于转型上升期的发展中国家，面对的 FTA 谈判伙伴有强有弱，FTA 的双边性决定了每个谈判伙伴相对于己的实力地位、利益攻守点可能都是不一样的，且知识产权事务又相对敏感，因此中国不可能像处于"食物链顶端"的美国那样，对各个 FTA 伙伴都推行一套统一的知识产权标准。③ 因此在 FTA 知识产权章中，中国需要结合对手特点、己方地位等因素，因人制宜，逐一确定超 TRIPS 义务的具体承诺水平，而对于设置最惠国待遇条款将待遇多边化则要慎重。面对发达伙伴时，中国理应要求特殊与差别待遇，面对较不发达伙伴时，中国可以结合自身利益点提出适度要求，以总体上不失平衡为要。目前，中韩 FTA、中澳 FTA 的知识产权章只规定国民待遇而不提及最惠国待遇，但中瑞 FTA 知识产权章则同时提及国民待遇和最惠国待遇，表明中国的相关实践尚未稳定，最惠国多边化可能会带来意想不到的

---

① Anselm Kamperman Sanders, Intellectual Property, Free Trade Agreements and Economic Development, Georgia State University Law Review, Vol. 23, Iss. 4, 2007, pp. 908 – 909.

② Stefan Martinic and Mihael Maljak, Certain Controversial Issues of EU – US Trade Negotiations Leading to the Signing of the Transatlantic Trade and Investment Partnership (TTIP), Croatian Yearbook of European Law and Policy, Vol. 10, pp. 367 – 368.

③ 事实上即便是美国，在 FTA 知识产权章中一般也只规定国民待遇而不规定最惠国待遇，可见美国也很慎重。当然也可以解释为，美国在 FTA 知识产权章中一般都能成功推行己方规则模板，导致最惠国待遇条款意义有限。但这个可能性不大，因为美国各个 FTA 知识产权章虽然高度相似，但还是存在具体规则的差别。

后果。TRIPS 本身对于 FTA 优惠待遇能否构成最惠国待遇原则的例外并没有作明确规定，WTO 关于区域一体化的纪律对此亦未明确，这方面给成员留下了政策空间，中国完全可以合理利用。

五、结论与展望

随着时代条件的发展和中国国力的上升，认为发展中大国的知识产权保护只能固守 TRIPS 标准的观念过于僵化。TRIPS 本身也提供了成员执行规则的灵活性。对于超 TRIPS 规则不宜一概而论，需要仔细研究条款内容，结合本国国家利益作具体的判断与取舍。中韩、中瑞、中澳 FTA 包含的超 TRIPS 条款有很多就体现了中国的谈判意愿，或至少处于中国可接受范围内。超 TRIPS 义务并非天生就不利于发展中国家。[①] 从全球大环境来看，大国逐渐向超 TRIPS 义务靠拢也可以说是一种趋势，且并非不能为发展中大国利益服务。

还应看到，在后金融危机新时期，美欧日等传统市场需求疲软，中国对内强调经济"新常态"下的创新驱动，对外推行"一带一路"战略，境内外电子商务业务量庞大。政府致力于高质量的外资"引进来"，[②] 引导国内企业大规模"走出去"，打通国内国外两个市场。在这一进程中，中国对知识产权国际立法的话语权需要必然逐渐增强，在超 TRIPS 问题上也拥有一些重要进攻点，例如实体专利法条约草案、视听表演北京条约、地理标志、互联网与电子商务、公共健康、遗传资源、传统知识和民间文艺等。当然，中国应选择与自身经济社会发展阶段相适应的知识产权保护水平，这一论断并未过时。中国对超 TRIPS 义务的接受仍应具体取舍，量力而行。逐步接受并不等

---

① 张娜：《TRIPS‑plus 造法问题研究》，中国政法大学出版社 2015 年版，第 203 ~ 204 页。
② 高质量外资引进的含义十分丰富，其中，高新技术、新能源等产业即是鼓励类领域，其必然要求加强知识产权保护。

于一切以美欧为标杆盲目跟风。

当前在国际知识产权议题上，中国固然不应放弃 WTO 多边谈判，但成员众多的 WTO 讲求全体一致的造法模式毕竟具有天然的局限性。目前，世界范围内知识产权规则的最活跃谈判舞台已然转向 FTA。此外，FTA 投资章、双边投资协定事实上也部分涉及知识产权保护。这些区域性谈判值得中国加强重视。此外，作为全球国际机制的后来参与者，中国仍应积极参与 WIPO、联合国教科文组织等政府间国际组织的多边工作，尽可能充分利用各种途径，推进有利于自身的国际知识产权规则的形成。

后记：静水深流

　　2016 年，是中国 WTO 法学界转折、前瞻的一年。中国入世 15 年是否自动获得市场经济地位？引发全球热议。这比起中国出口达到世界第一的 2009 年、进出口总量达到世界第一的 2012 年来说，中国法学界的国际视野更宽广了。

　　如何创新国际经济新秩序、匹配落实一带一路战略？已成为占位更高、视野更广的学术焦点。中外 WTO 法学界、国际经济法学界、国际法学界同仁相互切磋，更加透彻、从容、自信地解析着世界政治经济秩序的格局、演进、变迁。

　　学界这一转折的来临，是伴随着中西方解读《中国入世议定书》市场经济地位条款开始的。文本理解的差异、逻辑推敲的分歧、政治倾向的剖析、秩序前瞻的思索，都伴随着中国市场地位问题的讨论，在中外 WTO 法学界展开了广泛争鸣。

　　庖丁解牛，高瞻远瞩。中国法学会的学术委员会主席、中国世界贸易组织法研究会的荣誉会长、全国各地的关心 WTO 法及中国市场地位的学者，中美俄欧的关心"逆全球化"冲击贸易秩序自由化的有识之士，齐聚一堂，出席了哈工大承办的此次"WTO 法与中国"年会。

　　静水深流，沧笙踏歌。2016 年的中外 WTO 法学界，值得纪念。年会收到逾百篇论文、形成上下册论文集，经研究会遴选、结集出版。

　　是为记。

赵宏瑞

2017 年 8 月 22 日于哈工大